Методическое пособие по всемирному формату школьных дебатов

Методическое пособие по всемирному формату школьных дебатов

Саймон Куинн

Перевод А.В. Меркурьевой

Международная образовательная ассоциация дебатов (IDEA)

Нью-Йорк • Лондон • Амстердам

Куинн, Саймон

Методическое пособие по всемирному формату школьных дебатов/Саймон
Куинн: [Перевод с англ. А.В. Меркурьевой] – Нью-Йорк, Лондон, Амстердам:
IDEA, 2013 – 226с

Издатель:
Международная образовательная ассоциация дебатов IDEA
International Debate Education Association
105 East 22nd Street
New York, NY 10010

ISBN: 978-1-61770-087-3

Эта книга посвящается Эндрю Денби,
который постоянно воодушевлял
меня приступить к её написанию.
Он был хорошим другом и
действительно отличным парнем.

СОДЕРЖАНИЕ

Слова благодарности

Я действительно не знаю, с чего начать. Людей, которые внесли прямой или косвенный вклад в мое понимание дебатов и создание этой книги, слишком много, чтобы всех упомянуть или как следует отблагодарить. Поэтому я выберу лишь нескольких.

Самое важное – моя неизмеримая благодарность и признание моему тренеру Андреа Кумбер (Andrea Coomber). Для меня было честью выступать в австралийской национальной сборной команде по школьным дебатам, тренируемой Андреа на Чемпионатах мира в 1999 и 2000 годах. Без преувеличения, в течение этого времени Андреа в корне изменила мое понимание дебатов и подход к подготовке кейсов. Андреа также оказала неоценимую помощь в рецензировании черновиков этого текста. Без её идей и поддержки я бы точно не написал эту книгу, а даже если бы и написал, мне практически нечего было бы в ней сказать. Конечно, ошибки в книге, упущения, неправильные представления и другие странные идеи принадлежат только мне.

Также большое спасибо Кейт Мэпстоун (Cate Mapstone) и Крису Эрскину (Chris Erskine). Кейт и Крис выступали в качестве судей с австралийской школьной командой по дебатам на Чемпионатах мира в 1999 и 2000 годах. Они посвятили бесчисленное количество часов на протяжении многих лет тому, чтобы помочь молодым дебатёрам улучшить навыки дебатирования. Для меня оказалось очень полезным во всех отношениях быть одним из тех дебатёров. Я также должен поблагодарить Адама Спенсера (Adam Spencer), но не за поражение, которое он присудил нашей команде в 1998 году, а за то, что разрешил мне перепечатать часть той игры в первой главе!

И, наконец, я бы хотел поблагодарить всех тех, с кем я дебатировал – в особенности моих товарищей по командам в школе, а позже на межуниверситетских турнирах: Райна Госса (Ryan Goss), Тессу Хан (Tessa Khan), Имоджен Сондерс (Imogen Saunders), Ванессу Коллинз (Vanessa Collins), Ричарда Говарда (Richard Howard), Сару Кеннеди (Sarah Kennedy), Лиз Стрэкош (Liz Strakosch), Кейт Барнетт (Kate Barnett), Джеймса Фишера (James Fisher), Майкла Кнаппа (Michael Knapp), Эрин О'Брайен (Erin O'Brien), Дееаанг Кеват (Devaang Kevat), Кэтину О'Горман (Kateena O'Gorman), Эндрю Маршалла (Andrew Marshall) и Алекса Уорснипа (Alex Worsnip). Я думаю, мы научились многому вместе, и, что ещё важнее, мы очень хорошо провели время.

Саймон Куинн
Сентябрь 2009

Предисловие к русскому изданию

IDEA, осуществив перевод ведущих учебных пособий по британскому формату студенческих дебатов, не забыла и о том, что в большинстве стран мира дебатировать начинают на уровне средних школ – в 7–8 классах, где на первое место ставятся подготовка, преодоление страха выступления и приобретение навыков именно командной игры.

Поэтому очень часто на школьном уровне в состав команд объединяют по три, а иногда и больше спикеров – ведь научиться дебатировать в паре может любой, а готовиться, выступать и «соображать на троих» легко только во время «культурной программы», но никак не в образовательных дебатах.

Именно поэтому вы держите перед собой текст уникального пособия от уникального автора о самом популярном в мире стиле (формате) ведения дебатов от многократного чемпиона мира по школьным дебатам, лучшего спикера Чемпионата Европы 2008 года по студенческим дебатам, главного судьи многих соревнований Саймона Куинна.

С одной стороны кого-то могут удивить или оттолкнуть более 200 страниц текста: ну что можно написать про дебаты в таком большом объеме? Наверняка, автор «льёт воду». Однако наверное, вы рассуждаете так потому, что про дебаты вы узнаёте только на семинарах или от коллег/товарищей, которые, подобно каратистам СССР 1970-х годов, что-то где-то подхватили или понабрались.

Данное пособие (не претендующее на пафосное слово «учебник») предназначено для широкой аудитории: учащихся, которые хотят научиться спорить и выступать на публике, и уже опытных дебатёров, желающих отточить мастерство; тренеров-учителей, стремящихся изучать школьные дебаты из полноценного первоисточника, а не из разнообразных «методичек» и «кратких курсов», которые некоторые «учителя-практики», никогда не тренировавшие команды и не дебатировавшие сами, издают в твердых обложках и продают за деньги неискушенной педагогической общественности чистейший воды плагиат.

Фактически, с появления в начале 2000-х годов учебно-методического комплекса по дебатам Карла Поппера под редакцией Татьяны Владимировны Светенко (Псков) и Елены Георгиевны Калинкиной (Нижний Новгород), на русском языке не появлялось такого серьезного пособия по школьным дебатам, но уже по другому формату.

Формат дебатов Карла Поппера, принятый на школьном уровне с середины

1990-х годов уверенно сдаёт свои позиции в пользу Всемирного формата школьных дебатов – и это объективный процесс. Данный формат был создан в Австралии в 1988 году в виде комбинации британских парламентских и Австрало-азиатских форматов дебатов. Не случайно, что именно австралиец Саймон Куинн как никто другой имеет моральное право учить этот формат.

Сегодня всемирный формат школьных дебатов используется не только на чемпионатах мира, но и также на многочисленных национальных и региональных соревнованиях старшеклассников по дебатам во всём мире (в Европе - это Литва, Израиль, Словения, Румыния, Эстония, Германия).

Так, например, в Германии национальный дискуссионный клуб был основан в 1996 году. Долгое время самыми активными участниками были школы столичного района Штутгарта. Со временем, дебаты данного формата распространяются в Саксонии, Гамбурге, Баварии и Гессене. В Германии соревнования проводятся в двух лигах – младшей (7–10 классы) и старшей (10–13 классы).

В первые годы проведения чемпионатов мира по школьным дебатам, командам давался двухминутный тайм-аут между основными и заключительными речами, хотя это больше не является практикой. Однако на некоторых национальных и региональных турнирах по Всемирному формату школьных дебатов по-прежнему есть этот двухминутный тайм-аут (один на весь раунд), и в некоторых случаях члены сборной команды, не выступающие в дебатах (зрители, группа поддержки, запасные игроки) могут выйти из комнаты проведения дебатов вместе со своими дебатёрами для консультаций в течение этих двух минут.

В России первое знакомство с форматом состоялось в 1999 году, но тогда в силу субъективных и объективных причин российские школы были не готовы отказаться от формата Карла Поппера и вводить новый формат. Он считался «слишком сложным».

Очевидно, что в отличие от формата Карла Поппера, всемирный формат менее формализован, предоставляет больше возможностей для творчества, импровизации и развития критического мышления.

Отсутствие раунда перекрёстных вопросов справедливо считается потерей, но в качестве компенсации здесь есть информационные запросы во время речей, что приближает дебаты к естественной ситуации спора, держит участников в постоянном эмоциональном и интеллектуальном напряжении, подразумевает готовность к быстрому реагированию на ремарки оппонентов.

Неужели, никто из вас, судивших, дебатировавших или смотрящих формат Карла Поппера не скучал во время изнурительного 12-минутного перерыва? Вы знаете, что происходило во время этого тайм-аута со спикерами? Нередки были случаи, когда один из троих участников выполнял функции «ломовой лошади» или «паровоза» и писал буквально дословно речи двум остальным участникам и составлял для них вопросы.

Сколько раз правило невозможности представления новых аргументов на вторых речах в формате Карла Поппера приводило к тому, что дебаты превращались в игру по домашним заготовкам, где всё за игроков делали тренеры? До сих пор у меня в памяти кадры дебатов 1998 года в 2 классе одного нижегородского лицея, где дети с умным видом произносят слова «фрустрация», «паттерны поведения», ни слова не понимая в том, что им написали «заботливые» взрослые.

С одной стороны, большое внимание содержанию в формате Карла Поппера приводило к тому, что в школьных дебатах не должны были побеждать демагоги, однако зачастую всё это выражалось в том, что дебаты превращались в занудноватую конференцию с произнесением монологов и радостью учителей, что их воспитанники вообще что-то говорят.

Во всемирном формате стилю и содержанию речи спикеров придаётся равное значение, поэтому судьи обращают внимание не на обилие поддержек, а на умение ими оперировать.

Разумеется, наличие большого количества времени (8 минут на конструктивные речи) может привести к простой софистике или пустой болтовне. Однако сокращение временного регламента на 25–50% позволяет решить это.

К тому же, если мы возьмем современное сообщество дебатов в русскоязычных странах, то считанные единицы прошли школу дебатов Карла Поппера (Евгений Акулич, Сергей Готлиб, Андрей Тимчук, Яков Федоров, Александр Куприенко, Андрей Халецкий, Павел Кашуба) и стали затем успешными дебатёрами в студенческих дебатах. Для большинства же переход к студенческим дебатам оказался непосильным и люди предпочитали перестать заниматься этой деятельностью.

Всемирный формат школьных дебатов, сохраняя трёх «попперовских» спикеров, включает значительные элементы британских/студенческих дебатов (такие как, информационные запросы, интерпретацию, новые аргументы или расширение кейса), что в значительной степени облегчает переход к ним.

Ваш покорный слуга одним из первых в России стал активным промоутером нового формата в 2008 году, причём узнал о нём от своих студентов, которых отправил на Институт дебатов и гражданской журналистики IDEA в Турции. После этого, мы в Санкт-Петербурге с осени 2008 года дебатируем в средних школах только в данном формате, сначала оставив формат Карла Поппера только для младших школьников, а потом и полностью перейдя на Всемирный формат.

И можно сказать ответственно, что это тот случай, когда «отряд не заметил потери бойца». Сначала, учащиеся 7–9 классов испытывали огромные проблемы с информационными запросами; до сих пор многие не умеют делать качественную интерпретацию темы, но всему своё время.

Прочитав данное пособие, вы познакомитесь со всеми элементами дебатов: подготовкой (индивидуальной и командной), построением и опровержением аргументов, развитию элементов стиля и работе с информационными запросами. Каждая тема разделена на три уровня: для начинающих, опытных и дебатёров высокого соревновательного уровня, так что каждый найдёт себе информацию «по зубам».

Упражнения для развития навыков ведения дебатов, а также уникальная база из более 500 резолюций/тем по дебатам будут полезны для тренеров и координаторов клубов.

Более того, доступность и глубина изложения будут полезны и для дебатёров-студентов, практикующих британский формат, которые смогут например узнать о стратегиях интерпретации разных тем и ведению «игры с позиции силы».

Сергей Наумов, к.п.н., доцент Российского государственного педагогического университета имени А.И. Герцена (Санкт-Петербург, Россия), старший консультант IDEA по русскоязычным программам

Введение

Когда вы дебатировали в последний раз?

Это было сегодня? Вчера? Возможно, даже на прошлой неделе?

Если вы ответили «никогда в жизни», то вы ошибаетесь. Каждый из нас вёл дебаты и почти все делали это не так давно, как они думают. Если вы ответили «никогда» или «ни разу с конца прошлого дебатского сезона», то вы считаете дебаты чем-то формальным, а именно определённым видом деятельности, в котором задействованы 2 команды по 3 человека в каждой, с заданной темой и судьей. Конечно, это является стилем или форматом дебатирования. Именно этот стиль и описан в этой книге. Однако он не единственный. Дебаты происходят вокруг нас: по телевидению, в газетах, даже в наших собственных домах. В обществе мы дебатируем практически обо всем: начиная с налоговой реформы и заканчивая стрижкой лужайки перед домом. Дебаты окружают нас повсюду и каждый в состоянии в них участвовать.

Более того, *дебаты – это весело!* Они дают вам возможность познакомиться с новыми людьми и узнать новые мнения. А лучше всего то, что у вас появится возможность отстаивать своё мнение и спорить с кем-то на публике. При этом этот спор будет хорошо организован и будет касаться реальных проблем. Вот о чём эта книга – о том, как улучшить ваши навыки в составлении формальных аргументов. Мы надеемся, что эта книга поможет вам развить нужные навыки и выработать правильные стратегии для того, чтобы быть успешным дебатёром. А самое главное, эта книга должна помочь вам превратить дебаты в удовольствие.

Эта книга предназначена для того, чтобы сделать процесс дебатов настолько простым, насколько это возможно. Многие люди считают, что процесс дебатирования становится более сложным и абстрактным по мере развития дебатёра. Так быть не должно. Наоборот, даже если темы становятся более абстрактными, а предметы дебатирования более специализированными, сами дебаты должны становиться проще. Не нужно много ума для того, чтобы сложное выглядело сложным. Задача заключается в том, чтобы сделать сложное доступным и легким для восприятия. Именно эту задачу должны ставить перед собой все дебатёры. Её поставил перед собой и я, когда писал эту книгу.

Как пользоваться этим пособием

Мало чему можно научиться с помощью одного лишь чтения. Если вы учитесь играть на пианино, вам нужно сесть за него и начать нажимать клавиши. Если вы учитесь играть в баскетбол, вам нужно взять в руки мяч. С дебатами дело обстоит точно так же. Вы не можете научиться дебатировать, просто читая книгу. Вам нужно встать и попробовать! Только пробуя, применяя теорию на практике, можно понять сложности и технику ведения хороших дебатов.

Эта книга написана для всех дебатёров. И для тех, кто никогда *не* дебатировал, и для тех, кто уже имеет значительный опыт в этом деле. Она также будет полезна тем, кто их тренирует и поддерживает. Но это совсем не значит, что каждый раздел книги подойдет и будет полезен каждому дебатёру и каждому тренеру. Путешествие за тридевять земель начинается с первого шага. Процесс обучения дебатам тоже в своем роде путешествие.

По этой причине, многие понятия в этой книге разделены на «уровни». Есть три уровня: «новичок» или «для начинающих», «средний» и «продвинутый».

«Начинающий» (Beginner) – этот уровень предназначен для дебатёров с небольшим или нулевым опытом. Если вы только начинаете дебатировать, или вы дебатировали только в течение одного или двух лет, – это уровень для вас.

«Средний» (Intermediate) – этот уровень предназначен для участников дебатов, которые хорошо понимают основы. Если вы имеете опыт дебатирования больше двух лет, – это уровень для вас.

«Продвинутый» (Advanced) – этот уровень предназначен для участников дебатов, которые полностью понимают основы, очень хорошо ознакомлены с техникой на «среднем» уровне, и ищут новые вызовы для себя. Если вы дебатируете в команде старшей школы, или вы находитесь в сильной команде, – это ваш уровень.

Я предлагаю вам читать только то, что доходит до вашего уровня – меньше, но не больше. Если вы – «начинающий», прочитайте только этот уровень. Если вы считаете себя «средним», прочитайте раздел для «начинающих» и «средних». Если вы на «продвинутом» уровне – прочитайте всю книгу! Я считаю, что тренеры должны прочитать до того уровня, на котором находится команда, которую они тренируют.

Ни одна из частей этой книги не является сложной. Возможно, что новый участник дебатов прочитает «продвинутые» секции и подумает: «Я понимаю это! Я буду использовать эти приёмы в следующих дебатах!» Однако понимание слов и понятий раздела – одно дело, другое – знание, как и когда использовать определенные приемы. Приёмы дебатирования – это то, к чему вы, как участник дебатов, должны прийти в своё время и со своим собственным опытом. Поэтому моё предложение простое: читайте до своего уровня. На дебатах попробуйте применить приёмы из вашего уровня на практике. Когда вы освоите эти технические приемы, возвратитесь и прочитайте следующий уровень.

Таким образом, эта книга должна оставаться подходящей вам по мере развития. Книга – не мгновенное решение каждой проблемы в дебатах, она – ваш гид в долгом и интересном путешествии.

Дебаты: основы

Давайте начнём сначала. Ни одни дебаты не могут обойтись без темы или резолюции (motion). Тема – это спорное суждение, которое составляет основу дебатов. Например, тема могла бы быть: «Эта Палата считает, что лучше быть умным, чем добрым» или «Эта Палата считает, что ООН потерпело неудачу».

Эта книга относится к определённому, но распространенному формату дебатов, который используется во многих странах и на Чемпионате мира по школьным дебатам – он называется Всемирный формат школьных дебатов (World Schools Style). В этом формате участвуют две команды. Одна команда обязана утверждать, что резолюция *истинна*. Эта команда называется «утверждением» (affirmative) или иногда «правительством» (proposition). Другая команда обязана утверждать, что тема не *истинна или ложна*. Эта команда называется «отрицанием» (negative) или иногда «оппозицией» (opposition).

Каждая команда использует два основных типа аргументов в поддержку собственной позиции. *Во-первых, это конструктивные аргументы (substantive arguments)*. Это подготовленные аргументы в защиту позиции вашей команды. Во-вторых, есть *опровержение (rebuttal)*. Опровержение – это ваша атака на аргументы оппонентов. Разница между конструктивными аргументами и опровержением – это продемонстрированное различие между тем, почему ваша команда *права* и тем, почему ваши оппоненты *неправы*. Нельзя сказать, что важнее: конструктивные аргументы или опровержение – они оба одинаково важны и оба необходимы для успешных дебатов.

В каждой команде есть три спикера (speakers). Спикеров обычно называют по их порядковому номеру выступления и стороне, на которой выступает команда. Например, участники дебатов могут называться У1 – «Первый спикер утверждения» (первый спикер команды утверждения) или О3 – «Третий спикер отрицания» (третий спикер команды отрицания). Все спикеры, кроме У1 – первого утверждения (первого спикера во всем раунде), должны опровергать аргументы оппонентов. Первые и вторые спикеры в обеих командах также могут вводить конструктивные аргументы. Третьи речи используются для опровержения и подведения итогов.

Дебаты ведутся Председателем (chair, chairperson). Участники дебатов всегда должны начинать свои речи с приветствия Председателя (часто называемого «Спикером») и зрителей. К спикеру-мужчине обращаются «Господин спикер» (Mister Chairman), к спикеру-женщине – «Госпожа спикер» (Madame Chair). Обычно приветствие звучит в начале речи так: «Господин Спикер, уважаемые дамы и господа …» (Mr Chairman, ladies and gentlemen) или «Госпожа Спикер, уважаемые дамы и господа ...». В обязанности Спикера-председателя (пишется с заглавной буквы «С») входит вызывать каждого спикера-игрока (пишется со строчной буквы «с») в порядке очередности. Например, Спикер мог бы представить первого спикера так: «С удовольствием представляю первого спикера команды утверждения Юлию, которая представит нам кейс команды утверждения» (It is now my pleasure to introduce the first speaker of the affirmative team, to open her team's case, Julie). Предполагаемый список обязанностей Председателя приводится в Шаге №5 этой главы.

Следующее изображение показывает схему дебатов в этом формате.

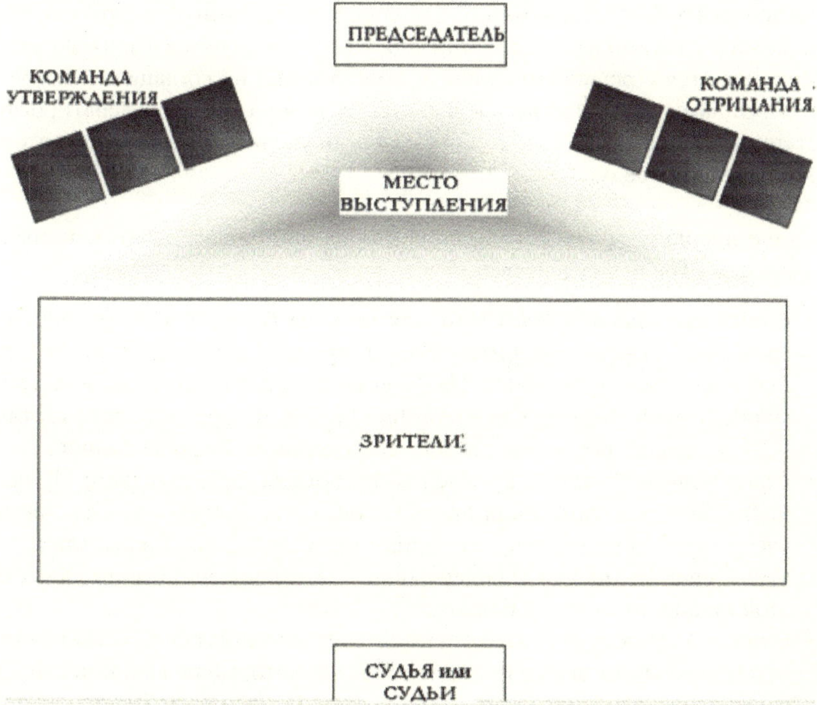

Участники дебатов выступают по очереди. Сначала говорит команда утверждения. Следующая схема показывает порядок выступления и последовательность речей.

Каждые дебаты заканчиваются результатом «с нулевой суммой» – победой одной команды и поражением другой. Ничьей быть не может. Результат/ решение принимается и объявляется судьей (adjudicator). Это лицо, которое внимательно смотрит и слушает дебаты с тем, чтобы принять итоговое решение. Судьи не должны принимать случайные или произвольные решения

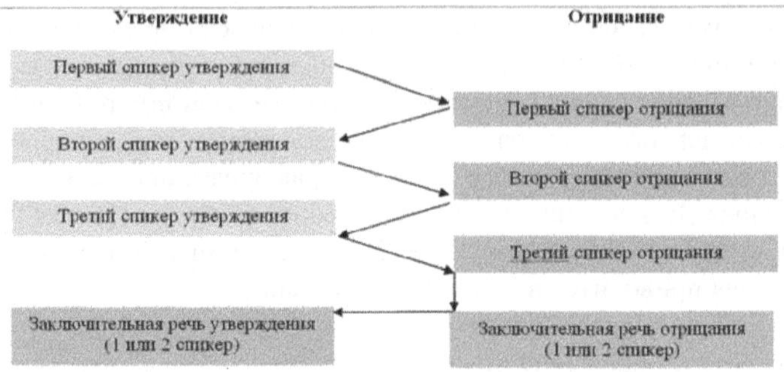

– они должны руководствоваться ясными представлениями о том, что является хорошими и плохими дебатами. Конечно, участники дебатов и зрители часто не соглашаются с решением судьи, и иногда судьи не соглашаются друг с другом. Однако это один из вызовов искусства ведения дебатов: дебатировать достаточно хорошо для того, чтобы вы смогли убедить любого судью в том, что заслужили победу.

Судьи используют три категории/критерия при оценке дебатов, которые называются «Три «с» судейства»:

- *Стиль или Способ* (*Style*) – то, как вы себя ведете и как произносите свою речь: «как вы говорите». Например, насколько спикер интересен, искренен или юмористичен. На Чемпионате мира по школьным дебатам (World Schools Debating Championships [WSDC]), средняя оценка за стиль – 28 баллов, но обычно диапазон этой оценки от 24 до 32 баллов.
- *Содержание* (*Content*) – аргументы, которые вы представляете. Причем оцениваются и сама сила аргументов, и то, как вы их объясняете, раскрываете и иллюстрируете с помощью примеров. Так же как и для стиля, средняя оценка за содержание – 28 баллов, но обычно диапазон этой оценки от 24 до 32 баллов.
- *Стратегия* (*Strategy*) – это структура и организация речи. Эта категория часто охватывает все те компоненты речи, которые не вошли в стиль и содержание. Средний балл за стратегию – 14. Диапазон оценки обычно от 12 до 16 баллов.

Важно рассмотреть соотношение этих критериев друг с другом. *Во-первых*, содержание и стиль оцениваются одинаково. Многие участники дебатов автоматически предполагают, что команда, которая хорошо представляет материал, должна выиграть дебаты – но это вовсе не обязательно. *Во-вторых*, стратегия – это лишь половина оценки содержания или стиля, но, тем не менее, она очень существенна. Многие участники дебатов недооценивают важность структуры, считая её «бедной родственницей» других двух критериев. В действительности, даже притом, что стратегия оценивается вдвое меньшей суммой баллов, она может непосредственно повлиять на результат многих дебатов.

Независимо от того, насколько эффективны эти критерии оценки речи, или, какая схема выставления баллов используется, все это не очень эффективно в обучении или объяснении сути дебатов. Этот обусловлено тем, что содержание и стратегия тесно связаны друг с другом. Если структура вашей речи хорошая, то и аргумент ваш тоже будет более сильным. Таким же образом, ясный и сильный аргумент невозможен без некой структуры. Именно поэтому, если вы, готовясь к дебатам, попытаетесь разделить содержание и стратегию, то вы рискуете запутаться и усложнить свои аргументы.

Хотя многие хорошие книги разделяют процесс объяснения искусства дебатирования именно на эти три категории: стиль, содержание и стратегия, я разделил эту книгу на три части, которые считаю самыми важными при обучении дебатам. Это – Подготовка, Опровержение и Стиль. Первые две категории вместе включают содержание и стратегию. Третья категория, как ясно из названия, является традиционной категорией стиля, при помощи которой вы преподносите свою речь.

Итак, мы начинаем!

ДЛЯ НАЧИНАЮЩИХ

Общие сведения

Для того чтобы выиграть дебаты, вы должны сделать две вещи:

1. Показать, почему ваша сторона *права*, и
2. Показать, почему доводы ваших оппонентов *неправильны* (опровержение).

Мы обсудим опровержение во второй главе. Здесь мы поработаем над первым пунктом.

Набор подготовленных идей о том, почему ваша сторона права, называется *«кейсом» (case) вашей команды*.

Чтобы подготовить кейс, вам необходимо сделать три вещи:

1. Решить, что означают слова, входящие в тему, применительно *к целям данных дебатов*. Это называется вашим *«определением» (definition)* или *интерпретацией темы (interpretation)*.
2. Придумать несколько причин или доводов, почему ваша позиция в теме истинна. Эти доводы называются *«аргументами»*. Будучи дебатёрами вы должны попытаться соединить эти аргументы вместе в единую *«систему аргументов» (case approach)*.
3. Разделить аргументы между первым и вторым спикерами так, чтобы каждый из них знал, что он или она должен представить. Этот процесс называется *«разделением кейса» (split)*.

Эта глава о процессе подготовки. Мы начинаем с обсуждения наилучшего способа нахождения *проблемы (issue)* дебатов и того, как *определить (define)* слова, с тем, чтобы отразить эту проблему. Это **Шаг №1**.

Потом мы перейдем к обсуждению лучшего способа развития вашей *общей системы аргументации (overall case approach)*. Это **Шаг №2.**

Как только ваша команда договорится о системе аргументов, вы готовы начать конструировать ваши индивидуальные *аргументы (arguments)*. Это **Шаг №3**.

Шаг №4 – объясняет самый лучший способ разделить эти аргументы между первым и вторым спикерами. Это то, что называется *«разделением труда»*.

Как только ваша команда распределила аргументы, первый и второй спикер готовы к *подготовке своих индивидуальных речей (individual speeches)*. Это **Шаг №5**.

Наконец, мы изучим некоторые эффективные приемы *командной подготовки (team preparation)*.

Шаг №1: Проблема и определения

Поиск поля для дебатов

У всех великих исторических битв была одна общая черта – обе стороны приходили по верному адресу! Эта секция о том, где и как найти поле для дебатов (идентифицировать проблему [identifying the issue]) и о том, как сделать так, чтобы битва/дебаты происходили на этом поле (определение темы для дебатов [defining the motion for the debate]).

НАЙТИ ПРОБЛЕМУ

Первый шаг при подготовке к любым дебатам – выработка проблемы для дебатов. Ваша команда должна договориться о проблеме, прежде чем приступить к *любой* другой подготовке. Часто, это бывает очень легко; в самой теме скрыта проблема. **Первый принцип** прост: *если есть ясная проблема – обсуждайте именно её*!

Например, давайте возьмём тему, «Эта Палата считает, что правительство должно запретить курение». Не разумно было бы сказать, что «курение» означает «курение марихуаны»? А может, стоило бы подойти к делу творчески и связать слово курение с винокуренными заводами и продажей алкоголя? Ответ на эти вопросы односложен – «нет». Хотя, эти проблемы и могли бы подойти для интересных дебатов, но только в других случаях. В нашем же случае резолюция проста и ясна: курение подразумевает курение табака. Это то, как большинство людей прочтет тему, и именно это является той проблемой, о которой должны пойти дебаты.

Однако в других ситуациях проблема не будет абсолютно ясна. **Второй принцип** определения проблемы состоит в том, что в подобных случаях вам необходимо *найти проблему, которая является наиболее очевидной (obvious), наиболее подходящей по смыслу (relevant) или наиболее спорной/пригодной для дебатов (debatable).* Прежде всего, не забудьте – вы должны дебатировать о *проблеме.* Например, предположим у вас есть тема: «Эта Палата считает, что пряник лучше кнута». Это очевидная метафора; если бы вы прочитали тему буквально, вы потратили бы все дебаты, обсуждая плюсы и минусы пряников и кнутов! В этом случае, самая спорная проблема – является ли стимулирование (пряник) более эффективным, чем угроза наказания (кнут).

В некоторых, очень редких случаях, нет такой проблемы, которая кажется наиболее соответствующей по смыслу или наиболее спорной. Например, рассмотрим тему: «Эта Палата считает, что главное не победа, а участие». Действительно ли это дебаты о спорте? Или о жизни вообще? Проблема, кажется, заключается в том, оправдывают ли средства цель. Возможно, это дебаты о политике? Или возможно даже о том, можно ли оправдать терроризм? Ответ даёт **третий принцип**: *когда нет никакой очевидной* *проблемы, вы должны выбрать проблему, которая могла бы быть связана с темой.* Например, любая из проблем, предложенных выше, была бы приемлемой интерпретацией темы (interpretation of the motion). В этом случае, самым лучшим подходом было бы выбрать общую философскую проблему (оправдывают ли средства цель). Это соответствует общему философскому характеру самой темы и минимизирует шансы того, что вы и ваши оппоненты будут дебатировать о совсем различных проблемах. Вы можете всегда использовать конкретный материал (спорт или политику) в качестве примеров.

Тем не менее, это не означает, что вы должны *всегда* выбирать наиболее очевидную проблему. Для примера, давайте возьмем тему: «Эта Палата считает, что все большое – прекрасно». Самая очевидная проблема здесь, всегда ли большие вещи лучше, чем маленькие, но нет ничего конкретного, о чем можно было бы дебатировать по этой проблеме: все дебаты превратятся в длинный список больших и маленьких вещей, которые «хороши» и «плохи» соответственно. В этом случае, вы должны выбрать другую проблему. Например, проблема могла бы быть: должны ли мы приветствовать глобализацию (при помощи которой культуры, институты и экономические системы становятся «большими»). Или же это могли бы быть дебаты о влиянии рекламы и массовой культуры на наши представления о самих себе. Команда утверждения могла бы заявить: «Все большое – прекрасно, поэтому правительство должно запретить нереалистичные изображения тела. Это проблема сегодняшних дебатов». Вместо того чтобы автоматически выбирать наиболее очевидную проблему, лучший подход состоит в *выборе проблемы, которую вы считаете наиболее спорной или пригодной к дебатам с обеих сторон.* К сожалению, невозможно сказать об этом более конкретно.

Есть одно важное правило о неясных темах: *независимо от того, насколько проблема сложна для определения, вы должны* **выбрать одну проблему и только одну**! Например, тема: «Эта Палата считает, что все большое – прекрасно» могла бы быть о глобализации или о нереалистичных изображениях тела в СМИ, *но она не может быть сразу об обеих проблемах.* Каждая проблема может быть вполне адекватно и качественно обсуждена, но сомнительная комбинация проблем этому отнюдь не способствует. Выберите одну центральную проблему и придерживайтесь её!

Например, рассмотрим школьные дебаты по теме: «Эта Палата считает, что две сверхдержавы лучше, чем одна». Команда утверждения дебатировала о том, был ли мир более стабильным и мирным с одной политической и военной супердержавой (то есть, США), или с двумя (то есть ситуация во время «холодной войны», когда США и СССР были сверхдержавами). Однако команда отрицания попыталась дебатировать о многих проблемах – их кейс рассматривал разнообразные проблемы, такие как политика, экономика и поп-культура, поскольку они утверждали, что наличие меньшего количества чего-либо лучше, чем наличие большего числа этого же самого. Кроме потери реальной проблемы, эта команда сделала важную стратегическую ошибку, попытавшись рассмотреть несколько проблем сразу и не выделив одной центральной проблемы.

Выбрав наиболее общую проблему дебатов, пришло время выбрать определенное и точное значение темы: вам необходимо определение.

ОПРЕДЕЛЕНИЕ

Что такое определение?

Невозможно вести дебаты без того, чтобы сначала понять, что означает тема для спорящих сторон. Поэтому, обе команды должны решить, как они определяют тему *применительно к своим целям дебатов*. Это называется *«определением»* (*definition*).

Очень мало дебатских тем содержат сложные слова. Поэтому, цель определения состоит *не в том*, чтобы сказать зрителям, судье и оппонентам, что некое слово означает *вообще или в словаре*. Цель определения состоит в том, чтобы объяснить, что некое слово означает *применительно к вашим дебатам*. Мы изучим наилучшие способы достижения этой цели.

Во всех случаях команда утверждения должна представить определение темы; ясное утверждение того, как команда понимает смысл данной темы. Первый спикер утверждения представляет определение в самом начале своей речи. (Мы рассмотрим структуру речей в Шаге №5 данной главы). По существу, определяя тему, первый спикер утверждения говорит: «Мы думаем, что это – именно то, что данная тема означает применительно к целям наших дебатов. Мы думаем, что *обе* команды должны дебатировать на основе этого значения».

В некоторых обстоятельствах (будет объяснено позже), команда отрицания может не согласиться с определением команды утверждения. В этом случае, команде отрицания необходимо сказать: «Нет, мы не согласны с предложенной вами интерпретацией темы. Мы думаем, что *обе* команды должны дебатировать на основе другого значения – значения, предложенного нашим определением». Поэтому, перед каждыми дебатами *обеим командам необходимо* подготовить свое определение темы.

Как определить тему?

Прежде всего, обе команды должны попытаться определить тему насколько возможно ясно и просто. Для этого используются несколько методов.

Определяйте понятия (terms) в теме, а не каждое отдельное слово. Нет ничего неправильного в определении отдельных слов. Однако вы должны *выбрать* понятия и словосочетания для определения; не определяйте каждое слово только ради определения. Для этого есть две причины:

1. Определение многих слов (таких как «на» или «в») является лишним и лишь отнимает время (например, нет никакой необходимости говорить: «мы определяем слово «на» как предлог по вопросу куда, на кого, на что, указывает предмет, на который обращено действие!»).

2. Часто, слова могут иметь совсем другие значения, когда находятся вместе в контексте. Например, представьте тему: «Эта Палата считает, что мы должны поддержать политическую корректность». У «политической корректности» есть определённое значение, как у понятия. Однако если вы определите эти два слова отдельно «политическая» и «корректность», то вы будете спорить о том, хорошо ли для политического деятеля быть вежливым. Это не является проблемой дебатов, фактически, как мы вскоре узнаем, такое определение будет необоснованным (unreasonable).

Не давайте буквальное определение понятиям-метафорам. Помните, определение – это самоцель, это ваш шанс объяснить, как ваша команда понимает смысл темы. Поэтому, если вы полагаете, что тема является метафорической, вы должны определить тему с её метафорическим, а не буквальным значsnием. Давайте вернёмся к теме: «Эта Палата считает, что пряник лучше кнута». Мы уже видели, что эта тема – метафора. Поэтому, не имеет смысла определять «пряник» как (например) «хлебобулочное изделие». Вместо этого вы должны объяснить, что «пряник» – это метафора стимула, а «кнут» – метафора наказания.

Не делайте определения слишком сложными. Иногда это выражается в простом правиле – *не давайте определения из словарей.* Во-первых, это создаёт риск неправильного определения слов (например, когда вы даете буквальное определение метафорическим словам или определяете словосочетание по одному слову). Более того, это лишает ваше определение смысла. Судья не хочет слышать о том, что словарь говорит о слове – словарь был составлен без малейшего представления о теме ваших дебатов! Вместо этого вы должны объяснить, что вы думаете о значении этих понятий применительно к теме, которую вы обсуждаете. Конечно, вы можете обратиться к словарю, чтобы определить значение отдельного слова в теме. Однако вы должны тогда перефразировать это определение, поскольку необходимо применить его именно к вашим дебатам.

Будьте готовы дать примеры для объяснения вашего определения. Для большинства тем это не обязательно. Однако в некоторых темах даже определение не разъяснит точно значение слов. Например, предположим что тема: «Эта Палата считает, что ООН слишком неохотно противостоит диктатурам». В этом случае, независимо от того, как тщательно вы выбрали слова, чтобы определить «противостоять диктатурам», вы не дадите эффективное и ясное объяснение для зрителей. Здесь важно *также* предоставить примеры, «Например, ООН может противостоять диктатурам с помощью военной интервенции, дипломатического давления и так далее».

Сужение/ограничение тем при помощи определения

В дополнение к простому определению понятий, часто необходимо или полезно ограничить масштаб (limit the scope) всех дебатов. То есть может оказаться стратегически важным установить некоторые проблемы в качестве «запретных зон» (off limits) с тем, чтобы уточнить реальную проблему дебатов. Вы можете сделать это одним из двух способов:

1. *Вы можете ограничить масштаб/значение одного из слов, входящих в тему.* Например, рассмотрим тему: «Эта Палата считает, что мы являемся потерянным поколением». Представьте, что дебаты происходят в России и команда утверждения решила сузить тему до российской молодежи. В этом случае «мы» может быть определено, как «россияне, родившиеся после 1991 года». (Понятие «мы» или «нас» будет объяснено позже).

2. *Если ни одно из слов не может быть ограничено, вы можете просто заявить о своем ограничении после определения темы.* Например, рассмотрим тему: «Эта Палата считает, что приговоры за преступления слишком суровы». В этом случае, по причинам, которые будут объяснены позже, разумно ограничить дебаты странами первого мира, потому что будет сложно (хотя и возможно) спорить о том, что приговоры в развивающихся странах (типа публичных казней) не слишком суровы. В этом случае, можно определить все основные понятия в теме и потом заявить об ограничении дебатов до стран первого мира.

Часто вам будет предоставлена некоторая свобода действий при ограничении определения. Например, в предыдущей теме, команда утверждения могла выбирать между ограничением дебатов до стран первого мира или до родной страны. Однако *любое ограничение должно быть разумным.* Не разрешено сужать тему до того, что называется *«пространственным»* или *«временным»* кейсом (ПВК; *«time setting»* or *«place setting»*). (Это лишь часть общего правила: определение в целом должно быть разумным. Мы рассмотрим это позже).

«Временное ограничение» (*Time setting*) означает ограничение темы определёнными временными рамками, в прошлом или будущем. Например, определяя тему о приговорах, упомянутую выше, можно сказать – «мы сужаем обсуждение до начала XVIII века» – и это будет ошибкой. Разумеется, фраза «мы ограничиваем эти дебаты до настоящего времени» не является сужением временных рамок, так как в теме ясно предполагается актуальный характер обсуждения. Однако даже если это и не будет «временным ограничением», такое утверждение будет лишним.

«Пространственное ограничение» (*Place setting*) означает перенос общей

темы в конкретное место/пространство/территорию, отличное от того, которое очевидно предполагалось в формулировке. Например, если дебаты в России происходят по теме «Эта Палата обжалует окончательные приговоры», сужение темы до ситуации в России не будет считаться пространственным ограничением. Однако если команда утверждения – россияне – в таких дебатах заявляет, что «ограничивает дебаты до окончательных приговоров в Армении», – это будет пространственным ограничением. Можно избежать пространственного сужения темы, если разобраться в её контексте.

Если команда утверждения предложит ограничение по времени или пространству, сторона отрицания может атаковать определение. Более подробно это будет обсуждено во второй главе.

Необходимость нейтрального определения

Определение даётся стороной утверждения, и оно может быть атаковано командой отрицания (см. главу II: Опровержение, раздел: «Спор по определениям»). К сожалению, многие дебатёры считают, что раз уж только они, будучи стороной утверждения, могут выдвигать определение, они могут сделать его настолько односторонним, насколько им это выгодно. Это абсолютно неверно и является причиной большинства проблем, связанных с определениями.

Есть простое правило – *когда ваша команда определяет тему, предположите, что вы – нейтральный зритель, не участвующий в дебатах.* Не волнуйтесь по поводу того, как выиграть дебаты на данном этапе – просто выясните, что данная тема означает и всё!

Предвзятое определение (biased definition) может быть вызвано следующими причинами:

- Нечестное определение понятий в теме;
- Нечестное ограничение темы;
- Отказ ограничивать тему, что может быть нечестным в случае неограничения (как в теме об уголовных приговорах, упомянутой ранее);
- Любой другой «творческий» способ «перевешивания» темы в пользу одной из команд.

На техническом уровне (новичкам-дебатёрам это запоминать не обязательно) предвзятые дефиниции обычно вызывают (но не всегда) один из двух видов нечестных аргументов – трюизмов и тавтологий. Проще говоря, трюизм или тривиальное определение создаёт односторонний аргумент, а тавтологическое определение совсем предотвращает какие-либо аргументы.

Тавтология (tautology) – это аргумент, который верен логически. То есть, вне зависимости от того, что вы думаете по этому поводу, вы не в состоянии спорить с ним. Например, рассмотрим тему: «Эта Палата считает, что мы должны нарушать плохой закон». Если утверждение определит под «плохим законом» тот «закон, которому невозможно подчиняться», то команда будет утверждать, что «необходимо нарушать те законы, которым невозможно подчиняться». Кроме потери проблемы (должны ли мы повиноваться несправедливым законам), команда приходит к обсуждению тавтологии. Почему? Потому что, если определение утверждения было принято, то тема верна *по определению*: команда отрицания просто не может утверждать, что мы должны подчиняться тем законам, которым невозможно подчиняться. Такое определение изначально подрывает смысл и цель дебатов.

Трюизм (truism) – это аргумент, на который нельзя ожидать какого-либо опровержения (в отличие от тавтологии, которую невозможно опровергнуть в принципе). Возьмём, например, школьные дебаты по теме «Эта Палата считает, что идеология потребления – религия наших дней». Команда отрицания определила «религию» буквально, и продолжила спор: «идеология потребления не является сегодняшней религией, потому что она не даёт понимания фундаментальной природы жизни и вселенной». Это было трюизмом. *Логически,* команда утверждения могла бы сказать, что идеология потребления *действительно* представляет религиозное откровение, но доказать подобный аргумент было бы весьма проблематично. Поэтому определение стороны отрицания было необоснованно. Этой проблемы удалось бы избежать, если бы команда отрицания проявила нейтральный подход к идентификации проблемы в данных дебатах (то есть к важности идеологии потребления в современном обществе).

Аналогично рассмотрим дебаты по теме: «Эта Палата считает, что мы должны обратить больше внимания на окружающую среду». Команда утверждения определила «окружающую среду» как «политическую, экономическую и социальную среду государства». Согласно данному определению, утверждение считает, что «мы должны уделять больше внимания важным проблемам, окружающим нас». Это трюизм – не говоря уже о потери смысла и проблемы дебатов, вряд ли отрицание сможет утверждать, что нам не следует уделять внимание подобным вопросам.

Часто участники дебатов необоснованно определяют темы «нечаянно» (by accident). То есть они не стремятся определить так, чтобы выключить оппонентов из игры, а путают определение с возможностью представить аргумент. Например, рассмотрим тему: «Эта Палата отменит смертную казнь». Сторона утверждения может заявить, что смертная казнь – нечестная и произвольная форма наказания. Однако если утверждение *определит* смертную казнь таким образом, технически это будет означать, что смертная казнь плоха *по определению*. Проще говоря, утверждение подразумевает, что любая форма наказания, которая каким-либо образом является «нечестной или произвольной», по определению не является частью данных дебатов. Это очевидно необоснованно; если бы это определение было истинным, то отрицанию было бы не с чем спорить.

Проще говоря, *выключая своим определением оппонентов из игры и лишая их поля для дебатов, вы рискуете тем, что ваш подход будет оценен как «необоснованный» и вы почти всегда проиграете раунд*. Оппонентам, разумеется, в таком случае придётся атаковать ваше определение. (Более подробно это будет разъяснено в главе II: Опровержение).

Есть другое нечестное преимущество, которое может быть также получено из определения. Представьте что произойдет если команда утверждения определяет тему так, что есть две равные стороны для обсуждения, но тема приобретает совершенно другое значение по сравнению с тем, что очевидно предполагается. Иными словами, что происходит, когда команда утверждения дает нейтральное определение, но связанное с совершенно другой темой? Например, предположим, что наша тема: «Эта Палата считает, что мы должны поддержать клонирование». Проблема/смысл этих дебатов ясны: генетическое клонирование жизни. Если утверждение определяет «клонирование» как «клонирование или копирование компакт-дисков», дебаты всё ещё остаются справедливыми; ведь есть аргументы за и против копирования музыки и компьютерных программ. Однако подобное определение *не связано с прямым значением слов, входящих в тему*. Это часто называется «белкой» (squirreling) – необоснованным определением темы. Такого рода определение недопустимо; если проблема/смысл дебатов ясны – вы должны их и дебатировать!

Прежде всего, используйте простой подход: если, когда вы услышали тему, вы спрашиваете себя, «как мы можем использовать определение для нашего преимущества над оппонентами?», вы рискуете придумать нечестное определение: или оно будет необоснованным, или вы «выпустите белку». Если вы спрашиваете себя, «о чем предполагаются эти дебаты?» и определяете на основании этого тему, у вас будет хороший шанс выработать честное определение. *Когда дело доходит до определения, у вас тем больше шансов выиграть дебаты, чем меньше вы волнуетесь о своей стороне в раунде.*

Право на определение

Определение становится самым сложным тогда, когда у двух команд разные интерпретации одной и той же темы. Мы обсудим наилучший выход из этой ситуации более детально в разделе «Опровержение». Сейчас же подумаем над вопросом: «Определение какой из команд будет принято как «правильное» определение на все дебаты»?

Есть два весьма различающихся правила, которые могут относиться к определениям:

1. Отсутствие исключительного права на определение (no exclusive right of definition).

2. Исключительное право на определение (an exclusive right of definition).

На чемпионате мира по школьным дебатам есть понятие и практика исключительного права на определение. Если вы участвуете в другом соревновании, разумно узнать, какое из этих двух правил применяется.

ОТСУТСТВИЕ ИСКЛЮЧИТЕЛЬНОГО ПРАВА

При отсутствии исключительного права на определение, *обе* команды имеют равное право на определение резолюции. (Таким образом, любая команда имеет право определить тему, если у этих двух команд есть существенное расхождение в определении. Как мы обсудим позже, команда отрицания не должна предлагать свою дефиницию, если она согласна с дефиницией утверждения). В этом случае судья должен решить любые споры по определениям, на основании того, чьё определение является:

1. Более разумным и/или
2. Более приближено к сути темы.

Более разумное определение

Мы уже обсудили понятие разумных определений; это те дефиниции, которые дают командам кейс, пригодный для обсуждения. Например, вышеперечисленные трюизмы и тавтологии являются результатами неразумного определения значения слов.

Определение, приближенное к реальной сути темы

Для того чтобы доказать, что именно ваше определение ближе к действительной сути темы, вы должны (очевидно) показать, в чем именно проблема или суть темы, или какой она должна быть.

Самый лёгкий способ сделать это – связать трактовку с текущими событиями, сказав «наше определение отражает реальные дебаты, происходящие в обществе» ("Our definition reflects the real debate occurring in society"). Например, рассмотрим тему, предложенную ранее «Эта Палата считает, что все большое – прекрасно». Представим, что оппозиция дала определение об увековечивании нереалистичных стереотипов в индустрии моды, тогда как ваше определение касалось глобализации и регионализма. Вы можете показать, что ваше определение ближе к реальной проблеме темы, утверждая, что глобализация – более серьёзная проблема в обществе, чем стереотипы в моде. Важно показать на недавних примерах, что именно выбранная вами проблема относится к сути резолюции и более актуальна в обществе. Например, протесты против глобализации были бы полезны, чтобы показать правильный выбор проблемы вашей командой.

Конечно, это вовсе не означает, что при определении темы вы обязаны *всегда* выбирать самую значительную проблему, либо ту, которая сильнее всего освещается в обществе. Как и многое в дебатах, выбор зависит от контекста. Если прямое значение слов в теме связано с небольшой проблемой или она недостаточно освящается в СМИ, вам всё равно нужно дебатировать по этой проблеме.

Другой эффективный (и более очевидный) способ показать, что ваше определение ближе к резолюции – сослаться на конкретные слова самой резолюции. Предположим, тема звучит: «Эта Палата считает, что школьные спортивные команды не должны спонсироваться корпорациями» и что ваша команда определила тему, как относящуюся к спортивным *командам*, в то время как ваши оппоненты определили тему, как касающуюся команд и *отдельных игроков в этих командах* (например, подписание индивидуальных контрактов). Вы можете законно утверждать, что именно ваше определение верно на том основании, что тема изначально была ограничена школьными спортивными *командами*. Это звучит как само собой разумеющееся, но легко забыть о том, чтобы ссылаться на действительные слова темы, в особенности тогда, когда они могут реально помочь.

Два метода заслуживают отдельного упоминания. Они столь же популярны, как и неэффективны. **Первым** является аргумент из словаря: «Наше определение ближе к теме, потому что так написано в словаре С.И. Ожегова». Этот подход почти полностью бесполезен, потому что, как было объяснено ранее, словарь не был написан именно для ваших дебатов. Далее, подход может привести к столкновению словарей, в случае если значения слов в одном словаре и другом сталкиваются лицом к лицу! Очевидно, что этот вид «не слишком умного» аргумента не приведёт ни одну из команд ближе к реальному значению слов в теме, поэтому его стоит избежать. **Вторая** неэффективная техника очень похожа на первую: обратиться к гипотетическому «человеку на улице» или «разумному человеку». Как и в случае со словарём, обращение к гипотетическому человеку не будет выгодно ни для той, ни для другой команды.

Очевидно, необходимо показать, что ваше определение лучше, доказав, что оно более разумно и ближе к реальному значению темы. Для примера, снова рассмотрим тему: «Эта Палата считает, что идеология потребления – религия наших дней» и предположим, что отрицание определило «религию» как «фундаментальный институт, дающий понимание природы жизни и вселенной». Утверждение может спорить, что определение отрицания неприемлемо для утверждения, и что в обществе не стоит проблемы, ведёт ли идеология потребления к духовному просветлению; проблема этих дебатов – степень, в которой наша повседневная жизнь находится под влиянием идеологии потребления.

ИСКЛЮЧИТЕЛЬНОЕ ПРАВО

Когда нет никакого исключительного права на определение, остаются два вопроса (как было объяснено выше):

1. Какое определение *более* разумно?
2. Какое определение *ближе* к «реальной» (или прямо заявленной в теме) проблеме?

Там, где есть исключительное право на определение, утверждение имеет право определить тему. «Исключительное» не означает «абсолютное»; право определяется следующими вопросами, которые похожи на те, что были представлены выше:

1. *Действительно* ли определения утверждения разумны?
2. *Соответствуют* ли определения утверждения значению слов в теме?

До тех пор, пока ответ судьи на каждый вопрос – «да», определение утверждения принимается как ведущее в дебатах, команда отрицания не может с ним спорить.

Чтобы показать различие в подходе, давайте возвратимся к теме «Эта Палата считает, что все большое – прекрасно». Очевидно (хотя и зависит от игры), что интерпретация «глобализации» выиграет битву определений. Она более важна, чем «стереотипы СМИ». Однако рассмотрим, что случилось бы, если бы у команды утверждения было исключительное право на определение. Тема была бы определена о необходимости запрещения государством нереалистичного изображения тела в СМИ. Судья тогда задал бы два наших вопроса. Во-первых, действительно ли это определение разумно? Хотя это может застать оппозицию врасплох, это откровенно их проблемы, потому что у них есть все шансы спорить о том, что правительство не должно цензурировать рекламу таким образом. Так что ответ на первый вопрос – «да». Во-вторых, насколько определение близко к теме? Другой способ задать этот вопрос: «Действительно ли слова в теме определены так, как это предполагалось?» Снова, ответ – «да»; утверждение смогло связать понятия «большое» и «прекрасное» с проблемой СМИ и стереотипного изображения тела в индустрии моды.

Поэтому, в отличие от ситуации, когда право на исключительное определение отсутствует, у оппозиции не будет никаких оснований жаловаться – она должна играть по определению утверждения. Стратегии для работы с этой ситуацией будут подробно исследованы позже. Однако необходимо сказать, что утверждение должно быть начеку при определении темы, когда оно имеет исключительное право на определение, в особенности потому, что команда должна четко знать критерии, которым это определение должно соответствовать.

Ключевые слова в теме для дебатов

Надеюсь, что сейчас вы понимаете основные принципы нахождения проблемы дебатов и поиска определений, которые могли бы отразить эту проблему. Вы должны также понять то, что делает определение неразумным.

Мы исследуем термины и понятия, которые часто вызывают трудности при определении проблемы. Они известны как *ключевые слова в теме для дебатов» (triggers)* – когда вы видите их в теме, они должны помочь вам выбрать тот или иной подход. Ни одно из «ключевых слов» не является правилом дебатирования; однако они не противоречат тем принципам, которые мы изучили ранее. Наоборот они могут помочь командам найти правильный подход к теме.

В связи с этим, мы должны уяснить для себя понятие «*бремя доказательства*» (*standard of proof*). Это то, *что именно должна доказать ваша команда, чтобы показать, что ваша сторона верна*. В уголовном процессе, например, сторона обвинения должна доказать что подсудимый виновен «*вне всякого сомнения*» (*beyond reasonable doubt*). В дебатах бремя доказательства каждой команды изменяется в зависимости от темы. Ключевые слова могут подсказать нам, *что именно* мы должны доказывать, и *в какой степени*.

КЛЮЧЕВЫЕ СЛОВА, КОТОРЫЕ УКАЗЫВАЮТ НА ТО, *ЧТО* ВАША КОМАНДА ДОЛЖНА ДОКАЗАТЬ

Ключевое слово «должен» (Should)

Что значит, мы *должны* сделать что-то? У всех нас есть общее представление об этом, но в дебатах слово «должен» имеет особое значение. Представьте, что кто-то сказал, «Мы должны расстрелять безработных, потому что налогоплательщики могут прекратить платить пособия по социальному обеспечению». Большинство из нас (мы надеемся!) были бы потрясены этим аргументом; даже при том, что это могло бы быть *практично*, это неправильно, потому что это не *морально*. Предположите, с другой стороны, что кто-то сказал, «правительство должно купить каждому гражданину Мерседес ☺ и бассейн». Большинство из нас нашло бы это предложение смешным; это могло бы быть добрым и *моральным* шагом, но у правительства нет денег, чтобы воплотить это *на практике*.

Из этих двух явно преувеличенных примеров, мы можем вывести более общий принцип: когда мы говорим, что что-то *должно* быть сделано, мы подразумеваем наличие *морального и практического императива или долга* (*moral and practical imperative*). Поэтому лучше определять слово «должен», как «моральный и практический императив или долг». Раскрывая аргументы, вы должны также сказать, почему ваше предложение морально и практично.

Например, рассмотрим тему: «Эта Палата считает, что за несправедливость, совершенную предыдущими поколениями, должна быть выплачена компенсация». Моральная причина заключается в том, что у нас есть обязанность исправить ошибки прошлого – выплатить компенсацию тем, кто в настоящем испытывает неудобства из-за несправедливости, совершённой в прошлом. Однако команда утверждения не должна остановиться на этом – в идеале у неё должен быть ещё и практический аргумент. Например, практическая причина заключается в том, что компенсация могла бы принести мир, загладить вину и успокоить людей.

Точно так же представьте, что мы дебатируем тему: «Эта Палата считает, что государство не должно вмешиваться в спасение частных компаний». Моральный аргумент может быть, что неправильно использовать деньги налогоплательщиков, чтобы помочь менеджерам и инвесторам, которые во многих случаях вели себя безответственно. Практический аргумент может быть о том, что правительство, спасая компании, поощряет безрассудные риски в будущем; менеджеры и инвесторы будут меньше беспокоиться о своих решениях, зная, что государство исправит их ошибки.

Только потому, что вы определили, «должен» как «моральную и практическую обязанность» не означает, что вы должны создать аргументы или как «моральные», или как «практические». Конечно, вы не можете проигнорировать моральную и практическую сторону темы, но вы не должны специально указывать, какой аргумент является моральным, а какой практическим. Полностью приемлемо иметь аргументы, которые показывают и нравственную и практическую сторону темы одновременно. Однако если у вас есть трудности в составлении аргументов, «моральный и практический» подход может вам помочь. Например, вы можете спросить ваших товарищей по команде, «у нас есть много причин, почему наша сторона практически верна, каковы же моральные причины?»

Когда «должен» не означает «морального и практического долга»

Почти каждая тема, которая включает слово, «должен» говорит о *наличии* «морального и практического обязательства». Однако, как было объяснено ранее, анализируя тему, мы, прежде всего, должны выявить проблему. И именно этот подход приводит к исключению из правила.

Например, рассмотрите тему: «Эта Палата считает, что новое столетие должно быть лучше предыдущего». Какова проблема этих дебатов? Ясно, что проблема – *будет* ли XXI век лучше или хуже (в зависимости от того, какую сторону вы занимаете) чем XX век. Предположим, что ваша команда определила «должен» как «моральный и практический долг». В этом случае, вы бы вели дебаты о том, есть ли у нас моральное и практическое обязательство сделать следующее столетие лучше, чем предыдущее. Другими словами, должны ли люди попытаться сделать мир лучше. Это бессмысленная тема для дебатов. Другими словами, команда утверждения определила тему, как избитую истину (трюизм) в том случае, когда она использовала привычный подход к слову «должен».

Другой пример – тема «Эта Палата считает, что мы должны завидовать нашим бабушкам и дедушкам». Каковы проблемы этих дебатов? Они представляются такими:

1. Была ли эпоха наших бабушек и дедушек лучше нашей и/или
2. Лучше ли быть пожилым, чем молодым.

Однако представьте, что команды интерпретируют слово, «должен» как «моральное и практическое обязательство». В этом случае, они дебатировали бы о том, есть ли польза завидовать бабушкам и дедушкам. Команда отрицания могла бы поднять такие глупые аргументы как, «Зависть – разрушительная человеческая эмоция и является одним из семи смертных грехов. Поэтому, мы никогда не должны никому завидовать». Такие дебаты превратились бы в банальную демагогию. Этот пример хорошо демонстрирует, как не следует поступать. Команды должны были понять, что эта тема является исключением, и они не должны были интерпретировать слово «должен» в привычном значении.

Когда другие слова означают «моральное и практическое обязательство»

Много проблем в нашем обществе сводятся к фундаментальному вопросу, что должно быть сделано, а чего лучше избежать. Именно поэтому не удивительно, что много тем посвящено этому вопросу. И не во всех из них используется слово «должен» (should).

Например, рассмотрите тему школьных дебатов: «Эта Палата считает, что высшее образование – это право человека». Команда утверждения должна была сказать: «Право – это то, что защищено государством. Так как высокая стоимость обучения не позволяет многим получить высшее образование, правительство имеет моральное и практическое обязательство уменьшить плату за обучение путём существенного увеличения финансирования через кредиты, стипендии или прямую финансовую поддержку университетов. Проблема заключается в том, должны ли государственные расходы на высшее образование быть существенно увеличены».

Команда отрицания была, однако, против спора об увеличении государственного финансирования. Вместо того чтобы «стиснуть зубы» (biting the bullet) и «играть жёстче» (playing hardball) (будет разобрано подробнее позднее) команда решила определить тему, как вопрос фактов. Она сказала следующее: «Проблема заключается в том, является ли высшее образование неотъемлемым правом человека. Право – это то, что защищено всеми. Мы согласны с командой утверждения, что плата за обучение является препятствием к получению высшего образования. Но высшее образование не является правом, так как оно не признается таковым в нашем обществе». Таким образом, команда отрицания дебатировала «параллельный кейс» (parallel case). Они интерпретировали тему так, что их аргументы стали похожими на аргументы команды утверждения. (Аналогичные случаи рассмотрят более подробно во главе II: Опровержение).

На самом деле проблема дебатов была таковой: «Должны ли у всех быть равные возможности на получение высшего образования». Подход утверждения был верным, а отрицания – нет. Хотя слово «должен» не было употреблено в теме, очевидно, что имелся в виду моральный и практический долг государства предоставить всем шанс получить высшее образование. Именно это было ясной проблемой, на которую указывала тема.

Ещё один важный тип дебатов, который попадает под эту категорию, является дебатами о том, «оправдано» ли что-то. Эта категория будет обсуждена ниже.

«Слишком» (Too Much)

Много резолюций задаются вопросом, не *слишком* ли чего-то много (мало), нет ли в этом переизбытка (недостатка). Например, «Эта Палата считает, что слишком много денег тратится на спорт» или «Эта Палата считает, что мы обращаем слишком много внимания на телевидение».

Темы, которые содержат в себе слово «слишком», неизбежно требуют, чтобы вы обратили внимание на три вещи:

1. Употреблено ли это слово в значении «изобилия» (в случае «слишком много») или «дефицита» (в случае «слишком мало»),
2. Превышает ли вред от этого пользу,
3. *Наносит* ли изобилие или дефицит ущерб.

Например, рассмотрите тему: «Эта Палата считает, что слишком много денег тратится на спорт». Дебатёры-новички обычно спорят так: «Слишком много денег тратится на спорт, а у многих спортсменов плохая физическая подготовка. Именно поэтому в спорте слишком много денег». Ясно одно, что было пропущено объяснение, как *именно* количество денег *влияет* на подготовку спортсменов. Если это объяснение не будет предоставлено, то для отрицания будет слишком просто оспорить то, что плохая физическая подготовка не зависит от денег в спорте, и то, что она существует также и в любительском спорте.

«Потерпеть неудачу» (Failed)

Много тем заставляют нас судить, было ли что-то успешным или же оно потерпело неудачу. Например, «Эта Палата считает, что Организация Объединенных Наций потерпела неудачу» или «Эта Палата считает, что капитализм потерпел неудачу». Эти дебаты неизбежно станут очень непонятными до тех пор, пока мы не определим *критерии,* по которым можно будет судить об удаче/неудаче любой кампании. Другими словами, принцип «неудачи» несет в себе некоторые трудности, которые нельзя избежать тщательно подобранным определением слова «неудача», вам также нужны специальные параметры, которые связаны с проблемой дебатов.

Есть два стандартных типа параметров: не оправдание надежд и несоответствие определённым внешним критериям.

1. *Не оправдание надежд.* Этот критерий особенно полезен, когда цели и задачи организации четко ясны. Но о движении или организации с четко поставленными целями дебатируют редко. В таком случае, вы могли бы использовать эти вопросы – оправданные ожидания общества, фактически, для оценки успеха того движения или организации.

2. *Несоответствие определённым внешним критериям.* Это более общий подход. Здесь вы используете те критерии, которые придумала ваша команда. Для примера возьмем тему: «Эта Палата считает, что феминизм потерпел неудачу». У феминизма никогда не было одного набора установленных целей, таким образом, необходимо придумать определенные критерии. Например, команды могли бы сказать, что «проблема – принес ли феминизм реальное и существенное равенство между полами; то есть, существенно ли его реформы сократили дискриминацию женщин или просто сделали дискриминацию менее очевидной».

Как и определение, критерии должны быть беспристрастными. Если они не будут таковыми, то вы можете попасть в ловушку и начать дебатировать избитую истину (трюизм). Таким образом, вы проиграете дебаты. Например, рассмотрим другую тему, предложенную ранее: «Эта Палата считает, что капитализм потерпел неудачу». Если команда утверждения установит критерий оценки «неудачи» как «неудача в борьбе с бедностью», то это будет трюизмом (объяснено ранее): «Слово «неудача» означает «не удалось устранить бедность. Бедность существует и при капиталистических системах. Поэтому, капитализм потерпел неудачу». Если интерпретация утверждения «неудачи» в этом случае такова, то команда должна автоматически «выиграть» аргумент. При прочих равных условиях, это – верный способ проиграть дебаты!

Необходимо часто задавать себе ещё один вопрос: *«Кому не повезёт, если организация потерпит неудачу?».* Например, рассмотрите тему: «Эта Палата считает, что феминизм потерпел неудачу». Это может означать, и то, что от этого «пострадало общество», и то, что «не повезло женщинам». В данном случае, вероятно, не существует правильного ответа. Каждая команда должна принять решение самостоятельно и выбрать тот подход, который, по их мнению, является верным. Здесь снова применяется правило о беспристрастности – вы не можете интерпретировать тему так, чтобы ваш аргумент оказался единственно верным и тем самым сразу же выиграл дебаты. Например, если тема была, «Эта Палата считает, что капитализм потерпел неудачу», команда отрицания не может сказать, что «потерпеть неудачу» означает только, что «только богатые потерпели неудачу» – при таком подходе утверждению будет почти не о чем спорить!

Наконец, существует проблема в определении «подходящих» критериев. Ответ прост – если такие критерии используются, чтобы определить значение слов в теме (как здесь), они являются частью определения. Мы исследуем эту проблему более подробно, когда мы рассмотрим Шаг №2: «Система аргументации».

Темы в стиле «большой красный мяч»

Из всей технической терминологии дебатов, «большой красный мяч» является, вероятно, наиболее загадочным понятием для большинства дебатёров. Однако само понятие весьма просто.

Предположим, что я держу некий предмет и тема дебатов «Эта Палата считает, что этот предмет – большой красный мяч». Что должна доказать команда утверждения? Весьма очевидно, что они должны показать три вещи:

1. То, что объект является большим, *и*
2. То, что объект красный, *и*
3. То, что это – мяч.

Что должна доказать команда отрицания? Ясно, что они должны показать, что это не большой, красный мяч. Они могут сделать это, показывая:

1. То, что объект не является большим, *или*
2. То, что объект не красный, *или*
3. То, что это не мяч.

Важный пункт здесь то, что команда отрицания может опровергнуть *один, все,* или *любую комбинацию* аргументов команды утверждения.

Хорошо, но как часто мы проводим дебаты о больших красных мячах? Ответ, разумеется, «никогда». Но много тем соответствует данной формуле.

Рассмотрим тему, «Эта Палата считает, что мы должны законодательно ограничить прирост населения». Что команда утверждения должна показать в этом случае? Очевидно, две вещи:

1. То, что есть потребность ограничить прирост населения *и*
2. То, что мы должны использовать законодательство (не образование, например) для этой цели.

Команда отрицания может показать, что нет никакой потребности, ограничивать прирост населения, *или* что законодательство – неподходящий способ для выполнения этой задачи (или оба аргумента сразу).

Команда отрицания должна быть особенно аккуратной и избежать выбора

Принцип «большого красного мяча» весьма доходчиво объясняет цитата из «Чёрной гадюки» (Эпизод 1, серия 2, написанной Ричардом Куртисом и Беном Элтоном).

Эдмунд: Я ищу информацию об Умной Женщине.

Крон: Ах, Умная Женщина ... Умная Женщина.

Эдмунд: Да, Умная Женщина.

Крон: Две вещи, мой лорд, должны быть известны об Умной Женщине. Первая, что она ... женщина, и вторая, что она ...

Эдмунд: Умная?

Крон: Так вы её знаете?

Эдмунд понял, что не так уж и трудно уловить суть принципа «большого красного мяча»!

неподходящего для отрицания части темы. Например, рассмотрим тему: «Эта Палата считает, что Стамбул должен стать столицей Олимпийских Игр в 2020 году». Команда отрицания могла бы технически опровергнуть этот аргумент, сказав: «Мы соглашаемся, что Стамбул – идеальный город для Олимпийских Игр, но ему ещё нужно время, чтобы улучшить гостиничный сектор и транспортную инфраструктуру. Поэтому, Олимпийские Игры в Стамбуле нужно проводить не в 2020, а в 2024 году». Однако этот аргумент не раскрывает тему полностью (подходит ли Стамбул в качестве Олимпийской столицы), и он является слабым, так как уделяет много внимания незначительным деталям (вопрос четырёх лет). Проблема ясна: хотя команда отрицания может опровергнуть любую часть темы «большой красный мяч», более разумным было бы выбрать самую важную часть этой темы, а не спорить по мелочам.

КЛЮЧЕВЫЕ СЛОВА, КОТОРЫЕ ПОМОГАЮТ ОПРЕДЕЛИТЬ, ДО КАКОЙ СТЕПЕНИ КОМАНДА ДОЛЖНА ДОКАЗЫВАТЬ АРГУМЕНТ

Мы рассмотрели ключевые слова, которые подсказывали, что вы должны показать, чтобы ваша команда выиграла. Теперь мы рассмотрим, *до какой степени (или как часто)* вы должны показывать, что что-то верно для того, чтобы поддержать вашу сторону.

Общие истины

Речь пойдёт о темах, которые относятся к *реальным* событиями, а не к *нормам*, то есть о темах, которые спрашивают, *что есть*, а не *как должно быть*. В частности, это относится к темам, которые просят вас сравнить что-либо. Например, «Эта Палата считает, что лучше быть умным, чем добрым» или «Эта Палата считает, что компьютеры лучше, чем книги».

Вопрос в следующем: должна ли команда утверждения показать, что резолюция *всегда* правдива, или *иногда* правдива, или *чаще правдива, чем нет*, или ещё как-либо? Ответ в том, что, чаще всего, утверждение должно показать, что резолюция истинна *«вообще»* (*generally true*). Отрицание должно показать, соответственно, что резолюция вообще не истинна. Невозможно установить процентное соотношение случаев, в которых что-то должно быть истинно, для того чтобы быть истиной «вообще».

Давайте рассмотрим вышеуказанную тему. Обе команды должны интерпретировать тему как «Эта Палата считает, что *вообще* лучше быть умным, чем добрым», и приводить свои аргументы именно на этом основании.

Это правило не меняет подхода команды к теме; осознают они это или нет, большинство команд спорят о резолюции в общем. Очень важное напоминание: недостаточно сказать, что резолюция *иногда верна*, или *иногда не верна*. Классический случай такой ошибки – использование Адольфа Гитлера в качестве наиболее простого примера. Вернёмся к теме «Эта Палата считает, что лучше быть умным, чем добрым». Команда отрицания оспаривает: «Гитлер был чрезвычайно умный, но вовсе не добрый. Вспомните страдания, которые он причинил людям. Поэтому, лучше быть добрым, чем умным». Такой подход неверен. Хотя без сомнения в случае с Гитлером лучше быть добрым, чем умным, сам аргумент не в состоянии показать, что *вообще* лучше быть добрым, чем умным. Подход обеих команд должен состоять в развитии *общих* аргументов, а потом в использовании примеров, которые не являются исключительными для той или другой стороны. Мы позже вернёмся к процессу развития аргументов.

Кстати, Гитлер – примечательно популярный пример для дебатов по разным вопросам, использование которого (как известной исторической личности и такого очевидного «воплощения зла») может позволить (как некоторые считают) выиграть любой аргумент! Этот подход, к сожалению, абсолютно несостоятелен. Гитлер и его режим занимали крайние позиции по очень многим вопросам. Крайне нежелательно оценивать любую проблему, аргумент, или перспективу с позиции Гитлера – его режим был настолько суров, что многие события нельзя рассматривать с позиции широкого смысла. Конечно же, это не значит, что никогда нельзя использовать в дебатах пример Гитлера и нацистской Германии. Может оказаться, что *осторожный анализ и объяснение* Третьего Рейха поможет подтверждению аргумента. Однако большинство дебатёров, которые ссылаются на Гитлера, не предоставляют никакого анализа – наоборот, просто используют его имя, как аналогию для любого обсуждаемого зла. Если ваш аргумент опирается на простое упоминание крайнего примера, вам следует найти другой пример. Если вы не можете найти другой пример – найдите другой аргумент!

«Абсолютные принципы»

Исключение из правила о «вообще» наиболее распространено в темах, которые обсуждают абсолютные принципы (absolutes). Например, «Эта Палата считает, что все взрослые должны голосовать», или «Эта Палата считает, что мы все являемся феминистами», или «Эта Палата считает, что каждый должен иметь право на получение высшего образования».

Что требуется показать команде утверждения? Конечно, нельзя рассчитывать на то, что утверждение будет рассматривать резолюцию в *каждом возможном случае*. Это было бы неразумным и несоответствующим реальной проблеме, которую поднимает резолюция.

Например, в теме «Эта Палата считает, что все взрослые должны голосовать», для стороны отрицания недостаточно сказать, что «люди в коме не должны голосовать».[1] В теме «Эта Палата считает, что каждый должен иметь право на получение высшего образования», для отрицания недостаточно заявить, что «неграмотные люди не должны иметь право на высшее образование». Всем ясно, что в обоих случаях команда отрицания избегает основной проблемы дебатов – обязательного голосования (в первом случае) и государственного субсидирования высшего образования (во втором). Отрицание лишь обращает своё внимание на *незначительное меньшинство*, о котором утверждение дебатировать не собирается.

Правило для абсолютных тем (absolute motions) следующее: *утверждение должно показать, что резолюция верна для любого случая, за исключением незначительного меньшинства*. Конечно, это не значит, что утверждению надо охватить все возможные случаи, в которых проблема является незначительной, и затем показывать, что в этом случае резолюция является верной! Наоборот, аргументы должны относиться к каждому случаю, который не является незначительным меньшинством. Например, в теме «Эта Палата считает, что все взрослые должны голосовать», утверждению нет смысла показывать, почему мужчины должны голосовать, женщины должны голосовать, почему коренные жители должны голосовать, почему пенсионеры должны голосовать и т.д. Достаточно показать, что мнение людей настолько важно, что должно быть юридически закреплено. Это общий аргумент, который относится ко всем случаям, кроме незначительных меньшинств.

Как же определить, является ли специфическая группа «незначительным меньшинством»? Вы должны сделать это в контексте обсуждаемой проблемы.

---

1. J. Philips and J. Hooke, *The Debating Book* (Sydney: UNSW Press, 1994), p. 75.

Например, ранее мы видели, что неграмотные люди являются незначительным меньшинством для дебатов о доступе к высшему образованию. Однако может быть спор об ответственности правительства перед неграмотными. В этом случае неграмотные являются кем угодно, но только не незначительным меньшинством: они – главная проблема! Конечно же, лучший подход – это просто спросить себя, «какая проблема главная в этих дебатах?», и *дебатировать в рамках этой проблемы*!

Может показаться странным, но в некоторых «абсолютных» темах нет никакого незначительного меньшинства. Другими словами, в некоторых дебатах «все» действительно значит «все». Лучшим примером будет тема «Эта Палата считает, что смертная казнь никогда не может быть оправдана».[2] Команда утверждения может сказать, что «смертная казнь никогда не оправдана, кроме случаев массовых убийств». Команда утверждения полагает, что массовые убийства – незначительное исключение для данной темы. Но они не правы; проблема дебатов состоит в том, является ли смертная казнь приемлемой. Делая исключение в таком случае, команда утверждения проигрывает дебаты.

«Оправдано»

Многие темы спрашивают, является ли что-либо «оправданным» (justified) или «допустимым» (justifiable). Это обычно абсолютные темы под другим названием.

Первый вопрос – являются ли такие темы *позитивными* или *нормативными*, то есть они спрашивают *«что есть»* или *«что должно быть»*. Например, вернёмся к знакомой теме: «Эта Палата считает, что смертная казнь должна быть оправдана». Должна ли команда утверждения показать, что некоторые государства *действительно* оправдывают смертную казнь (например, США), или что смертная казнь *должна* быть оправдана? Первый вариант не предусматривает дебатов; если бы это был правильный подход, команда утверждения могла выиграть дебаты, просто показав, что США (как один из примеров) оправдывает смертную казнь. Поэтому вместо дебатов на тему «оправдано» должны быть дебаты на тему «должен». Поэтому должны применяться все руководящие принципы в дебатах «должен», которые были изложены ранее. Это включает общие требования для команд использовать как моральные, так и практические аргументы. (Единственное незначительное различие – темы, оправдывающие что-либо, бывают о том, является ли действие морально и практически *приемлемым*, а не о моральном и практическом *императиве*).

Второй вопрос состоит в том, до какой степени команда утверждения должна показывать, что тема верна.

Конечно, как всегда, это очень зависит от контекста. Обычно, слово

---

2. J. Philips and J. Hooke, *The Debating Book*, pp. 7576.

        Методическое пособие по Всемирному формату школьных дебатов

«оправдано» появляется только в контексте дебатов о неприятных проблемах, а не в контексте нейтральных политических предложений. Поэтому, правильный подход – это рассматривать дебаты на тему «оправдано» как «абсолютную» категорию. Если тема: «Эта Палата считает, что терроризм оправдан», команда утверждения обязана показать, *по крайней мере, существенное меньшинство* случаев, где терроризм нравственно и фактически приемлем. Таким образом, команда утверждения могла обоснованно сказать, например, «Мы поддерживаем терроризм, когда террористы желают провести переговоры, когда у них есть политические цели и когда они представляют общественное мнение. Поэтому, мы покажем, что терроризм был или есть оправдан в случаях ИРА (Ирландская республиканская армия), Организации освобождения Палестины и АНК (Африканский национальный конгресс), но должны признать, что терроризм недопустим в случаях Аль-Каиды, Аум Синрике (японская организация) или ЭТА (баскская националистическая организация сепаратистов)».

Важно помнить, что, в некоторых ситуациях, «оправдывающие» дебаты только рассматривают особый случай или мнение. В темах, подобных этой, очевидно, бессмысленно рассматривать должна ли команда утверждения показать абсолютное количество, или существенное меньшинство, или что-то другое; команда должна показать, что рассматриваемая ситуация оправдана. Например, рассмотрим тему: «Эта Палата считает, что затраты на исследование космоса оправданы». Бессмысленно спрашивать должна ли команда утверждения показать, что цена допустима вообще или в существенном меньшинстве случаев, потому что есть только одна цена (в отличие от примера про террористические группы, упомянутого ранее). Поэтому команда утверждения должна показать, что затраты стоят того, а команда отрицания должна показать, что не стоят. В основном всё сводится к дебатам «должен». Как всегда, вы должны тщательно рассмотреть проблему дебатов, с которой сталкиваетесь.

Запутывающие слова «мы» и «наш»

Слова «мы» и «наш», столь обычные в нашем языке могут вызвать удивительные проблемы в дебатах. Здесь невозможно дать простое определение слова «мы», именно потому, что это слово может описывать очень много различных групп в зависимости от контекста.

Например, во многих темах «мы» обозначает группу людей. В теме: «Эта Палата считает, что мы – потерянное поколение», «мы», очевидно, относится к определённому поколению. Учитывая, что дебаты, вероятно, происходят между молодёжью, рассматриваемое поколение могло бы быть, например, «люди в возрасте 21 года или младше». В теме: «Эта Палата считает, что мы уделяем слишком много внимания спорту», «мы» относится ко всему обществу в целом. В теме: «Эта Палата считает, что мы должны противостоять работодателям», «мы» относится к служащим.

Но что же до таких тем, как «Эта Палата считает, что мы должны объявить курение вне закона» или «Эта Палата считает, что мы должны вернуть смертную казнь»? Ясно, что команда утверждения должна спорить о действиях, которые не могут быть достигнуты исключительно группой людей, необходимы действия правительства. В таких темах «мы» обычно определяется или как правительство, или как люди, действующие через правительство.

В зависимости от того, относится ли «мы» к институтам или группам лиц, встаёт вопрос: как широко «мы» может быть определено? В целом, это то же самое ограничение дебатов, которое было объяснено ранее. Например, «мы» может относиться к институтам или группам людей в мире, или в отдельной области, или в отдельной стране и так далее. Что бы вы ни выбрали, важно чётко обозначить масштаб, определяя слова «мы» и «наш».

КЛЮЧЕВЫЕ СЛОВА ДЛЯ РАЗВИТИЯ ВАШЕГО КЕЙСА

Полный подход к созданию вашего кейса будет обсужден более подробно позже. Но есть два ключевых слова, которые являются помощниками в начале создания аргументов.

Сравнительные или аналитические дебаты (Comparison Debates)

Многие дебаты призывают к сравнению. Например, «Эта Палата считает, что лучше быть умным, чем добрым», «Эта Палата считает, что НАТО лучше защищает права человека, чем ООН» или «Эта Палата считает, что СМИ сильнее церкви».

Как правило, команда утверждения должна показать в этих дебатах, что одно превосходит другое в некотором роде (например, больше выгоды, власти, и т.д.). Подход команды отрицания менее очевиден. Технически, она может опровергнуть сравнительную или аналитическую тему двумя способами; либо можно показать, что одно *меньше* другого или что оба понятия *равны*. Например, если тема: «Эта Палата считает, что СМИ сильнее церкви», команда технически могла бы опровергнуть тему любым способом, утверждая, что «церковь сильнее, чем СМИ», или «церковь и СМИ одинаково сильны». Но при ближайшем рассмотрении *опровержение сравнительной темы при помощи равенства, приводит к очень слабым аргументам!* Не делайте этого! Таким образом, в теме выше команда отрицания должна утверждать, что «церковь сильнее СМИ», а *не* то, что «церковь и СМИ одинаково сильны».

Почему это так? Возникает полезная аналогия с канатоходцем. Почему все поражены навыками канатоходца? Потому что этот человек в состоянии шагать очень аккуратно по очень узкой линии, не перевешиваясь в обе стороны. По логике, то же самое, пытается сделать команда, когда она отрицает сравнительную тему при помощи равенства: она вынуждена уравновесить свои аргументы очень точно, и в то же время пропускает большую часть кейса команды утверждения. Например, в теме предложенной выше, слабое отрицание говорило бы: «Мы полностью согласны с сильными аргументами команды утверждения, что СМИ являются очень влиятельным инструментом. Эти аргументы *отлично уравновешены* нашими аргументами о влиянии церкви». Команда отрицания пытается *связать* аргументы, а не *выиграть* их, и это легкий способ проиграть дебаты! Вместо этого команда отрицания должна «играть жёстче», о чем мы и поговорим в дальнейшем. Как это ни парадоксально, это может часто поставить команду отрицания в более сложные условия, но кейс, в конечном счете, будет более успешным.

Заключительный вопрос, вызванный такими сравнительными дебатами, как и в дебатах о том, что кто-то «потерпел неудачу», *для кого*? Например, тема «Эта Палата считает, что НАТО лучше защищает права человека, чем ООН» склоняет к вопросу: *лучше для кого?* Для тех, чьи права нарушаются? Для международного сообщества в целом? Для стран-членов каждой организации? Общего ответа на этот вопрос нет. Но вы должны ответить на этот вопрос и разъяснить свой подход в начале.

Дебаты об определённом «возрасте» или «поколении»

Некоторые темы спрашивают об особенностях нашего времени. Такие темы часто содержат слова «возраст» или «поколение». Например, «Эта Палата считает, что мы – потерянное поколение». В других резолюциях тема «возраста» скрыта. Например, тема «Эта Палата считает, что мы сейчас в 1984 году» может быть о проблемах частной жизни в нашем обществе. Таким образом, значение темы (в этой интерпретации) – особенности и отличия этого времени и его отношение (уважительное или неуважительное) к частной жизни.

Когда вы сталкиваетесь с темой, которая предполагает, обсуждение особенностей определенного отрезка в истории, вы должны задать несколько ключевых вопросов. Ответы на эти вопросы жизненно важны для того, чтобы сформировать ваш кейс. По общему правилу, вы должны задать следующие вопросы:

- В чём особенность этого возраста или поколения?
  Этот вопрос направит ваши размышления к проблеме дебатов. Например, если тема: «Эта Палата считает, мы – потерянное поколение», необходимо спросить себя «каким образом наше поколение «потеряно»?
- Чем этот возраст или поколение особенны в данный момент?
  Этот вопрос легче всего пропустить, но он жизненно важен, чтобы

создать ваш кейс. В дебатах о потерянном поколении не будет сильным аргументом, если вы скажете: «Наше поколение – молодёжь. Молодёжь всегда терялась, это естественная часть взросления». Почему это слабый аргумент? Поскольку он отрицает ключевое значение этого типа темы: есть какая-то *особенность* или *отличие* нашего возраста.

Ответ: «наше поколение растёт во времена беспрецедентного массового потребления, которое часто нацелено исключительно на молодёжный рынок» был бы лучше.

- *Чем характеризуется этот возраст или поколение?*
  Этот вопрос развивает ответ вашей команды на второй вопрос. «Хорошо, – вы спрашиваете сами себя. Таким образом, подходящая проблема данных дебатов – пропаганда массового потребления через СМИ. И что с того?»

Одним из ответов может быть, «принимая во внимание, что предыдущие поколения были воспитаны родителями, наше поколение воспитывается многонациональной массовой пропагандой и MTV. Это делает нас «потерянными», а наши идеалы воспитываются в духе корыстного потребления, в отличие от предыдущих поколений, которые были воспитаны с более доброжелательными идеалами». Это возможно, не верно, но это допустимый аргумент, который отвечает на фундаментальные вопросы, «почему сейчас?» и «в чём особенность этого возраста?».

- *Когда начинается возраст поколения?*
  Этот вопрос необходим, чтобы ещё глубже раскрыть особенности эпохи и гарантировать то, что вы не обсуждаете проблемы, которые всегда существовали (например, аргумент, что «молодежь всегда была потерянной»).

Ответом на этот последний вопрос будет то, что этот возраст начался как постепенный процесс между определёнными годами. Таким образом, сложно определить точную дату начала определённого поколения. Например, в случае, описанном выше, ваша команда могла ответить: «Массовая пропаганда, нацеленная на подростков, была постепенным процессом, вызвавшим появление «подростка» как потребителя. Этот процесс начал развиваться с началом 1990-ых годов и получил активное распространение с появлением Интернета».

КЛЮЧЕВЫЕ СЛОВА В ФОРМЕ РАЗЪЯСНИТЕЛЬНЫХ ЗАМЕЧАНИЙ (DISCLAIMERS)

В мире много мелких деталей, и дебаты не исключение. Некоторые кейсы могут быть объяснены и улучшены простым добавлением лишь нескольких предложений (и не больше) в форме разъяснительных замечаний после представления определений. Рассмотрим более подробно два ключевых слова.

Гипотетические дебаты (Speculative Debates)

Многие дебаты касаются того, каким будет или не будет будущее. Например, «Эта Палата считает, что XXI век будет лучше XX века» или «Эта Палата считает, что с данного момента всё пойдёт под откос».

Ясно, что такие дебаты должны быть гипотетическими по природе. Однако для того, чтобы предотвратить вопросы оппонентов, аудитории и судей о том, «откуда вы *можете знать*, что мир будет таким?», необходимо сказать, что это гипотетические дебаты; они касаются событий, связанных с будущим. Так как ни у одной из команд нет хрустального шара, обе команды будут призваны *спроектировать текущие тенденции в будущее* (а не просто предсказывать).

Восприимчивость (Sensitivities)

Дебаты часто касаются довольно спорных проблем, и не удивительно, что многие темы могут вызвать сильные эмоции у участников дебатов, зрителей и судей в том числе. Например, после одного чемпионата по школьным дебатам, в котором команда защищала медицинские эксперименты над животными, один зритель сказал команде, «если бы у меня был пистолет, я бы застрелил вас!» (Приведя, тем самым, веский довод в пользу правового регулирования продажи и использования оружия).

Проблемы, обсуждаемые участниками дебатов, не касаются жизни или смерти; как английский футбольный тренер однажды сказал «они намного серьезнее». Кроме желания оставить положительное впечатление, участники дебатов должны понять, что их судят не роботы; их судят люди, которые, несмотря на стремление к обратному, могут поддаться эмоциональной природе некоторых резолюций.

Поэтому, если ваша команда доказывает «аморальную» позицию в резолюции (например, оправдывает детский труд) или такую, которую *некоторые* могут посчитать нравственно сомнительной (например, позиция за или против легализации абортов), разумно приобрести «моральную страховку». По сути, это означает высказывание простого напоминания сразу после определений, что

1. Это очень эмоциональная тема, которая затрагивает чувства многих людей и,
2. Обе команды должны, тем не менее, рационально и объективно оценивать заявленные проблемы.

Мы надеемся, что подобное разъяснительное замечание дистанцирует собственную позицию вашей команды от обсуждаемых проблем и стимулирует корректную и взвешенную дискуссию.

Если, с другой стороны, вы оказываетесь на бесспорной моральной высоте (например, приводите доводы против детского труда), вы не нуждаетесь «в моральной страховке». Хотя и будет ошибкой посвятить ваш кейс исключительно эмоциональному призыву; но нет причин добровольно отказываться от поддержки большинства зрителей в силу их внутренней позиции!

Наконец, если имеет смысл *начинать* дебаты в чувствительной и объективной манере, имеет смысл *продолжать* их таким же образом. Поэтому, злость, высокомерие, снисходительность или излишняя нетерпимость не принесут вам пользы, а только настроят судью против вас. Например, если вы дебатируете на чемпионате мира по школьным дебатам против команды из Израиля, было бы ужасной тактической ошибкой сказать (как по слухам сказал один спикер): «то, что вы – еврей, не значит, что вы знаете больше о Холокосте, чем мы». Логично, что такое утверждение немедленно снизит уровень дебатов и чувство спортивного уважения, которое в идеале должно существовать. Точно так же, например, любая ссылка на меньшинство в исключительной форме или с массовым обобщением (например, утверждение в австралийских школьных дебатах, что «австралийский абориген – очень духовный человек») кажется крайне стереотипной и снисходительной. Таких утверждений следует полностью избегать.

Короче говоря, самое лучшее в дебатах – то, что они обеспечивают площадку, которая позволяет обсудить важные проблемы в корректной и взрослой манере. Дебатёры забывают об этом на свой страх и риск!

Шаг №2: Система аргументации (Case Approach)

Определив ведущую проблему, о которой будут вестись предстоящие дебаты, и переработав её в рабочее определение, наступает время для разработки кейса. В этой главе будет представлен *общий подход к системе аргументации*, который ваша команда может использовать, чтобы защитить свою позицию. Более узкие вопросы (как, например, построение отдельных аргументов) будут рассмотрены в последующих главах.

ДЛЯ НАЧИНАЮЩИХ

Ведущая линия или стратегия кейса (The Theme or Caseline)

Опыт показывает, что наиболее удачные аргументы можно выразить одной простой и обобщённой идеей. Важно представить вашим судьям много *отдельных* доводов (аргументов) в поддержку вашей позиции. Тем не менее, если возможно, весьма полезным будет показать вашим зрителям, судье и оппонентам общую картину вашего кейса. Данную функцию выполняет так называемая «ведущая идея» (theme) или «стратегия кейса» (caseline).

Ведущая идея – это краткая и последовательная мысль, выраженная, как правило, в одном предложении, которая объясняет главную идею, лежащую в основе вашего кейса.

В идеале, ведущая идея должна содержать ответы на два вопроса:

- Почему вы считаете тему дебатов/резолюцию истинной (или не истинной)?
- Что делает данную тему/резолюцию (не) истинной?

Например, возьмём такую тему: «Эта Палата считает, что глобализация приносит больше вреда, чем пользы». Ведущая линия для команды утверждения может звучать так: «Влияние глобализации на экономику приносит преимущества ряду развитых стран ценой затрат для большинства населения Земли». Если предположить, что аргументы утверждения поддерживают эту ведущую линию, то она эффективна (в независимости от её истинности). Более подробно,

- Она объясняет, *почему* тема признаётся истинной: утверждение обвиняет глобализацию в том, что «преимущества для ряда развитых стран достигаются путём затрат со стороны большинства населения Земли»,
- Она объясняет, *как* это происходит: то есть через «влияние глобализации на экономику».

Простой подход к формулировке ведущей линии – спросить, «почему наша позиция истинна?» Другими словами, мы спросим, «почему правда, что глобализация больше вредит, чем приносит пользы?» Эффективные ведущие линии отвечают на эти вопросы.

Недавний пример с чемпионата мира по школьным дебатам показывает ценность наличия, как ведущей линии, так и объяснения элементов кейса «как» и «почему». Тема звучала, как «Эта Палата считает, что культурные артефакты должны быть возвращены в страну их происхождения», утверждение интерпретировало тему, как «культурному порабощению должен прийти конец». Это предложение – краткое утверждение, которое должно помочь сделать кейс утверждения ясным и последовательным. В результате, утверждение дебатировало о том, что государства, которые удерживают культурные артефакты, закрепляют «культурное порабощение» (cultural subjugation) и такая ведущая линия была эффективной и помогла связать каждый аргумент с центральной идеей.

Однако если утверждение ответило бы на вопросы «как» и «почему», вероятно, оно было бы ещё более успешным. На самом деле, утверждение выбрало крайне противоречивую ведущую линию. Очень немногие будут выступать за «культурное порабощение» (что бы это ни означало) и маловероятно, что оппозиция выберет этот подход (и в действительности, они не выбрали). Главный вопрос в дебатах был не в том должно ли культурное порабощение закончиться, а как и почему возвращение культурных артефактов поможет покончить с порабощением. Например, утверждение могло сказать: «Культурные артефакты были изъяты как часть интеграционной политики незаконного колониального доминирования, и их удержание продолжает поддерживать нечестное преимущество, которое колонизаторы имеют над бывшими колониями». Конечно, это менее ярко и запоминающе, чем лаконичное «культурному порабощению должен прийти конец», но ни что не мешает утверждению использовать это заявление на протяжении всех дебатов. Однако преимущество более детализированной ведущей линии заключается в том, что она не только объясняет, что утверждение думает о возвращении культурных артефактов (называя это «культурным порабощением»), но, как и почему это необходимо сделать. Боле того, ведущая линия, подобная этой, напрямую адресована к фундаментальной проблеме дебатов: законности изъятия и возвращения культурных артефактов. Иметь одну идею, объединяющую кейс – хорошая стратегия, а если эта идея напрямую связана с фундаментальной проблемой дебатов – это ещё лучше.

КАК ЧАСТО ОБРАЩАТЬСЯ К ВЕДУЩЕЙ ЛИНИИ?

Часто участникам дебатов говорят, что ведущую линию кейса надо вспоминать как можно чаще, чтобы аудитория её не забывала. Некоторые полагают, что её надо сказать в начале и в конце каждого аргумента. Есть и те, кто настолько лишён воображения, что используют её как стандартное вступление и заключение, часто в одной речи!

В целом, этот подход – крайне простой способ ведения дебатов. Как будет объяснено позже, важно в конце каждого аргумента очень чётко объяснять, как он поддерживает *основную идею* кейса команды. Это правда, что ведущая линия должна содержать эту главную идею. Однако постоянное повторение ведущей линии делает дебаты монотонными, и часто дебатёры забывают *объяснять*, как их аргумент поддерживает основную *идею* кейса.

К тому же участники зачастую используют свою ведущую линию как средство опровержения. Концептуально это выглядит так: «Наши оппоненты вели аргументацию против [X]. Но это абсолютно не верно, ведь наша ведущая линия звучит как [Y]». Суть опровержения мы рассмотрим позже, но по данному поводу можно сказать, что вместо анализа и опровержения аргументов оппонентов, всё сводится к механическому воспроизведению ведущей линии – участник абсолютно уверен, что опроверг оппонентов – он же раз десять повторил ведущую линию, а они всё о чём-то другом!

Простое правило использование ведущей линии: *её надо как минимум раз упомянуть в речи каждого спикера. Каждый спикер должен возвращаться к основной идее вашего кейса, но нужды в повторении самой линии нет.*

КАК ПРЕДСТАВИТЬ ВЕДУЩУЮ ЛИНИЮ?

Первый спикер в начале своей речи представляет ведущую линию. (Более подробно роли спикеров будут описаны в Шаге №5). Способов представления ведущей линии довольно много. Вот некоторые из них:

- «Наша ведущая линия в сегодняшних дебатах ...»
- «Основной тематикой наших дебатов будет ...»
- «Суть нашего кейса заключается в том, что ...»
- «Сегодня наша команда продемонстрирует вам, что ...»
- «Главная причина, почему наша команда сегодня утверждает (или отрицает) тему, заключается в том, что …»

Правда, многие считают, что ведущую линию надо представлять так: «Наша ведущая линия ...» Есть более важные вещи, о которых стоит беспокоиться. Если судьи и аудитория смогут идентифицировать вашу ведущую линию – это уже неплохо!

Собственно, ваш успех или поражение будет зависеть от представленных аргументов. Позже мы рассмотрим это более подробно. Пока же мы отложим ведущую линию и обратимся к общей системе аргументации или подходу к кейсу.

ДЛЯ СРЕДНЕГО УРОВНЯ

Командная позиция (Team Stance)

Теперь мы знаем, что основная причина, почему мы утверждаем или отрицаем тему, называется ведущей линией, и вскоре мы построим конкретные аргументы для её поддержки. Хотя что-то мы упустили, конечно же детали!

Часто спикеры весьма эмоционально ведут спор по общим и абстрактным вопросам, которые они никогда адекватно не объясняют. Например, спикер может произнести убедительную и яркую речь в защиту смертной казни, даже не упоминая, *кого и как* они собираются казнить. Когда вы думаете об этом, такие детали могут быть очень важны для вашей стратегии. Для аудитории и многих судей может иметь значение разница между казнью серийного убийцы с помощью смертельной инъекции и повешением мелкого воришки на публике.

Поэтому, в большинстве дебатов вам придётся представить *больше деталей, чем тема предполагает изначально.* Если вам придётся защищать смертную казнь, лучше всё же определиться, как и за что надо казнить. Если вам необходимо поддержать военное вмешательство для защиты прав человека, нужно определиться, кто и под каким предлогом будет вторгаться. Будучи *оппозицией* по теме о военном вмешательстве вам необходимо решить, какие существуют альтернативы (если они вообще есть). Другими словами, вы должны иметь *общую командную позицию* (*overall team stance*), а не просто поддерживать или опровергать тему дебатов.

Жизненно важно запомнить, что дебаты – это формализованный спор по острой *проблеме*. Дебаты – это не молодёжный парламент или модель конференции ООН. Поэтому, *хотя ваша командная позиция и важна, она нужна только, чтобы помочь вам вести спор по основной проблеме.* При этом многие дебатёры создают длинные и сложные командные позиции, из-за чего команды тратят много времени просто на выяснение деталей позиций. Следует помнить, что дебаты происходят не о позициях, и это не цель данного инструмента структурирования кейса. Если вам надо сделать командную позицию, *сделайте её простой и второстепенной по сравнению с основной проблемой дебатов.*

МОДЕЛЬ

Самая простейшая форма командной позиции – это модель (model) – план действий (proposal), который должен быть реализован.

Предположим, ваша команда дебатирует в защиту легализации марихуаны. Как было объяснено ранее, просто сказать, что «марихуана должна быть легализована» недостаточно. Это суждение объединяет всё: как ограниченную легализацию для медицинского использования, так и общую легализацию для всех людей для использования в виде расслабляющего наркотика. Ваша команда должна двинуться дальше и выдвинуть модель. Например, вот так:

1. Парламент должен принять законы о:
   (а) Снятии запретов на применение марихуаны в виде расслабляющего наркотика;
   (б) Требовании иметь лицензии для торговли марихуаной;
   (в) Требовании, чтобы потребление марихуаны проходило дома или в специально разрешенном месте;
   (г) Требовании о напоминании о вреде здоровью на упаковках;
   (д) Налогах на продажу марихуаны.
2. Министерство здравоохранения (или подобная ассоциация) должно проводить общественные обучающие программы о рисках употребления марихуаны.

Иными словами, марихуану здесь следует воспринимать как алкоголь или табак.

В данном кейсе модель предполагает особую политику со стороны государства и его институтов. Конечно, далеко не всегда надо поступать именно так. Мы уже отмечали особенности понятий «мы» и «наш»; некоторые дебаты ведутся о действиях государства, другие о действиях отдельных людей.

Насколько детальной должна быть модель?

Мы установили, что модель, в большинстве случаев, нужна для внесения ясности в дебаты. Но насколько конкретной и детальной должна быть модель? Мы знаем, что командная позиция должна быть *проста* и *второстепенна по отношению к главной проблеме дебатов*, но что это значит для разработки модели?

Простой ответ, используемый в этой ситуации, – команде утверждения не следует составлять законопроект. То есть стороне утверждения совсем не надо прописывать действенность своей модели с той же степенью ясности и точности, что используется в законотворчестве.

Точнее, степень точности должна определяться в контексте того, до какой степени команде надо доказать резолюцию. А как мы объяснили ранее, команде утверждения нужно доказать, что тема верна *в общем – как общее суждение*. Соответственно, и модель команды утверждения должна быть достаточно конкретной, чтобы она смогла доказать тему в общем. Следовательно, модель *не должна* быть более детальной, чем это нужно для данной цели.

Возьмём, например тему «Эта Палата считает, что мы должны поддержать смертную казнь». Утверждению сложно доказать истинность темы в общем без уточнения, кого будут казнить и в какой форме. Как объяснено ранее, разница в преступлениях и способах казни столь велика, что мы не можем поддержать эту меру в общем, до тех пор, пока не узнаем больших подробностей.

Но при этом команде утверждения совсем не надо прописывать каждую составную часть плана, например, касательно права и способа подачи апелляций приговорёнными. Если бы *реальное государство* вводило смертную казнь, оно должно было бы прописать все детали. Однако *команде утверждения или правительства в дебатах* этого делать не требуется; вопрос процедуры апелляций не связан напрямую с главной проблемой – вводить ли смертную казнь или нет. *В отличие от государства, команде утверждения не надо заниматься созданием законов.*

АЛЬТЕРНАТИВА ДЛЯ ОППОЗИЦИИ

Что же касается команды отрицания? Пока что мы рассматривали ситуации, когда *команда утверждения* предлагает модель. Однако *оппозиция* зачастую должна предлагать свою *альтернативную* модель, которая часто называется «контрпланом».

Это становится обязательным в том случае, если статус-кво невозможно защитить. Обычно, в дебатах, команда утверждения предлагает изменения статус-кво, в то время как оппозиция пытается его защитить. Альтернативная модель от оппозиции становится необходимой только тогда, когда нет шансов защитить существующую ситуацию, настолько уж она действительно плоха.

Например, предположим, что тема: «Эта Палата считает, что мы должны провести военное вмешательство, чтобы прекратить нарушение прав человека», и вы представляете оппозицию. Утверждение определило «мы» как «международное сообщество, действующее через международные или региональные организации», и выдвинуло модель, которая поддерживает воздушные бомбардировки против режима и армии, которая совершает акты геноцида. Первый пример, который они взяли в качестве поддержки, – кампания войск НАТО в 1999 году в бывшей Югославии, когда США и другие члены Альянса бомбили Сербию в ответ на нападения на албанское население в Косово. В этом случае, ваша команда, вне всякого сомнения, представит множество аргументов против интервенции, такие как:

1. Военное вмешательство – неадекватный, агрессивный ответ, ведущий к массовым потерям среди мирного населения (в случае поражения бомбардировщиками или ракетами неверных целей);
2. Интервенция выводит из строя многие объекты инфраструктуры, такие как водные и энергетические мощности, принося вред скорее населению, чем их политическим лидерам-преступникам;
3. Интервенция приводит к тому, что ранее нарушаемые права человека всё также нарушаются, но уже более усиленно;
4. Военное вмешательство ведёт к подъему местного самосознания, местные лидеры-диктаторы разыгрывают «националистическую карту» и получают массовую поддержку внутри страны.

Это может и хорошие аргументы, но они, несомненно, встретятся с простыми и эффективными ответами утверждения: «Конечно, военная интервенция сопряжена с рядом проблем, но мы предложили хоть *что-то*, в то время как оппозиция не предложила *никакой альтернативы* для борьбы со столь серьёзной проблемой».

Это разновидность простой и эффективной стратегии, которую использовала бы хорошая команда утверждения на протяжении всего раунда. Третий спикер, например, может сказать «Уважаемые дамы и господа, темой дебатов было решение страшной проблемы геноцида и массовых расправ, наша команда предложила военные меры. Да, мы признаём их несовершенство, но это эффективный метод, и хотя оппозиция и показала его недостатки, но сама не предложила ничего». (Как вариант, спикер, произносящий заключительную речь, может начать с этого. Заключительные речи [reply speeches] будут рассмотрены более подробно в четвёртой главе).

При этом простой выход из этой ситуации для оппозиции – предлагать в виде альтернативы другие методы: экономические санкции, дипломатическое давление, продолжение судов над военными преступниками в международных трибуналах или же совокупность подобных мер. Подобная стратегия позволяет оппозиции критиковать военную интервенцию, но в то же время активно предлагать возможные альтернативы.

Нужна ли альтернатива вообще?

В предыдущем примере оппозиции надо было обязательно ввести альтернативу по двум причинам:

1. Природа проблемы (геноцид и пытки) была довольно эмоциональной и требовала ответной реакции или по крайней мере сильного заявления о том, что любой ответ только обострит проблему.
2. Альтернатива в данном случае *упрощает, а не осложняет* задачу команды отрицания; если не вводить альтернативу, им пришлось бы вести спор по очень запутанному кейсу – «военная интервенция – это плохо, … но мы не знаем, что может быть лучше».

Но при этом, во многих дебатах оппозиции альтернатива вообще не нужна, и на то есть ряд причин:

1. Сама обсуждаемая проблема не столь эмоциональна, и утверждению не удастся заявить о бездействии оппозиции, которая не смогла предложить ясного ответа;
2. Альтернатива только *усложнит* задачу команде отрицания; или
3. Альтернатива сделает позицию отрицания более слабой, так как утверждение сможет легко атаковать альтернативу оппозиции.

Например, возьмём тему «Эта Палата считает, что мы должны ввести единую мировую валюту». В этом кейсе утверждению придётся ввести сложную модель, которая должна будет объяснить, как будет введена данная валюта, как официальные процентные ставки будут устанавливаться с введением данной валюты и так далее. Соответственно перед оппозицией встанет вопрос: нужна ли детальная альтернатива?

Оппозиция может создать запутанную альтернативную модель. Например, она может выступать за объединение национальных валют в региональные валюты: единая валюта для Европы, единая валюта для Азии, единая валюта для Северной Америки и так далее. Она может объяснить в деталях, как можно будет управлять данными валютами и привести разумные доводы, почему региональные валюты предпочтительнее мировой.

Однако с этим подходом сопряжён ряд проблем:

- Дебаты станут крайне запутанными и сложными. Оппозиции стратегически более выгодно защищать статус-кво, весело атакуя слабые места в кейсе стороны утверждения, чем придумывать свою, столь же сложную модель.

- Предлагая свою модель в данном кейсе, оппозиция лишь дает больше возможностей утверждению атаковать себя.
- Помимо возможности атаковать оппозицию за такой оригинальный подход, утверждение получает значительное стратегическое преимущество. Проще говоря – теперь в дебатах уже две команды должны защищать свои кейсы. Теперь бремя доказательства принадлежит не только команде утверждения. Если бы оппозиция *не предложила* альтернативной модели, судья мог бы подумать: «Раз утверждение так и не смогло объяснить свою модель и то, как она должна работать, то победила оппозиция». Теперь же судья может думать так: «Конечно, утверждение не смогло объяснить свою модель и то, как она должна работать, *но и оппозиция не смогла это сделать со своею моделью*».

Поэтому, в данных конкретных дебатах, для оппозиции стратегически верным решением будет защита статус-кво. Короче, оппозиция может заявить: «Конечно, в настоящей системе много проблем. Однако эти проблемы так просто не решить – введение единой мировой валюты только ухудшит положение. Мы должны сохранить статус-кво».

В результате, есть ряд причин, по которым оппозиции стоит или не стоит предлагать альтернативную модель. В каждой ситуации это определяется особенностями резолюции. Смысл этого не в том, что каждая команда отрицания должна держать альтернативу про запас, а в том, что оппозиция должна с самого начала стратегически продумать, нужна ли альтернативная модель или нет.

Насколько альтернативная модель является взаимоисключающей?

Очевидный смысл альтернативы в том, что она должна быть *альтернативой!* Это значит, что если есть модель утверждения и отрицания, и модель отрицания не представляет собой альтернативы, то оппозиция в действительности не отрицает тему.

Например, тема: «Эта Палата считает, что алкоголь следует запретить». Утверждение должно предложить ясную, но простую модель, объясняющую как запретить алкоголь в качестве крепкого расслабляющего напитка. Оппозиция может поступить с её точки зрения очень умно, предложив такую «альтернативу»: «Мы согласны, что алкоголь крайне вреден, и его потребление необходимо сократить насколько это возможно. Но мы считаем, что массовые обучающие программы будут более эффективны. Это наша альтернатива».

В чем проблема с альтернативой оппозиции? На самом деле, это и не альтернатива вовсе; так как она не взаимоисключает (not mutually exclusive) предложение утверждения. Утверждению достаточно сказать, что эти два метода, то есть запрет и образование могут применяться вместе (как это работает в ситуации с наркотиками) и дополнять друг друга, что полностью разрушает подход Оппозиции. Конечно, ничто не запрещает оппозиции выступать за обучающие программы, но ей надо представить сильные аргументы, доказывающие, что нельзя запрещать алкоголь, а не отвечать на вопрос, почему обучение более эффективно снижает потребление алкоголя.

Итак, есть простое правило: *оппозиции недостаточно просто не согласиться с утверждением* (например, «у нас есть лучшая альтернатива»). *Если модель оппозиции может быть реализована в одном месте и в одном времени с моделью утверждения, то это значит, что оппозиция вообще ничего не противопоставила утверждению.*

НЕОБОСНОВАННОЕ ОТРИЦАНИЕ (Invalid Opposition)

Важно, чтобы команды отрицания помнили всё то, что мы уже изучили, а именно необходимость наличия альтернативы кейсу *утверждения*. Мы отметили, что это очень важно и очень ценно. Однако мы никогда *не утверждали*, что отрицание может предложить альтернативу *тем предположениям (assumptions), которые лежат в основе самой темы.*

Например, предположим, что тема: «Эта Палата считает, что Новая Экономика принесёт пользу развивающимся странам», и что команда отрицания говорит следующее: «Мы выступаем против темы, потому что «новой экономики» не существует – это просто бессмысленное яркое словосочетание, придуманное СМИ». Обоснованный ли это подход? Ответ: «нет». Данное суждение может точно характеризовать «новую экономику», но это не делает кейс обоснованным. Тема *предполагает*, что есть «новая экономика», и команда отрицания должна не просто выступить *против* темы, но *опровергнуть* её. Команда отрицания должна была спорить о том, что, «новая экономика не будет приносить пользу развивающемуся миру».

Проще говоря, оппозиция должна опровергать позицию команды утверждения, а не того, кто придумал данную тему! Несомненно, подобные необоснованные кейсы никогда не появятся, если оппозиция будет правильно определять *проблему* дебатов, как было объяснено в первой главе.

Очертить рубеж (Draw a Line in the Sand)

До сих пор мы рассматривали ситуацию, при которой команды утверждения или отрицания предлагают *модель;* то есть, команды предлагают *определенный план или полиси* – набор действий, который должен быть принят.

Однако важно понять, что ваша командная позиция может выражаться не только в виде модели, которая должна быть реализована. Часто, резолюции спрашивают у нас *степень*, до которой что-либо желательно (или нежелательно). Здесь важно, по крайней мере, для одной команды «очертить рубеж» (draw a line in the sand); определив степень того, что она считает идеальным.

Например, рассмотрим тему: «Эта Палата считает, что на телевидении слишком много насилия». В этом случае от команды утверждения *не требуется* предлагать детальную модель государственной политики, которая призвана уменьшить насилие на телевидении; тема (по крайней мере, в строгом смысле) о том, *что есть сейчас,* а не о том, что *должно быть сделано.* Однако у команды утверждения должна быть четкая позиция, какое количество насилия на ТВ она считает приемлемым. Слова о том, что «на телевидении слишком много насилия», могут означать все, что угодно, начиная от того, что «откровенное и непрерывное насилие на телевидении неприемлемо» и заканчивая тем, что «эксцентрические мультфильмы неприемлемы». В идеале, команда утверждения в этом случае должна «очертить рубеж»; то есть изначально установить, какие формы насилия, показываемые по телевидению, недопустимы по её мнению.

Например, первый спикер команды утверждения мог бы сказать: «Мы считаем, что на телевидении слишком много насилия, потому что существует много неоправданного откровенного насилия в сюжетных передачах. Мы не выступаем против других форм телевизионного насилия, таких как использование кадров насилия в документальных фильмах или эксцентрических мультфильмах».

Очень важно понять, что мы здесь обсуждаем. Команда утверждения *не говорит,* что «под насилием, мы подразумеваем только его самые крайние формы. Мы покажем вам, что крайние формы насилия – это плохо». Это была бы нечестная интерпретация темы; где слово «насилие» было бы определено так, как это выгодно утверждению. Скорее команда утверждения говорит о другом: «Мы должны показать, что существует *излишнее* насилие, и *именно его избыточность наносит ущерб.* Если бы насилие по телевидению было только в мультфильмах и программах новостей, то мы признали бы, что на телевидении нет слишком большого количества насилия. Однако из-за существенного количества неоправданного насилия, телевидение вообще слишком агрессивно».

Необходимость «очертить рубеж» исходит из предположения, что многие резолюции (включая эту) имеют степени допущения. Говоря простым языком, у вас может быть много, или совсем ничего, или немного и вы должны показать, какое количество является приемлемым или допустимым.

Данный аспект дебатов можно объяснить с помощью диаграммы. Давайте ещё раз рассмотрим тему насилия на телевидении. Команда утверждения выступает против откровенного насилия, но спокойно относится к тому насилию по телевидению, которое демонстрируется столь же откровенно, но только в новостных программах.

Конечно, попытка объяснять значение понятий на данной шкале (или

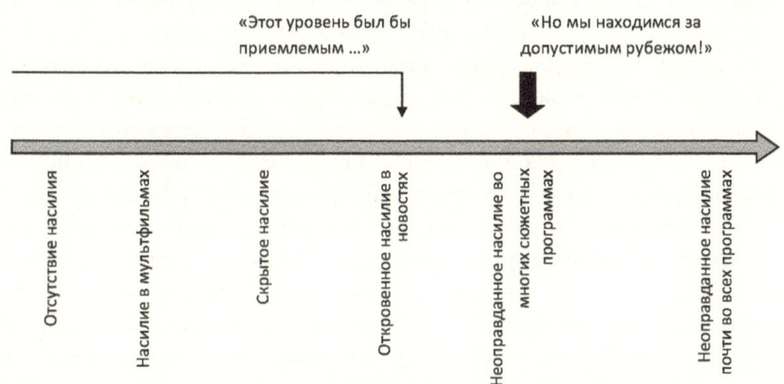

предоставление судьям некого наглядного описания) только запутает ситуацию в дебатах. Команда утверждения, например, ни при каких обстоятельствах не может сказать: «Предположим, что есть шкала, определяющая степени насилия …». Однако этот вид анализа полезен по ряду причин:

1. Этот подход дает понять команде утверждения, что они не должны защищать абсолютную точку зрения. Если эта тема («Эта Палата считает, что на телевидении слишком много насилия») была бы дана для дебатов в младшей школьной лиге, и вы бы спросили участника дебатов: «О чём должны пройти ваши дебаты?», он или она могут ответить: «О том, хорошо ли показывать насилие на телевидении». Это, разумеется, весьма упрощенный анализ, допустимый лишь от семиклассника. Команда утверждения, заняв такую позицию, спорила бы только о том, что «на телевидении не должно быть совсем никакого насилия», что не является выигрышной стратегией.

2. Этот подход разъясняет команде отрицания, что они также могут не выступать против абсолютной точки зрения. Большинство команд отрицания, столкнувшись с темой «Эта Палата считает, что на телевидении слишком много насилия», продолжили бы спорить о том, что «Большая часть насилия, показываемая по телевидению, безвредна или необходима для демократического способа принятия решения». Однако это не показывает, почему телевидение не слишком агрессивно в общем. Проще говоря, команда отрицания должна понимать, что ей придётся спорить даже о самых жестоких формах насилия на телеэкране для того, чтобы выиграть дебаты (или же спорить, что их редко показывают по телевидению, или что они не наносят вреда).

3. Данный подход поможет команде утверждения составить последовательный и логически выстроенный кейс. Если команда утверждения не

решит и ясно сообщит судье, что она считает приемлемым уровнем телевизионного насилия, разные спикеры будут неминуемо отстаивать разные позиции. Например, первый спикер утверждения мог бы говорить, что шоу «Щекотки и Царапки» (жестокий мультик, который часто показывают в сериале «Симпсоны») провоцирует насилие против кошек. Второй спикер утверждения, видя то, как первый спикер отрицания поглумился над этим аргументом, мог бы начать развивать другую тему – о том, что реальная проблема — это насилие в новостных передачах, что неприемлемо для семейного просмотра. Третий спикер, видя, как и этот аргумент был атакован, мог бы пойти дальше и утверждать, что неприемлемы самые крайние формы насилия. Хотя спикеры никогда не говорили: «Хорошо, вы правы. Наш предыдущий аргумент очень глупый, перейдем к другому», это постоянное отступление от своей линии приводит к непоследовательному, а следовательно очень слабому кейсу утверждения. Приём «очертания рубежа», по крайней мере, показывает войскам, где находится линия фронта!

Метод «очертания рубежа» является ключевым в прояснении вашей аргументации. Он не включает в себя «отступление в страхе» на позиции, которые легче всего защитить команде. Это будет рассмотрено позже (в разделе под названием «Играть жёстче»»). Сейчас же достаточно сказать, что все принципы, которые были объяснены ранее (например «ключевые слова в теме для дебатов» и необходимость в большинстве кейсов спорить по общим вещам) по-прежнему остаются в силе. Используя предыдущий пример, в теме о том, что «лучше быть добрым, чем умным», все-таки не приемлемо «очертить рубеж» между Адольфом Гитлером (о ком вы *хотите* спорить) и остальными представителями человечества (которых вы считаете неподходящими и оставляете за скобками!). Техника «очерчивания рубежа» нужна для уточнения вашей командной позиции в дебатах, где разные степени чего-либо могут быть поддержаны, – и *не для чего другого!*

КОМАНДНАЯ ПОЗИЦИЯ ПО СОПУТСТВУЮЩИМ ПРОБЛЕМАМ

Мы уже так много говорим о командной позиции в отношении ключевой проблемы, входящей в тему дебатов. А как насчет командной позиции по *сопутствующим* (или смежным) проблемам?

Ответ на это вопрос прост – вам не нужна такая командная позиция. Например, вы утверждаете, что «мы должны поддержать смертную казнь для террористов». В этом случае вы не должны иметь командную позицию о том, должны ли мы также поддержать смертную казнь для серийных убийц, не являющихся террористами. Если у вас нет командной позиции по данному вопросу, судья не имеет право вас наказать (по крайней мере, открыто).

Однако часто бывает *полезно* иметь позицию команды по сопутствующим проблемам. У этого есть те же самые преимущества, которые были объяснены ранее; это разъясняет позицию вашей команды, и помогает избежать несогласованностей в кейсе. В дебатах, где используются информационные запросы, позиция команды по сопутствующим проблемам помогает избежать затруднений при ответах на них. (Информационные запросы более детально будут рассмотрены позднее). Поэтому первый вопрос, который вы должны себе задать о сопутствующих проблемах, звучит так: *«А что насчет проблемы [X]? Какова наша позиция по данному вопросу?»* (Конечно, как было объяснено ранее, позиция команды по проблеме может быть неподходящей и не станет причиной перевеса в дебатах).

Однако должен быть и второй вопрос: *«Теперь, когда мы определили нашу позицию по проблеме [X], мы должны прояснить её заранее или подождать, пока проблема возникнет сама в дебатах?»*

Нет одного или простого ответа на этот второй вопрос, решение принимается в зависимости от обстоятельств. В большинстве кейсов, *если сопутствующая проблема так важна, что привлекла ваше внимание во время подготовки к дебатам, то стоит разъяснить вашу позицию заранее.* В сущности, разъяснение позиции вашей команды потребует одного-двух предложений в речи первого спикера, но может помочь избежать затруднений в дальнейшем. Например, команда, утверждающая, что «мы должны поддержать смертную казнь для террористов», должна объяснить заранее, поддерживает ли она также смертную казнь для серийных убийц (или каких-либо других не-террористов). Это разъяснение в частности полезно потому, что оно объясняет, поддерживает ли команда утверждения смертную казнь для террористов просто потому, что они убивают много людей или же потому, что террористы являются частью политического или социального движения. *Таким образом, стоит разъяснить большинство сопутствующих проблем заранее, потому что это помогает разъяснить ведущие проблемы, заложенные в резолюции.*

Разумеется, исключение из этого правила составляют те сопутствующие проблемы, которые лучше всего оставить оппозиции, если она поднимет их в дебатах. Речь идет о нижеследующих проблемах:

1. Не относящиеся к теме вообще;
2. Потенциально обескураживающие аргументы для оппозиции, если она о них будет говорить, не заметив этого.

Поэтому, единственный ясный совет, который можно дать по сопутствующим проблемам – *подумайте, есть ли проблемы не очень важные для вашего кейса, но жизненно важные для победы в дебатах и воспользуйтесь ими.*

ПРЕНЕБРЕЖЕНИЕ СВОЕЙ МОДЕЛЬЮ ИЛИ КОМАНДНОЙ ПОЗИЦИЕЙ

Нет никакого смысла придумывать модель или командную позицию, если вы не собираетесь использовать и обращаться к ней. По этой причине, ваша модель или командная позиция должны поддерживать ваши аргументы и кейс в течение всех дебатов.

В этом отношении, разница между командами утверждения и отрицания состоит в том, что для отрицания *более* важно не пренебрегать своей моделью или командной позицией. Если команда утверждения проигнорирует некоторые особенности своей модели, общая проблема, которой касается эта модель, все равно останется весьма подходящей для дебатов. Например, если команда утверждения в дебатах на тему: «Эта Палата считает, что мы должны легализовать марихуану» игнорирует в своей модели регулирование и лицензирование этого процесса, она может убедительно защищать свою позицию в пользу легализации марихуаны, о чем и будут дебаты. (Конечно, команда утверждения, вне всякого сомнения, заслуживает критики за пренебрежение частью своей модели).

Однако команда отрицания такой роскоши позволить себе не может. Например, рассмотрим дебаты по теме: «Эта Палата поддерживает лечение героиновой зависимости с помощью героина». Команда утверждения представила модель, раскрывающую, как такое лечение должно было быть проведено; в общих чертах, команда выступала за ограниченное использование героина зависимыми людьми под врачебным присмотром для того, чтобы снизить риск передозировки и других проблем со здоровьем. Первый спикер команды отрицания ясно сказал, что его команда выступает против использования героина для лечения наркомании, и вместо этого, поддерживает более строгий полицейский контроль и ужесточение судебных приговоров. Никаких дальнейших пояснений что это означает дано не было. По мере продолжения дебатов, команда утверждения развивала свой кейс в поддержку модели о лечении героиновой зависимости с помощью героина. Команда отрицания убедительно высказывалась против модели команды утверждения, но *не* вспоминала об ужесточении наказания или более строгом контроле за наркотиками. Это упущение стало роковым; если бы команда *утверждения* пренебрегла своей моделью, она могла бы выиграть, дебатируя в защиту темы – поддерживая лечение героином. Однако команда *отрицания* пренебрегла своей моделью, поэтому вся её конструктивная позиция была, как говорится, «мимо кассы».

Вывод отсюда довольно прост: *намного лучше не иметь никакой альтернативы, чем лишь заявить альтернативу и «бросить».*

КАК НЕ СЛЕДУЕТ ОПРОВЕРГАТЬ МОДЕЛИ

Глава II этой книги посвящена опровержению. А пока нам важно разобраться в очень популярном, но *крайне неэффективном* методе опровержения моделей.

Предположим, что, не дай Бог, вы предстаете перед судом в качестве обвиняемого по уголовному делу. Есть только один свидетель обвинения, и он говорит: «Я абсолютно уверен, что обвиняемый – это именно тот человек, которого я видел … из того, что я смог разглядеть, в любом случае … у преступника на голове была лыжная маска … но его форма носа кажется мне очень знакомой … я думаю». Когда вас попросят дать показания, вы можете между делом сказать: «Нет, спасибо, Ваша Честь, я предпочитаю не давать никаких объяснений, где я был той ночью. Главная задача обвинения – доказать, что *вне всякого сомнения* это сделал я, а у них есть только один свидетель, который не очень уверен в своей правоте. *Поскольку они, фактически, не доказали свою правоту, я не буду доказывать обратное».* Это будет абсолютно законным утверждением, по крайней мере, в большинстве уголовных судов в мире, потому, что вся процедура и процесс уголовного суда преднамеренно находятся на стороне обвиняемого.

К несчастью в дебатах для команды отрицания этот принцип не работает. Поэтому, для спикера отрицания недостаточно повторять, как попугай каждый раз: «Вы не показали нам, как ваша модель будет работать», когда он или она сталкиваются с командой утверждения, представившей модель. Этот приём обычно заставляет оппонентов задуматься: «Они будут то же самое говорить, невзирая на количество деталей, представленных в нашей модели!»

Поэтому, лучший подход состоит в другом:

- Если вам во что бы то ни стало хочется раскритиковать команду утверждения за то, что она не объяснила, как их модель будет работать, подождите до тех пор, пока вам не встретиться команда утверждения, которая *действительно* не сделала этого! Ваши мольбы не найдут отклика, если будете жаловаться на команду, которая посвятила две минуты речи первого спикера тому, чтобы в *точности* показать, как их модель будет работать. Помните: команда утверждения не должна вносить кейс, похожий на законопроект!
- Независимо от того, критикуете ли вы команду утверждения в этом направлении или нет, вы *должны продолжать* показывать судье, как их модель *не будет работать*. Слишком часто спикеры говорят, что «утверждение не показало нам, как их модель *будет* работать», но при этом они не представляют никаких аргументов о том, как или почему модель утверждения *не будет работать*. Большинство судей в такой ситуации рассуждают так: «Хорошо, мы согласны, что команда утверждения не доказала нам, как их модель будет работать на практике, но они хотя бы пытаются защищать свою линию в дебатах, а вы не сделали даже и этого!».

Конечно, лишённые воображения команды отрицания могут сколько угодно жаловаться на невыполнение оппонентами бремени доказательства, но они должны помнить: в отличие от подсудимого в суде, они не смогут воспользоваться никакой презумпцией невиновности!

Стратегия построения кейса

Вы уже знаете из предыдущей части основы построения кейса (в особенности, требования к эффективности ведущей линии), и важность моделей и командных позиций, которые упрощают кейс. Обе эти темы помогают вам лучше упорядочить и представить кейс своей команды. Однако ещё не разобрали вопрос, как выбрать самую эффективную командную позицию. Например, мы объяснили, как выдвинуть модель легализации марихуаны в виде расслабляющего наркотика. Но при этом, мы не задались вопросом, почему команда утверждения вообще должна предлагать легализацию в виде расслабляющего наркотика, в противоположность (возможно более легкой) альтернативе использования только в медицинских целях. Возвращаясь к этой знакомой ведущей линии, напомним, что невозможно изложить какие-то золотые правила для этой цели. Однако есть важные руководящие принципы, которые каждый участник дебатов должен держать в уме.

ДЕБАТЫ КАК ИГРА

Дебаты – это важный и интересный способ обсудить проблемы, стоящие перед нашим обществом. Однако дебаты – *обязательно искусственный* способ делать это; от участников дебатов ожидается, что они будут следовать признанным структурам, командам сообщается, какую сторону и по какой теме они должны отстаивать. Поэтому, хотя мы и дебатируем о важных общественных проблемах, дебаты предназначены быть общественным форумом: дебаты не обязательно отражают самые важные проблемы в обществе, а спикеры не приглашаются отстаивать то, в чем они убеждены. Дебаты – важное, интересное и значимое занятие, *но дебаты – это также и игра.*

Даже если вы чувствуете себя неловко, отстаивая ту или иную позицию или используя конкретные аргументы в поддержку кейса, как дебатёр вы должны постараться это сделать максимально хорошо, в пределах правил, *чтобы выиграть игру!* Это лучший способ гарантировать высокий стандарт дебатов и интересное столкновение позиций.

Важно помнить этот принцип на протяжении всех дебатов, но особенно в данном разделе книги. Это правило кажется полностью беспринципным, и весьма прагматичным, но это важнейший пункт: рассматривая стратегию построения кейса, хорошие участники дебатов задают один вопрос, и он звучит так: *«Какой кейс с наибольшей вероятностью будет выигрышным в этих дебатах?»* Этот подход включает в себя 100% прагматизма и 0%

личной веры или идеологии. Дебаты – это игра и до тех пор, пока вы следуете правилам, желание выиграть – лучшая при этом стратегия.

СТРАТЕГИЯ «ИГРАТЬ ЖЁСТЧЕ» (PLAYING HARDBALL)

Давайте начнем с реального примера дебатов в Австралии. Тема была: «Эта Палата считает, что государство должно извиниться перед Украденным поколением» (This House believes that the government should apologize to the Stolen Generation). Украденным поколением или украденными детьми (Stolen Children) называются дети австралийских аборигенов и аборигенов островов Торресова пролива, которые были изъяты из своих семей австралийскими федеральными государственными учреждениями, учреждениями на уровне штатов и церковными миссиями на основании действия законов парламентов конкретных территорий. Изымание происходило в период примерно между 1869 и 1969 годами, хотя в некоторых местах дети по-прежнему изымались и в 1970-е годы. Эти дебаты происходили в Австралии в 1998 году. В 2008 году премьер-министр Австралии принёс аборигенным народам официальные извинения за подобную политику правительства в прошлом; однако эти дебаты демонстрируют важный аспект Всемирного формата школьных дебатов.

При самом простом анализе этой темы, однозначно возникают два вопроса:

1. *Заслуживает ли* извинений Украденное поколение? (Это *моральный* вопрос).
2. *Помогут ли* извинения коренным австралийцам, австралийскому сообществу в целом, и/или процессу примирения? (Это *практический* вопрос).

Команда отрицания в дебатах была представлена сильными сторонниками национального извинения в обычной жизни; они предпочли бы быть командой утверждения, если бы имели право выбора. Поэтому, они подошли к дебатам, отвечая на данные вопросы таким образом:

1. «Конечно, Украденное поколение заслуживает извинения», *но*
2. «Австралийское общество не совсем готово к извинению в настоящее время, таким образом, извинения были бы вредны для процесса примирения. Следовательно, правительство не должно извиняться перед Украденным поколением».

Отрицание вполне законно обвинялось утверждением в «желании принести извинения, но в отсутствии храбрости, чтобы сделать это».

Так, действительно ли это было хорошей системой аргументов или нет? Простой ответ – система аргументов была *правомерной*, но *очень слабой*. Почему? На это есть две причины:

1. Команда отрицания уступила одну из двух главных проблем дебатов (а именно, моральный аргумент), и
2. Команда отрицания по существу согласилась с извинениями, но утверждала, что они должны быть отложены до тех пор, пока остальная часть австралийского общества будет готова и согласна на них!

Наиболее важно то, что команда отрицания выглядела слабой так, если бы она испугалась борьбы – судьи вообще не смотрят доброжелательно на команды, которые не занимают в дебатах сильную позицию. В этом случае, команда отрицания должна была занять более сильную и менее примирительную позицию. Конечно, при такой эмоциональной проблеме, эта позиция должна была сопровождаться признанием «тонких» тем» в форме разъяснительных замечаний (disclaimer), о чем мы уже обсуждали ранее. Такая командная позиция была бы намного более эффективной.

Например, лучшей отправной точкой для кейса отрицания было бы:

1. «Украденное поколение не заслуживает извинений – политика насильственного изъятия была осуществлена предыдущими поколениями в благих целях, как они понимали их. У нынешнего поколения нет морального обязательства извиняться за действия предыдущих поколений».
2. «Извинения пойдут во вред процессу примирения и будут отвлекать внимание от более важных потребностей аборигенных народов (медицинское обслуживание и т.д.). Это нынешняя ситуация, и она останется таковой. Поэтому извинения Украденному поколению полностью необоснованны и неоправданны; правительство не должно приносить извинения ни сейчас, ни в будущем».

Такая система аргументов команды отрицания может вызвать негодование у многих участников дебатов, но это только потому, что они лично предпочли бы защищать в данных дебатах *позицию утверждения*. Это, очевидно, лучшая система аргументов: она проще и сильнее, она затрагивает две важные проблемы в теме и, прежде всего, не выглядит слабой.

Из этого примера мы можем сформулировать ключевой принцип «жесткой игры»: никогда не бойтесь дебатировать по непопулярному или спорному и противоречивому кейсу, с которым вы лично не согласны.

Однако принцип «жёсткой игры» идет дальше, чем отсутствие страха перед спорными кейсами; часто участникам дебатов стоит самим *активно искать спорные и противоречивые ситуации,* если это делает кейсы более простыми. Этот принцип был талантливо продемонстрирован в дебатах по теме: «Эта Палата считает, что спортсмены, чьи допинг-тесты оказались положительными, должны быть пожизненно дисквалифицированы». Утверждение спорило по существу: «Все мы знаем, что допинг – форма обмана. Временные дисквалификации недостаточны, таким образом, должна быть введена пожизненная дисквалификация». Отрицание ответило: «Допинг – форма обмана не больше, чем любая другая спортивная технология, такая как состав и размер дисковых колес у велосипедистов. Так как использование допинга настолько распространено, и настолько трудно эффективно проверять спортсменов, то такие вещества должны быть полностью легализованы на спортивных состязаниях. Это, наконец, прекратит ставить в невыгодное положение тех атлетов, которые следуют правилам».

В чем стратегические преимущества этого подхода?

- Отрицание увело проблему дебатов из-под носа у утверждения: утверждение установило проблему *как степень*, в которой должны быть наказаны спортсмены, использующие допинг, тогда как отрицание (законно) изменило её на вопрос, *должны* ли они быть наказаны вообще. Это оставило за бортом бо́льшую часть кейса утверждения и их образ мышления, как несоответствующие сложившейся ситуации.

- Команда утверждения была настолько захвачена врасплох внезапной радикализацией кейса оппозиции, что даже должным образом не смогла на него ответить; они не смогли сделать ничего, кроме того, что посмеялись в ужасе над аргументом, который они, вероятно, даже и не рассматривали. В конечном счёте, отрицание единогласно выиграло дебаты – *они были достаточно храбры, чтобы перехватить инициативу и обсуждать простой кейс, казавшийся, однако, весьма спорным и противоречивым.*

В заключение, есть три важнейших момента о «жёсткой игре» или, по-другому, игры с позиции силы:

1. Будьте готовы и способны поставить под сомнение любое своё мнение и предположения, на котором оно основывается.
2. Никогда не бойтесь дебатировать по непопулярному или спорному кейсу, с которым вы лично не согласны.
3. Будьте готовы активно искать спорные кейсы, если они, вероятнее всего, будут выигрышными в дебатах.

БОЙТЕСЬ СЛОЖНОСТИ, А НЕ ПРОТИВОРЕЧИВОСТИ

В обсуждении допинга в спорте, мы ранее отметили два главных преимущества «жёсткой игры»:

1. Она может изменить основную проблему дебатов, перетянув дебаты на свою сторону, начав диктовать условия вашей команды; и
2. Она может застать оппонентов врасплох, оставив их в нежелании и неспособности ответить на ваше опровержение основных предположений, лежащих в основе их кейса или образа мышления.

Однако самая важная и самая убедительная причина «играть жёстче» состоит в том, что во многих ситуациях вы можете защищать *намного более простой кейс*. Вы скажете: «Ну и что из этого?». Ответ прост: дебаты не похожи на другие формы интеллектуального спора (такие, как написание научных статей). Есть, по крайней мере, два ключевых различия:

1. *У дебатёров есть относительно короткий промежуток времени, чтобы представить кейс.* Во всемирном школьном формате у участников есть три речи по восемь минут и заключительная речь продолжительностью четыре минуты; всего 28 минут на произнесение речей. Как мы рассмотрим позже, подготовленные аргументы команды должны быть представлены только первыми двумя спикерами; принимая во внимание необходимость также представить план кейса и опровержение, подготовленные аргументы сами по себе должны занимать всего 10–12 минут. Это ограничение по времени не подходит для сложных и запутанных кейсов!

2. *Дебатёры должны использовать вербальные средства убеждения.* Они не могут позволить себе роскоши писать запутанные эссе, позволяя читателям перечитывать сложные разделы столько раз, сколько будет нужно. Точно так же в отличие от многих ораторов, дебатёры не могут использовать доски или компьютерные презентации, чтобы представить свои идеи в графической форме.

Поэтому, как правило, вы должны найти самый простой кейс, каким бы спорным и противоречивым он не был. *Жёсткая игра – это тогда, когда ваши аргументы, хотя и сложнее переварить, но зато легче понять!*

К примеру, рассмотрим дебаты между Австралией и Шотландией, происходившие в Оксфорде на чемпионате мира по школьным дебатам 1999 года. Тема была «Эта Палата считает, что саммит в Киото не привел к успеху», и Шотландия была утверждением. Система аргументов у Шотландии была относительно прямой; им надо было утверждать, что соглашение на саммите в Киото не привело к успеху в области охраны окружающей среды. В этом смысле, шотландская команда имела лишь небольшую возможность для того, чтобы «сыграть жестко», даже если они и хотели этого.

Но что относительно австралийской команды? Простой анализ показал бы, что команда утверждения (Шотландия) должна была *критиковать* соглашение в Киото, тогда как команда отрицания (Австралия) – *защищать* данное соглашение. Действительно, подобный анализ использовали большинство (если не все) другие команды отрицания, которые обсуждали ту же самую тему на чемпионатах. По существу, они сказали себе: «Две стороны в дебатах ясны: утверждение будет критиковать Киото, а мы защитим его. Все просто».

Этот подход казался простым и прямолинейным до тех пор, пока команда отрицания не приступила к написанию кейса. Только тогда она поняла, насколько трудную задачу ей придётся решить. Киотский протокол – во многих отношениях, смешение различных целей разных государств, часто определяемый скорее соотношением сил на переговорах, чем экологическими или экономическими потребностями той или иной страны. Чем больше отрицание исследовало запутанность протокола, тем труднее становилась задача оправдать его как «идеальный» компромисс между экономическими и экологическими потребностями. Определенно, команда осознала, что загоняет себя в ловушку с обеих сторон:

- Если команда признает, даже вкратце, что протокол мог бы принести хоть чуть-чуть позитива для окружающей среды, это будет означать уступку в дебатах и проигрыш.
- Если команда попытается уравновесить этот риск, предлагая, что протокол может принести меньше пользы для окружающей среды, это будет противоречить их собственной системе аргументов (что протокол представляет собой идеальный баланс), и отрицание вероятно опять проиграет.

Есть ещё одна стратегическая проблема – *простота*. Отрицание знало, что утверждение может представить очень ясный кейс, просто заявив: «Каждому государству недоставало храбрости, чтобы достигнуть соответствующей цели. Поэтому, саммит не привёл к успеху». Однако признав, что Киото был эффективным компромиссом, команда утверждения была бы вынуждена утверждать то, что: «ЕС обещал сократить выбросы на 8%, США обещали на 7%, Япония обещала на 6%, Австралии было позволено 8% увеличение, и полное сокращение составляло 5.2%. Все эти процентные квоты полностью подходили соответствующему государству или региону. Поэтому, саммит ударил по соответствующему балансу». Ясно, что, пытаясь привести доводы в пользу такого сложного баланса, команда отрицания дала бы утверждению существенное стратегическое преимущество.

Итак, каков, в таком случае, был идеальный кейс отрицания? Ответ прост: *играйте жёстче – если бы кейс был более спорным и противоречивым, то намного выше была бы вероятность победить*. Это было то, что и сделала австралийская команда; они представили дебаты, как конфликт между окружающей средой и экономикой (а не между критикой и защитой Киото). Вместо того чтобы защищать Киото, австралийская команда предпочла атаковать его столь же решительно, как и их оппоненты – *но только с другой стороны*. Проще говоря, отрицание спорило, что «саммит в Киото *не привёл к успеху* в поддержке требований защитников окружающей среды».

Если бы отрицание защищало свой оригинальный кейс, оно бы пыталось балансировать на очень узкой части континуума; идти как эквилибрист по логическому канату в постоянном страхе упасть то в одну (недостаточному успеху), то в другую (слишком большому успеху) сторону. Так же как канатоходцы предпочитают иметь твёрдую почву под ногами, так и команда отрицания нашла более простую и ясную альтернативу – играть жёстче или с позиции силы.

Наш анализ может показаться излишне подробным: может сложиться впечатление, что мы исследуем эту тему слишком детально. Однако, этот принцип полезен для большого количества дебатов. Например, мы отметили в Шаге №1, что опровержение сравнительно-аналитических тем при помощи уравновешивания позиций – очень слабая стратегия. Используемым примером была тема: «Эта Палата считает, что СМИ сильнее церкви», и мы отметили, что было бы намного эффективнее для стороны отрицания утверждать, что «церковь более сильна, чем СМИ», чем «церковь и СМИ одинаково сильны». Теперь мы можем понять эту стратегию, как одну из форм «жёсткой игры».

Конечно, «жёсткая игра» является полезной стратегией, а не основным правилом дебатов. Прежде всего, вы должны использовать свой здравый смысл при выборе, когда и как «играть жёстко». Например, предположим, что вы являетесь утверждением в теме: «Эта Палата считает, что США должны отказаться от противоракетной обороны». Простой, спорный и, в конечном счете, «жёсткий» кейс утверждения мог бы быть в том, что «США должны отказаться от противоракетной обороны в пользу ракетного удара – если США почувствуют, что то или иное государство представляет угрозу, они должны использовать ядерное оружие и уничтожить это государство и его правительство». Хотя это может *выглядеть* как весьма храбрый кейс, но он скорее глупый, чем простой; здравый смысл подсказывает, что он будет *настолько* противоречивый, что станет абсурдным. В отличие от кейсов про Киото или про допинг в спорте, он может быть эффективно (хотя и не идеально) уничтожен командой отрицания, которая сделает его предметом насмешек и издёвок.

Поэтому, правило здесь простое:

> *Стремитесь выдвигать спорные, противоречивые или «жёсткие» кейсы, если их проще и легче защитить. Однако используйте здравый смысл, чтобы отличить кейсы, которые являются «смелыми» и те, которые являются абсурдными, простые от весьма поверхностных.*

«ЖЁСТКАЯ ИГРА» – ЭТО ВСЯ СИСТЕМА АРГУМЕНТАЦИИ

Важно помнить контекст, в котором происходит обсуждение «жёсткой игры»: это способ *построения кейса*. Мы ещё не обсуждали построение отдельных аргументов или опровержение. Как будет позже объяснено, и отдельные аргументы, и опровержение должны быть полностью совместимы с общей системой аргументации. Поэтому, *если ваш кейс не спорный по своей сути, вы не можете внезапно решить «играть жёстко» при выдвижении отдельного аргумента или точки опровержения.*

Причина запомнить это должна быть ясна: мы уже отметили, что спорные идеи часто удивляют зрителей и судей (и оппонентов, конечно, но они не в счет!). Опыт показывает, что это недоверие или удивление может быть преодолено подкреплением изначально спорной идеи на протяжении всех дебатов. Например, австралийская команда первоначально потрясла аудиторию и судей своим спорным кейсом в дебатах про Киото. Однако команда смогла использовать все время дебатов, чтобы убедить всех, что они представляют правдоподобный и разумный кейсю (Неважно, смогла ли команда при этом изменить давно сложившиеся взгляды зрителей и судей или нет; главное, что она смогла преодолеть любое первоначальное недоверие, которое могло помещать серьезному восприятию их аргументов в интересах дебатов).

Тем не менее, команда не сможет убедить всех с таким же успехом в рамках небольшого количества времени, отведенного на представление аргументов или точки опровержения. Фактически, это правило можно проиллюстрировать примером с австралийской командой год спустя на дебатах против сборной команды США в товарищеском раунде перед чемпионатом мира по школьным дебатам в 2000 году в Питтсбурге (США). Австралийская команда должна была утверждать, что XXI век стоит приветствовать. Среди прочего американская команда утверждала, что XXI век не стоит приветствовать из-за экологического конфликта, который будет вызван парниковым эффектом. Австралийская команда ответила в качестве единственной линии опровержения, что парникового эффекта не существует. Эта стратегия представляла схожий (хотя, конечно, не в точности такой же) аргумент, который был успешно представлен в дебатах о Киото. Однако результаты были совсем другими: тогда как кейс о Киото имел успех, этот отдельный аргумент успеха не имел. Австралийцы просто не смогли объяснить, поддержать и укрепить такое спорное суждение в единственной линии опровержения. *Тот факт, что одна спорная идея может иметь успех в качестве всей системы аргументации, не означает, что она будет действовать так же эффективно в качестве отдельного аргумента в общем-то консервативном кейсе.*

Рассмотрим заключительный пример – дебаты по теме: «Эта Палата считает, что Британская Империя принесла больше вреда, чем пользы». Среди прочего, команда отрицания утверждала, что Британская Империя принесла демократию в страны, которые при других обстоятельствах могли бы не познать прелести такой системы. Один из спикеров утверждения ответил на это то, что демократия часто была неэффективным политическим режимом для развивающихся стран. Нет абсолютно ничего плохого в самой идее; про нее говорят и она сама по себе представляет проблему для дебатов (например, в теме: «Эта Палата считает, что сильная диктатура лучше, чем слабая демократия» или «Эта Палата считает, что демократия потерпела неудачу в развивающихся странах»). Однако это остается противоречивым аргументом, который вызовет у многих зрителей и судей удивление. Поэтому команда утверждения должна была решить, *или* спорить о демократии в развивающихся странах, как о ключевой проблеме всей системы аргументации, или не трогать этот аспект в принципе. Краткое упоминание такой противоречивой проблемы было стратегической ошибкой, которая лишь смутила зрителей и судей.

Доказывать больше, чем нужно (Arguing Too Much)

Весьма распространена популярная формула-клише среди тренеров по дебатам, судей и авторов учебников: «не доказывайте больше, чем должны». Это важный принцип, и данное клише, конечно же, привлекает к нему внимание. Однако высказывание «не доказывайте больше, чем должны» на самом деле является голословным и само нуждается в доказательстве; молодые дебатёры думают: «Конечно. Я *не буду* доказывать больше, чем я должен … Но как много я должен доказать?» Разумеется, если это высказывание интерпретировать как рекомендацию, чтобы участники дебатов обсуждали только базовый минимум по каждому вопросу, это действительно очень опасное высказывание, которое вводит в заблуждение. Например, мы уже обсудили обстоятельства, где команды могут получить стратегическое преимущество, «играя жёстче» – защищая больше, чем того требует тема. Но что тогда скрывается за этим неясным принципом, что дебатёры не должны доказывать больше, чем нужно?

Данный принцип может быть выражен в трех ключевых пунктах, которые объяснены ниже.

1. *Не нужно бороться за каждую логическую часть темы.* Возвращаясь к хорошо проторенной дорожке, все стратегии в дебатах находятся в рамках здравого смысла. Очевидно, что от дебатёров ожидают, что они будут обсуждать актуальную проблему – не обязательно разделять тему на части и спорить по каждой проблеме, которая могла бы вероятно «всплыть».

Например, рассмотрим тему: «Эта Палата считает, что мы должны провести военное вмешательство для защиты прав человека». *Логически*, в теме поднимаются две проблемы:

а. Стоит ли защищать права человека, *и,*

б. Должны ли мы проводить военное вмешательство, чтобы сделать это.

Сверхтехничная или чрезмерно усердная команда отрицания может попытаться опровергать обе проблемы сразу: утверждая, что права человека не стоит защищать вообще, а даже если и стоит, то вмешательство вооруженных сил – неэффективное средство для выполнения этой задачи. Однако это излишне слабый и противоречивый кейс: нет никакой потребности отстаивать в этой теме то, что права человека не стоит защищать. Очень сильный и простой кейс может быть основан на центральном аргументе, что военное вмешательство наносит больше вреда правам человека (в краткосрочной и долгосрочной перспективе), чем защищает их.

Этот подход основан на здравом смысле: мы надеемся, что очень немногие дебатёры станут автоматически бороться за каждую логическую часть резолюции. Тем не менее, это важный принцип, который следует принять во внимание. Если вы его проигнорируете, то может оказаться так, что вы защищаете больше, чем нужно!

2. *Остерегайтесь искушения сделать ваш кейс слишком идеальным.*

> **«Что бы вы ни хотели, парни, я – за».**
> **Бывший вице-президент США и сенатор Джеймс Дэнфорт Куэйл**
>
> **«К 1990 году ни один австралийский ребенок не будет жить в бедности». Премьер-министр Австралии Роберт Хоук в 1987 году**

Один распространенный способ защищать больше, чем нужно состоит в преувеличении преимуществ, которые очевидно будут вытекать из принятия данного предложения. Классический пример этой ошибки произошел в 2001 году на чемпионате мира по школьным дебатам (WSDC) в Йоханнесбурге по вопросу о контроле над оружием. Утверждение (защищавшее контроль над оружием) отметило, что оружие использовалось для убийства президента Джона Ф. Кеннеди, и австрийского эрцгерцога Фердинанда. Затем команда стала буквально утверждать, что более строгие средства контроля над оружием предотвратили бы оба убийства, а вместе с этим и Первую мировую войну (причину которой они видели исключительно в факте убийства Фердинанда). Далее, они продолжили утверждать, что подобные инциденты мирового масштаба, связанные с деятельностью организованной преступности, могли бы быть предотвращены в будущем с помощью простого законодательства о контроле над оружием! К счастью, недостатки в этом аргументе очевидны. (Например, факт, что ни один из убийц не являлся особенно законопослушным человеком – это первая проблема).

В ретроспективе, намного более сильный кейс утверждения мог бы быть таким: «Несомненно, много преступлений, связанных с применением оружия, совершались организациями и людьми, которые достаточно мудры, чтобы купить оружие на черном рынке. Однако строгие меры по контролю над оружием устранят много смертельных случаев от оружия, которые происходят ежегодно в обычных домах, особенно в результате несчастных случаев обращения с оружием, импульсивных самоубийств или насилия в семье». Справедливо, что команда не обещает экстраординарных результатов (к примеру, – предотвращение Третьей мировой войны!), но она, тем не менее, показывает общую выгоду, *и это всё, что от неё требуется.*

Поэтому, важно помнить, что самые убедительные кейсы – не обязательно те, которые обещают самые большие преимущества; обычно, это те кейсы, которые обещают разумные преимущества, которые при этом могут быть доказаны. Много команд, особенно в младших лигах, утверждают, что (1) их предложение спасет нацию, мир или цивилизацию, или (2) предложение оппонентов разрушит то же самое, или (3) оба варианта вместе. Если ваша команда оказывается в этом положении, измените ваш кейс! Перефразируя известный фильм «Топ Ган» (Top Gun) (1986), не позволяйте своему энтузиазму выписывать чеки, которые ваш кейс не сможет обналичить!

3. *Будьте конкретными.* Заключительный способ защищать больше, чем нужно – это спорить слишком о многом. Мы уже обсудили важность *определения* темы до *одной проблеме.* Альтернативный подход (когда дебаты происходят более чем по одной проблеме) следует избегать, потому что он чрезмерно усложняет дебаты. Каждый участник дебатов должен бояться сложности!

Однако в равной степени легко усложнить дебаты с помощью системы аргументации: например, имея систему аргументации, которая пытается охватить слишком много идей в рамках единственной проблемы, которую вы выбрали по вашему определению. Есть также вторая проблема: чем больше идей включаются в ваш кейс, тем меньше времени вы сможете потратить на раскрытие каждой конкретной идеи. При таком подходе команда может проиграть оппонентам на стороне отрицания, которые выбрали одну единственную идею и потратили значительное количество времени на её объяснение.

Чтобы объяснить эти различия, рассмотрим дебаты 2002 года на тему: «Эта Палата считает, что диктатура имеет право на жизнь». Обе стороны правильно определили проблему: допустимо ли когда-либо иметь во главе национального правительства диктатора. Однако просто конкретного определения недостаточно, у утверждения должен быть конкретный *кейс.* Таким образом, тема неявно предлагала утверждению привести в пример *некоторые* разумные обстоятельства, при которых диктатура была бы допустимой, и это то, что и сделала команда. Вместо того чтобы защищать *всех* диктаторов, или даже *большинство* диктаторов, команда утверждения выбрала одну определенную модель: это Пакистан при тогдашнем президенте Первезе Мушаррафе. Система аргументации команды по существу была такова: «В некоторых обстоятельствах (а именно, там, где слабая демократия не может контролировать опасную политическую, этническую или религиозную нестабильную ситуацию) лучше, когда у нации есть сильный диктатор с выраженным намерением защитить национальные интересы». Команда поддерживала применение этой модели в Пакистане и в нескольких других случаях.

Это было эффективным примером конкретной системы аргументации. Перед командой отрицания встали две существенные проблемы. *Во-первых*, большая часть их кейса оказалась неподходящей для дебатов, потому что они готовились спорить о неприемлемости диктатуры *вообще*. Вместо того, чтобы показать, что диктатура *никогда* не может быть оправдана (или, по крайней мере, ни в одной мыслимой в реальном мире ситуации), они утверждали, что диктатура является неправильной *сама по себе*. Такой подход дал утверждению стратегическое преимущество, потому что они могли утверждать: «Возможно, диктатура *является* неправильной в *большинстве* случаев, но мы должны показать, что это работает в *некоторых* случаях, что мы и сделали». *Во-вторых*, поскольку команда отрицания была вынуждена приводить *множество* примеров (от Пол Пота в Камбодже до Аугуста Пиночета в Чили), она не смогла раскрыть каждый из примеров столь подробно, как это сделало утверждение в ситуации с Пакистаном. Начиная с того момента, как команде утверждения удалось сделать Пакистан ключевым примером в дебатах, это стало существенным стратегическим провалом для отрицания.

Конечно, часть стратегического преимущества команды утверждения была заключена в теме: команде было *позволено* выбрать относительно небольшое поле битвы и защищать его. Однако это была очень эффективная стратегия для команды утверждения – защищать конкретный кейс. В действительности, утверждение заслуженно выиграло эти дебаты. Ключевое различие для нас просто: после того как вы *определили* тему до единственной и конкретной проблемы (основного вопроса), часто вы можете перейти к защите конкретного кейса *в рамках* этой проблемы.

Такой подход неизбежно связан с выбором аргументов: тема, которая будет обсуждена в Шаге №3.

КРИТЕРИИ

Что такое критерии в дебатах?

Мы узнали, что важно разъяснить значение слов и понятий в дебатах. Это ведущая задача определения или интерпретации.

Однако в некоторых редких случаях, вам нужно внести большую ясность, чем может дать простое определение. Мы уже узнали, что «бремя доказательства» (burden of proof) представляет собой то, что *ваша команда должна доказать, чтобы показать судьям, что ваша позиция в теме истинна*. Иногда вы должны разделить «бремя доказательства» на несколько более мелких и удобных в использовании частей. Эти части называются *«критериями»* (criteria).

Критерии часто усложняют кейс – причём весьма *значительно*! Как упоминалось ранее, простота – важная часть эффективной стратегии дебатирования, поэтому жизненно важно использовать критерии только тогда, когда это действительно необходимо.

Нам нужен пример. В теме: «Эта Палата считает, что феминизм потерпел неудачу» необходимы критерии, потому что ни одно определение темы не может однозначно проверить, потерпел ли феминизм неудачу или нет, и когда это произошло.

Рассмотрим подход команды утверждения к данной теме. Легче всего представить это в форме дискуссии, обмена мнениями между членами команды утверждения по вопросу, что же может означать для феминизма «потерпеть неудачу».

> - «Хорошо, мы должны показать, что феминизм потерпел неудачу. Сначала мы должны понять, «для кого?»
>
> - «В первую очередь, от этого пострадали женщины, ведь феминизм был движением, борющимся за права женщин».
>
> - «Правильно, но мы до сих пор не решили, что значит «пострадавшие женщины».
>
> - «Возможно, будет достаточно просто сказать, что «потерпел неудачу» означает «не добился поставленных целей».
>
> - «Хорошая идея. Но феминизм никогда *не имел* четко выраженных целей, ясной стратегии – это очень разнородное социальное движение!».
>
> - «Да, но для этих дебатов мы все-таки можем свести задачи феминизма к одной основной идеи — предоставить мужчинам и женщинам реальное равенство».
>
> - «Звучит логично. Но за понятием «реальное равенство» может скрываться что угодно. Как мы будем *судить* о «реальном равенстве»?
>
> - «Хорошо, я думаю, что этот термин распадается на две явные категории. Во-первых, есть равенство возможностей – важно, чтобы женщины имели доступ к должностям согласно их заслугам. Во-вторых, равенство установок - социальные установки, уважающие женщину до той же степени, как и мужчину.
>
> - «Хорошо, давайте используем их в качестве наших критериев - докажем, что феминизм потерпел неудачу, потому что не смог принести равенство возможностей и равенство установок».

Поэтому, в этом случае, команда утверждения установила два критерия:

1. Феминизм не принес равенство установок, и
2. Феминизм не принес равенство возможностей.

Использование этих критериев — это *единственная возможность* для команды утверждения прояснить свое «бремя доказательства». Но только их правильное использование поможет команде утверждения добиться ясной структуры и понятий.

Использование критериев

Выдвижение критериев

Мы обсуждали в Разделе I, что самое простое определение критериев состоит в том, что они являются частью определения. Поэтому, ваши критерии должны быть выдвинуты в то же самое время, что и ваше определение – в начале речи первого спикера, как будет объяснено позже).

Как правило, необходимо объяснять точно, *на прояснение чего* направлены ваши критерии. Например, возьмем критерии «феминизма», рассмотренные ранее. Руководствуясь одним подходом, можно сказать, что:

> Мы определили понятие «потерпеть неудачу» как «потерпеть неудачу в достижении равенства установок и равенства возможностей».

Однако этот подход не показывает зрителям и судье, где критерии соответствуют и почему эти критерии действительно уместны. Рассмотрим более разумный подход в данном случае:

> «Говоря, что феминизм «потерпел неудачу», мы имеем в виду то, что он не добился своей главной цели, которую мы видим, как установление реального равенства между мужчинами и женщинами. В этих дебатах, мы будем использовать два критерия, по которым можно судить о существовании этого равенства. Во-первых, это равенство установок, которое означает, что наши социальные установки уважают женщин так же, как и мужчин. Во-вторых, должно существовать равенство возможностей, которое установит одинаковые шансы как для женщин, так и для мужчин (например, в получении определенной работы или политической карьере) на основании их заслуг. Сегодня мы покажем, что феминизм потерпел неудачу в обоих случаях».

Обращение к критериям

Недостаточно просто выдвинуть критерии в начале вашего кейса. Вы должны обращаться к ним на протяжении всех речей своей команды и показывать, почему эти критерии истинны, чтобы доказать вашу позицию в теме дебатов!

Самый простой способ обратиться к вашим критериям – это объяснить в конце каждого аргумента, как этот аргумент поддерживает один или несколько ваших критериев.

В качестве примера продолжим разбирать тему о феминизме. Предположим, что команда утверждения только что представила аргумент, что неадекватная государственная поддержка, особенно в сфере заботы о детях, не позволяет женщинам достичь равенства в сфере труда. Действительно для команды утверждения недостаточно просто закончить этот аргумент и идти дальше. Вместо этого, спикер должен показать, как этот аргумент поддерживает *хотя бы один* из критериев, выдвинутых ранее.

В данном случае спикер может заявить, что его аргумент поддерживает сразу оба критерия, сказав следующее:

> Что показывает этот аргумент? Во-первых, установка государства, как представителя установок общества, не в состоянии должным образом признать особые потребности женщин. Это показывает наш первый критерий, что феминизм никак не повлиял на установление какого-либо равенства установок. Во-вторых, я показал, что женщины фактически поставлены в невыгодное материальное положение в сфере труда, потому что они не могут получить адекватную поддержку по уходу за ребенком.
>
> Это означает, что женщины с таким же уровнем компетентности и квалификации, как и мужчины не имеют тех же возможностей в профессиональной сфере как эти мужчины – об этом наш второй критерий.

Это очень важное замечание об обращении к критериям – если у вас есть критерии, вы должны обращаться к ним! Второе важное требование – если у вас есть критерии, *то каждый из них должен быть доказан **и первым, и вторым** спикером*. Мы уже знаем, что критерии являются основой для «бремени доказательства» команды. Когда мы дойдем до разделения аргументов, мы узнаем, что первый и второй спикеры должны доказать все логические элементы кейса. А пока отметим, что оба спикера должны быть в состоянии доказать все критерии команды.

Злоупотребление критериями

Как было показано ранее, критерии – один из наиболее сложных (и усложняющих) аспектов при подготовке вашего кейса. В некоторых случаях, конечно, вам *нужны критерии*, потому что вы просто не можете быть предельно конкретными без них – иначе будете рассуждать общими фразами. Однако *это не означает, что критерии должны использоваться часто, и что критерии должны быть сложными и запутанными*.

Дебатёры нередко попадают в западню, выдвигая постоянно критерии – и более того, очень сложные критерии. Обычно это бывает тогда, когда дебатёры путают *аргументы* (то есть причины, почему ваша позиция в теме *может быть* истинной) с *критериями* (то есть основные элементы, которые *должны* быть истинными, если ваша сторона выиграет дебаты).

Прежде чем мы рассмотрим общие ловушки этого подхода, проанализируем один пример. Помните, это пример того, как **не нужно** делать!

Предположим, что тема дебатов: «Эта Палата считает, что вторжение

США в Афганистан было оправданным». Команда утверждения, которая неправильно поняла роль критериев, могла бы разделить эту тему на наименьшие логические компоненты, делая каждый из них критерием. Мы могли ожидать, что они при этом скажут следующее:

«Мы должны доказать четыре аспекта, чтобы представить наш кейс. А именно:

1. Была потребность в этом действии;
2. Военное вмешательство было наиболее подходящей формой действия;
3. Подход США был успешен;
4. США были наиболее подходящим фактором для проведения подобного вторжения».

Затем команда будет отчаянно уверять, что *и первый, и второй* спикеры доказали каждый из этих аспектов и потратили на это должное количество времени.

Рассмотрим причины по которым этот подход является *очень слабой* стратегией.

- Нет никакого намека на то, что начальное понятие (а именно, было ли вторжение США в Афганистан оправданным) является неточным и неопределенным. Помните: критерии используются только, чтобы *разъяснить* понятие, сделать его более простым и конкретным для восприятия (например, выражение «потерпеть неудачу»). Использование критериев в данном случае просто не нужно – это ужасно усложняет кейс!
- Команда утверждения почти наверняка потратит существенное время на проблемы, которые быстро станут неподходящими для дебатов. Например, команда отрицания могла бы утверждать, что дипломатическое действие было бы более подходящим методом, таким образом, делая несостоятельными критерии №1 и №4. Команда утверждения должна была оставить эти пункты для опровержения, используя их только по необходимости.
- Как показывает этот пример, такой подход часто является кумулятивным – а именно, критерии упорядочены таким образом, что реальная проблема дебатов раскрывается только в конце. Это означает, что спикер потратит лучшую часть своей речи на бесполезные вещи (в нашем примере на необходимость подобных действий), оставляя немного времени для ключевых вопросов (например, были ли действия США эффективными).
- Наличие бесчисленного количества критериев дает оппозиции (и судье!) больше шансов для атаки. Помните, что устанавливая критерии, вы по существу говорите: «Мы обещаем доказать, что все они верны». Если судья впоследствии чувствует, что вы не доказали *хотя бы* один из ваших

критериев (даже тот, который был неподходящим для дебатов с самого начала), вы рискуете проиграть. Например, в этом кейсе, критерий №4 просто предлагает аргумент оппонентам и судье, он никак не помогает кейсу утверждения.

Критерии – слишком веское слово

Ясно, что слово «критерии» несет много проблем в дебатах! Поэтому, будьте осторожны и не используйте слово «критерии», если вы не вкладываете в него тот смысл, который мы только что обсудили. Например, может быть заманчиво сказать: «Сегодня, я представлю вам два критерия», когда в действительности вы подразумеваете, «Сегодня, я представлю два аргумента». Хотя это и *не должно* иметь значение, но неправильное употребление слова «критерий» только запутает судей.

Критерии – ключевые моменты

По существу, это ключевые моменты при использовании критериев.

- Критерии предназначены для того, чтобы *разъяснить и упростить,* а *не усложнить.* Если понятие может быть определено, не используйте критерии. Практически, это означает, что критерии полезны в дебатах, требующих оценки фактов («Эта Палата считает, что феминизм потерпел неудачу»), а не оценки действий («Эта Палата считает, что вторжение США в Афганистан было оправданным»).
- Если вы думаете, что в этих дебатах должны использоваться критерии, то:

✓ Используйте их как можно меньше;

✓ Установите их ясно в начале, объясняя, как они раскрывают ключевое понятие;

✓ Обращайтесь к уместному критерию (или критериям) в конце каждого аргумента;

✓ Убедитесь, что и первый, и второй спикеры доказали все критерии;

✓ Вернитесь и подумайте, *действительно* ли вам нужны критерии!

ШАГ №3 - АРГУМЕНТЫ

Основной подход

ЧТО ТАКОЕ «АРГУМЕНТ»?

Как и большинство слов, используемых в дебатах, слово «аргумент» имеет много значений. К примеру, в самом широком смысле, все дебаты – это аргументация, используемая двумя командами. В более узком смысле, позицию команды можно было бы считать аргументом, потому что он поддерживает одну сторону темы. Однако понятие «аргумент» имеет более определенное значение для дебатёров, и это значение используется в этой книге.

В данном случае мы рассматриваем аргумент как *независимое суждение, поддерживающие вашу сторону темы*. Например, рассмотрим тему: «Эта Палата считает, что в школах задают слишком много домашних заданий», где по существу аргумент отрицания мог бы быть: «У школьников так много домашних заданий, что им не хватает времени на спорт или другие занятия». Это не обязательно *главное* суждение команды утверждения и это вряд ли *центральное* суждение (их «ведущая линия» [theme]). Однако для наших целей это суждение является «аргументом».

Поэтому, в самом простом смысле, мы можем рассматривать кейс в дебатах как набор различных аргументов, которые соединены вместе с помощью системы аргументации (case approach) (которую мы рассматривали ранее).

ПОЧЕМУ НАМ НУЖНЫ НЕЗАВИСИМЫЕ АРГУМЕНТЫ?

Многие начинающие дебатёры не понимают, зачем нужны независимые аргументы; они удивляются: «Почему я просто не могу произнести речь в поддержку моей позиции?»

Ответ прост: в этой речи неизбежно будет множество различных идей и, мы надеемся, примеров. Важный стратегический навык для участников дебатов состоит в способности выделить эти идеи и примеры и представить их зрителям и судьям в ясной и логичной последовательности. Вопрос «должен ли я только произнести речь в поддержку моей позиции?» сужается до: «должен ли я предоставить судье и зрителям право определять мои причины вместо себя?». Ответ, конечно же, «нет!».

Речь, которая просто «поддерживает тему» в самых абстрактных суждениях, *будет* включать важные аргументы и примеры, но их будет сложно выделить и выстроить в логической последовательности. Мы хотим, чтобы спикер сам нашел аргументы и примеры в его собственной речи и придал им ясную структуру. Даже на этом простом и абстрактном уровне второй подход более логичен, более ясен, и, следовательно, его легче использовать. Вот почему мы нуждаемся в отличных друг от друга или «независимых» аргументах.

ОСНОВНАЯ СТРУКТУРА АРГУМЕНТА

Структурирование речи с помощью использования различных аргументов – хорошее начало. В идеале же у каждого аргумента должна быть некоторая внутренняя структура. Теперь мы рассмотрим структуру *каждого* аргумента, а не кейса в целом.

Важно не быть *слишком* жёстким в обсуждении внутренней структуры аргумента; различные спикеры *могут* использовать разные типы структуры для разных аргументов, и эти виды структуры могут быть успешными. Следующий подход – это основная структура, которая работает во многих кейсах. Конечно, вам не обязательно использовать её – часто вы будете находить другие структуры, которые работают также хорошо или даже лучше – но понимание этой структуры чрезвычайно важно!

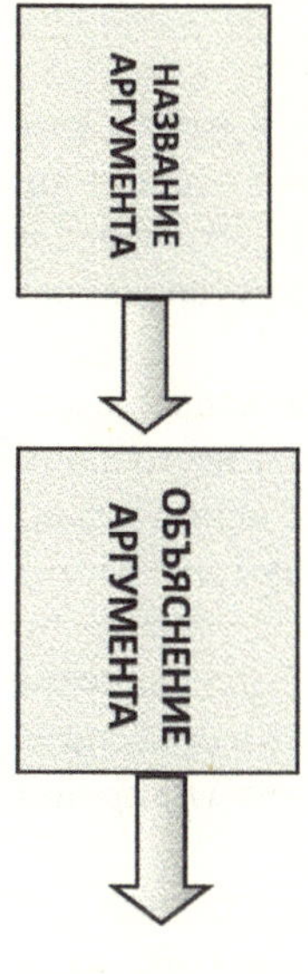

В названии аргумента (label) вы коротко и ясно должны изложить основную идею аргумента. Здесь вы не должны объяснять, почему ваш аргумент верен – это всего лишь ссылка на аргумент для вас же самих, для судьи, для оппонентов – служит для краткого упоминания этого аргумента.

Здесь вы даёте теоретическое или абстрактное объяснение (explanation), *как* и *почему* ваш аргумент истинен. В идеале, объяснение и обоснование (reasoning) должны быть длиной в несколько предложений. В случае сложного или небольшого обоснования вам, возможно, понадобится и больше предложений. В конце этой части вашей речи ваш зритель должен думать: «Конечно, я понимаю, почему этот аргумент *должен быть* истинен. Но работает ли этот аргумент в реальном мире?»

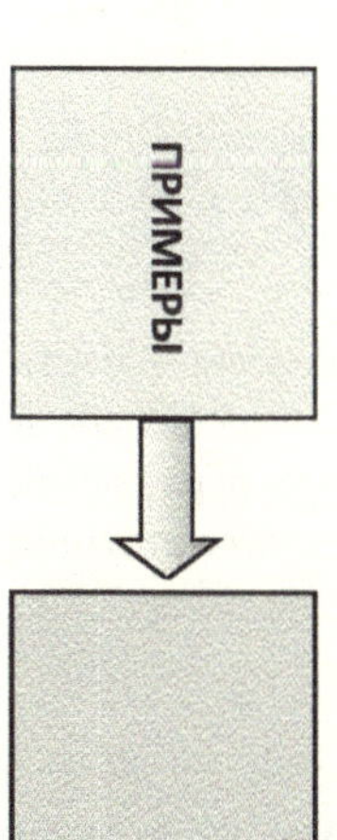

Примеры (Examples) должны отвечать на этот вопрос, убеждая зрителей и судью, что ваш аргумент истинен и в реальном мире. В конце этой части вашей речи зритель должен думать: «Я убежден, что этот аргумент *истинен* и в реальном мире! Но каким образом этот аргумент доказывает весь кейс спикера?»

Логическая связь (tie-back) должна отвечать на второй вопрос, показывая, *каким образом* этот аргумент поддерживает вашу систему аргументации. *Недостаточно* просто сказать: «Этот аргумент доказывает нашу ведущую линию [X]», или же «Этот аргумент доказывает наши критерии [Y]». Невозможно точно сказать, насколько длинной должна быть логическая связь. Запомните: возможно *вы точно* понимаете, как ваш аргумент поддерживает вашу систему аргументации просто потому, что вы много потратили времени, работая над ним. Однако зрители слышат его впервые, поэтому логическая связь должна сделать эту поддержку *ясной* и *понятной*. Полезная техника – ответить на детские вопросы: *«Ну и что»? «Что из этого?»*, возникающие при рассмотрении аргумента – почему что-то истинно, полезно или следует поддержать? Ответ и является по существу логической связью.

НЕОБХОДИМОЕ КОЛИЧЕСТВО АРГУМЕНТОВ

Нет установленного правила о том, сколько аргументов в кейсе вам понадобится. Естественно, идеальное количество аргументов зависит от контекста ваших дебатов – например, от уровня, продолжительности речей и сложности самой темы. Однако мы можем отметить некоторые руководящие принципы.

Первому и второму спикеру почти всегда необходимо, по меньшей мере, два аргумента. Спикер, который считает, что у него или у нее есть всего лишь какая-то одна идея для объяснения, должен рассмотреть более внимательно эту идею – чаще всего бывает, что в этой идее есть как минимум две части, которые могут быть превращены в аргументы.

Четыре и больше аргумента для первого или второго спикера будет слишком много. Спикер потратит много времени на то, чтобы представить и объяснить логическую связь между этими аргументами, вместо того, чтобы хорошо раскрыть сами аргументы!

Поэтому важно, чтобы каждый из двух первых спикеров имел два или три аргумента. Это значит, что вашей команде лучше подготовить четыре, пять или даже шесть аргументов.

ДЛЯ СРЕДНЕГО УРОВНЯ

Сейчас нам необходимо рассмотреть более подробно примеры – часть аргумента, которая убеждает зрителей, что ваши утверждения верны в реальном мире. Мы рассмотрим наилучшие способы выбора и развития примеров. Также мы рассмотрим и другие эффективные альтернативы примерам.

Примеры

Примеры являются самым простым и самым популярным средством обоснования аргументов. Однако важно понимать, что только определенные виды примеров будут полезны в дебатах. А именно, примеры должны быть:

1. Реальными,
2. Общими и
3. Значимыми.

Во-первых, примеры должны быть реальными, они не должны быть гипотетическими. Многие спикеры, особенно в дебатах на философские или абстрактные темы, просто выдумывают примеры для того, чтобы проиллюстрировать их позицию. Рассмотрим тему: «Эта Палата считает, что лучше быть умным, чем добрым». Многие неопытные дебатёры станут использовать гипотетические примеры, чтобы доказать аргумент. Например: «Представьте, что вы находитесь на уроке, и учитель спрашивает вас о том, о чем вы не знаете. Все в классе будут смеяться над вами, и никому не будет дела до вашей доброты. Следовательно, лучше быть умным, чем добрым». Недостаток этого примера очевиден – *нет* доказательства того, что «все будут смеяться над вами» и ваши оппоненты смогут легко придумать другой гипотетический пример, чтобы доказать обратное!

Конечно, правило против использования гипотетических примеров не должно быть понято неправильно. Оно не предостерегает вас от использования гипотетических примеров о будущем, основанных на предсказуемых тенденциях, доказанных реальными событиями. Если, к примеру, вы дебатируете на тему против войны с Северной Кореей, вы можете сказать, что «Северная Корея имеет огромный запас вооружений, и, возможно, ядерное оружие. Ким Чен Ир в прошлом, и его сын, как преемник, в настоящее время будет готов развернуть эти системы вооружения, если его режим будет атакован – его режим всегда отвечал на возможный конфликт воинственно и постоянно угрожал военными действиями в случае атаки». Возможно, это и не так, но об этом можно дебатировать – хотя спикер и строит предположения, он или она поддерживает их реальными примерами.

Во-вторых, примеры должны быть общими. Мы уже говорили об этом в первой главе, когда рассматривали требование общей истинности. Вспомним, что Адольф Гитлер – реальный и весьма значительный пример, но этот пример не может быть *общим*. Чтобы проиллюстрировать абстрактные идеи, примеры должны быть общими. Отдельными случаями вы не докажете общую истину.

В-третьих, примеры должны быть значимыми. Там, где возможно, вы должны сосредоточиться на значимых примерах, которые имеют связь с вашей конкретной темой. Рассмотрим тему: «Эта Палата считает, что терроризм неэффективен». Обе команды должны потратить много времени, обсуждая теракты, совершенные Аль-Каидой, Хамасом, Ирландской республиканской армией или Организацией освобождения Палестины. Конечно, команды могут использовать и другие малоизвестные примеры (такие как «Сияющий путь», «Красные бригады», «Рабочая партия Курдистана» и т.п.). Однако если эти группировки обсуждаются, то они должны быть лишь *добавлением* к значимым примерам, а не использоваться *вместо* них. По сути, это и есть ранее объясненный принцип: *там, где существует ясная проблема (основной вопрос), вы должны дебатировать именно о ней.*

Самый простой способ для начинающих дебатёров начать использовать незначительные примеры – рассказывать личные истории из жизни. Можно услышать, например, такие вещи: «Однажды на уроке математики ...», или «Моя сестра занималась спортом, и ...». Нужно избегать таких примеров любой ценой, они не представляют никакой важности и могут быть очень легко опровергнуты («Возможно, семьи наших оппонентов делают такие вещи, но, я уверена, большинство из присутствующих здесь – нет»).

АНАЛИЗ ПРИМЕРОВ

Одно и то же событие может восприниматься разными людьми по-разному. Именно поэтому, *недостаточно* лишь упомянуть пример, вы должны представить его интерпретацию и анализ для данных дебатов. Рассмотрим тему: «Эта Палата считает, что война в Ираке была оправдана». Спикер утверждения *может* сказать: «Действия Америки, связанные с нападениями на Ирак, оправданы, так как у правительства Саддама Хусейна были агрессивные намерения. Нельзя допустить, чтобы организации с агрессивными намерениями воплотили их в жизнь – события 11 сентября это доказывают». Команда *упомянула* террористический акт 11 сентября в качестве примера, она совсем не дала ему *ни анализа, ни объяснения*. Таким образом, их пример ставит больше вопросов, чем дает ответов: *почему* 11 сентября доказывает их аргумент? *Какая часть* событий 11 сентября доказывает это? Почему Аль-Каида и движение Талибан тождественны Хусейну и его режиму? Несложно найти пути, как *оппозиция* сможет использовать этот пример для своих целей; она может предположить, что теракт 11 сентября был неоправданным извинением за войну с Ираком, или даже спорить, что несдержанная внешняя политика может привести к большему числу терактов в будущем. Проблема не в том, что пример 11 сентября не подходит для утверждения – в действительности, он может быть для команды очень полезным. Однако просто привести пример без объяснений, анализа и интерпретации – очень слабая стратегия.

Пример кейса: слабый анализ

В 1997 году чемпионат мира по школьным дебатам проводился на Бермудских островах, и тема для четвертьфинала была заявлена следующая: «Эта Палата приветствует наступление XXI века». Команда утверждения определила тему (довольно разумно), что в XXI веке будет много улучшений по сравнению с XX веком. Первый аргумент второго спикера утверждения был об улучшениях в сфере прав человека. Он полностью представлен с приблизительным разделением по внутренней структуре.

Предпосылка №1, дамы и господа,

Права человека – это благо. Они предотвращают злоупотребления в отношении людей. Они предотвращают ужасные вещи, которые могут произойти с людьми. Они предотвращают генную инженерию и появление людей с тремя головами, они останавливают гомофобов и расистов. Соблюдение прав человека предотвращает отвратительные вещи.

Предпосылка №2: все больше и больше людей получают права человека, потому что мир в целом становится более демократичным. Влияние западных демократий, в особенности США, распространение прекрасной MTV-культуры и «вы можете пойти в Макдоналдс и взять все, что вам понравится – у вас есть свобода выбора» – все это делает мир более и более демократичным.

В качестве примера рассмотрим Бирму, где Аун Сан Су Чжи делает очень многое для демократического движения.

Итак, предпосылка №1: права человека – это благо и предпосылка №2: все больше людей в мире получают права человека - доказаны.

Мы делаем вывод: все больше и больше людей получают что-то, что есть. Этот процесс будет продолжаться и в XXI веке. Определенно, XXI столетие будет лучше, чем предыдущее.

Мы можем раскритиковать данный аргумент на нескольких уровнях. Например, в целом нет ничего плохого в подобной структуре: «Предпосылка №1, предпосылка №2, заключение», но она является очень слабой в данном контексте. Дело в том, что предпосылка №1 («права человека – это благо») – вообще не самый важный предмет спора: она заявлена настолько абстрактно, как будто не является спорной.

Для наших целей более уместная критика – недостаток анализа примеров. Было использовано три примера: MTV, Макдоналдс и Аун Сан Су Чжи. Вообще, в самих примерах *нет ничего* плохого – нужно отдать должное смелости спикера, который вызвался утверждать, что MTV и Макдоналдс имеют какое-либо отношение к распространению прав человека, однако кое-какая связь, без сомнения, может быть найдена. Проблема на самом деле состоит не в выборе примера, а в нехватке анализа. К примеру, спикер вообще не объяснил, что такое «MTV-культура» и почему она и Макдоналдс предоставляют свободу выбора. Спикер не объяснил, как свобода потребительского выбора (которая предположительно и рассматривалась) соотносится со свободой политического выбора (то есть с демократией), спикер также не объяснил связь демократии с правами человека. В действительности, понятие прав человека вовсе не было объяснено – оно было просто сведено до очевидного запрета наиболее неестественных форм генной инженерии.

Было сказано про Аун Сан Су Чжи, но спикер даже не объяснил, кто она и что сделала для демократии, какой эффект это движение оказало на бирманское общество, и вообще, почему мир должен интересоваться, что происходит в Бирме.

Вывод здесь не в том, что аргумент был полностью испорченным – в действительности, при большей внимательности он был бы очень логичным. Но спикер плохо проанализировал примеры, которые не доказали истинность и значимость его утверждений. Вот то, что многие тренеры и судьи имеют в виду, когда критикуют спикера за то, что он «не сумел раскрыть ключевые вопросы» (failing to ask the "big questions"): спикер фактически сказал только название аргумента, вместо того, чтобы объяснить и проанализировать свой аргумент.

ДОБАВЛЯЯ БОЛЬШЕ ПРИМЕРОВ

Ваш аргумент станет сильнее, если вы сможете доказать его больше, чем одним примером. Для этого есть ряд причин.

Во-первых, разнообразные примеры добавляют больше убедительности вашему кейсу. Принцип таков, что ваше предположение кажется истинным в общем, если вы сможете показать, что оно применимо в ряде случаев, а не только в одном. Ваша команда покажется более компетентной в теме дебатов и вызовет доверие, если вы сможете обосновать ваши аргументы многочисленными уместными примерами, которые помогут вам «охватить поле дебатов» более эффективно.

Во-вторых, использование множества различных примеров, при некоторых обстоятельствах, даст вам определенное стратегическое преимущество, потому что многие судьи, особенно на уровне чемпионатов мира, составляют подробную таблицу аргументов («flowing» или «flowsheet»). Это значит, что судья будет записывать каждый приведенный аргумент или пример, а после смотреть, как он развивается по ходу дебатов. Судьи будут смотреть более благосклонно на ту команду, которая представила аргумент или пример, который не был опровергнут оппонентами. При таком судейском походе команда, использующая множество примеров в поддержку каждого аргумента, получает большое стратегическое преимущество – чем больше примеров нужно опровергнуть оппонентам, тем меньше шансов, что они успешно справятся с данной задачей. Конечно, использование различных примеров таким образом также добавит убедительности и значимости вашему аргументу.

Опасность использования множества примеров для доказательства аргумента заключается в том, что вы просто их перечисляете, не делая никакой интерпретации и анализа. Иногда это называется «списком покупок» (т.е. список, в котором просто перечислены наименования товаров) – по существу, вы стараетесь просто «перечислить какое-то количество примеров, надеясь на то, что хотя бы один из них будет убедительным». Использование такого «списка покупок» более слабая стратегия, чем сильный анализ и интерпретация хотя бы одного примера. В крайних формах этот подход превращается в аргументы, основанные *на примере* – команда перечисляет примеры, которые, якобы, доказывают один конкретный аргумент. То есть, многие команды приводят недостаточно объяснений для своего аргумента или вообще их не приводят. Это очень слабая тактика; маловероятно, что перечисление примеров без объяснения может доказать, что ваш аргумент истинен в общем.

Лучший подход при использовании большого количества примеров очень прост – приведите один пример, хорошо его проанализировав, затем представьте другие, кратко объяснив их. Поэтому, вам стоит представить один пример полностью так, как если бы это был действительно один пример. *Затем* для лучшего эффекта вы можете что-то добавить, например: «Это же доказано и другими нашими примерами (X), (Y) и (Z), которые иллюстрируют те же самые принципы». Если у вас есть время, вы можете добавить *короткое* объяснение того, как те же самые принципы применяются в каждом из дополнительных примеров, на которые вы ссылаетесь.

СТАТИСТИКА

Итак, мы уже изучили ранее, что самые эффективные примеры – реальные, общие и значительные. В предыдущем разделе каждое требование было объяснено, чтобы помочь вам решить, *какой* пример должен быть использован. А что если *нет* такого примера, который подходит под эти критерии или аргумент относится к многочисленным отдельным примерам, нежели к какому-то определенному их количеству?

Предположим, что тема дебатов – терроризм. Существует относительно небольшое количество террористических групп (те, которые имеют значительное влияние) и выбрав некоторые из них, можно сделать обобщающий вывод о терроризме в целом. Теперь предположим, что тема дебатов – борьба с бедностью. Всем известно, что число малоимущих в мире неимоверно большое. Даже если мы в деталях обсудим 10 индивидуальных случаев, мы навряд ли сможем понять и судить о проблеме бедности в общем.

Здесь большое значение имеют статистические данные. Допустим, тема дебатов: борьба со СПИДом в мире и ваша команда выступает за важное и немедленное решение данной проблемы. Вы могли бы привести в пример душещипательную (правдивую) историю о сироте СПИДа - ребёнке, ставшим сиротой, в результате того, что один или оба его родителя скончались в результате этой болезни. Несмотря на очевидный пафос, данным примером вы не охватите всю проблему СПИДа в мире. Будет эффективнее, если вы объясните всю проблему сирот СПИДа и затем приведете соответствующую статистику, например, согласно данным Объединенной программы Организации Объединенных Наций по ВИЧ/СПИД к 2010 году 20 миллионов детей остались сиротами из-за того, что их родители умерли от СПИДа.

Если вы используете статистику, важно, чтобы она звучала достоверно. Если это возможно, вам необходимо указать оригинальный источник статистических данных и другую информацию (например, дату исследования). Вот, к примеру: «Согласно данным Международного союзу электросвязи, в Иране в 2007 году количество регулярных интернет-пользователей составило 32%». Согласитесь, это звучит убедительнее, чем просто: «по данным статистики, около трети населения Ирана пользуется интернетом».

АЛЬТЕРНАТИВЫ ПРИМЕРАМ

Примеры и статистика являются самыми типичными способами доказательства аргументов. Однако они не являются единственными.

В частности, проблемы могут возникнуть при попытке доказать аргументы, связанные с моралью и другими широкими понятиями. Рассмотрим такую тему: «Эта Палата считает, что превентивное задержание в тюрьме Гуантанамо должно быть оправдано». Несомненно, оппозиция будет говорить о жестоких условиях содержания в Гуантанамо, и что тюрьма может угрожать безопасности и международному влиянию США. А что если оппозиция захочет сказать о том, что сам *факт* превентивного задержания является неверным? Многочисленная статистика и примеры связаны с Гуантанамо, но ни один пример не показывает, почему это в корне неправильно.

В таких случаях как этот, необходимо вернуться к формальному рассмотрению моральных стандартов. Очень часто, можно сослаться, например, на международные соглашения, чтобы показать коллективное международное мнение по данному вопросу. В этом случае утверждение может сказать:

Это – национальный и международный позор, когда США решают заключить под стражу подозреваемых в терроризме в Гуантанамо. Это нарушает фундаментальные международные принципы прав человека. Насильственное задержание запрещено статьёй №9 Всеобщей декларации прав человека и Статьёй №9 Международного пакта о гражданских и политических правах. Содержание задержанных под стражей является незаконным, поскольку им не предоставили право оспаривать данное задержание в честном и открытом суде. Их содержание также нарушает Женевские конвенции, что было признано Верховным Судом США в 2006 году по делу *Хамдан против Рамсфилда*. Более того, данный процесс нарушает фундаментальные принципы, заложенные в тексте Конституции США (в особенности право о представлении арестованного в суд для рассмотрения вопроса о законности его ареста), что было доказано в процессе по делу Бумедин против Буша в 2008 году.

Как вы видите, ничто из этого не составляет статистику или примеры в строгом смысле слова. При аккуратном использовании, так можно доказывать аргументы, связанные с нормами и ценностями.

Второй популярный источник моральных стандартов – религия. Однако в отличие от международных соглашений, религия обычно является довольно слабой поддержкой в дебатах. Рассмотрим тему: «Эта Палата считает, что мы должны поддержать смертную казнь».

Команда отрицания может утверждать, что «убийство – это плохо, так как одна из Заповедей гласит: «не убей», и Иисус проповедовал нам: «Возлюби ближнего своего, как самого себя». Однако такой аргумент очень слабый в дебатах – несмотря на то, что большое количество людей следует данным церковным канонам, нет причин, почему Библия должна считаться непреклонным авторитетом в дебатах. Кстати, некоторые ярые сторонники смертной казни (к примеру, в некоторых американских штатах) так же твердо верят в подобные утверждения.

Более тонким подходом будет сказать: «Убийство – это плохо. Это общепризнанный моральный принцип, мы можем убедиться в этом, взглянув на большинство религиозных учений в мире». Однако даже этот подход слаб. Не только спорно, что большинство религиозных учений выступают против смертной казни, но и почему религиозное учение должно определять общественный порядок (и исход дебатов!) в светских странах.

Понятно, почему спикеры иногда обращаются к религиозным учениям, чтобы поддержать аргументы, когда сложно подобрать статистику или примеры. Однако в этих случаях гораздо эффективнее обратиться к международным соглашениям, нежели к религиозным догмам, как бы эти религиозные догмы не были важны для многих членов нашего общества.

ПОИСК СОДЕРЖАНИЯ

Конечно, легко рассуждать о принципах содержания в теоретических терминах, приводя много примеров в процессе. У большинства дебат`ров возникает очень практический вопрос: «Где я *найду* эти примеры и статистику?»

Дебаты на этом этапе могут показаться очень сложной работой! Опытные дебатёры имеют хороший запас общих знаний о мировых событиях, проблемах и организациях. Фактически, существенное количество времени, которое хорошая команда тратит перед турниром, будет потрачено на тщательные поиски материала и исследование темы только по этой причине.

Новости и текущие события

На базовом уровне участники дебатов могут улучшить свои общие знания, следя за новостями и текущими событиями, смотря новости по телевидению, слушая радио, читая газеты или используя Интернет. Если вы собираетесь следить за новостями, вы должны провести свое время эффективно – это означает знать, какие источники информации являются достоверными. В каждом городе есть достоверные источники новостей, и в каждом городе есть желтая пресса (специализирующаяся на «скандалах, интригах, расследованиях») – хорошие знания можно почерпнуть в первом, но не в последнем!

Быть в курсе новостей – отличный способ начать улучшать ваши общие знания. Однако просто смотреть новости обычно недостаточно для хорошего понимания проблем – по крайней мере, на высоком уровне дебатирования. Для того чтобы хорошо понимать проблемы, вы должны искать аналитику и статьи, представляющие «общую картину», которые рассматривают вопрос комплексно и всеобъемлюще вместо того, чтобы просто кратко сообщить о новости. Есть много хороших источников для такого обсуждения.

Исследование темы

Общие знания жизненно важны для любой формы дебатов. Однако иногда необходимо сделать определенное исследование по проблеме, чтобы дополнить ваши общие знания. Трудно дать общее руководство для поиска информации такого рода. Однако две вещи достойны упоминания.

Во-первых, не забудьте искать материал только по проблеме дебатов. Где возможно, избегайте долгого обсуждения фактов, годных только для любопытства. Вместо этого, попытайтесь записать важные названия, даты и числа, а также краткие обсуждения важных подходящих событий. Они будут иметь намного большее значение в развитии кейса.

Во-вторых, Интернет – это бесценный помощник, но вы должны использовать его должным образом. Просто поиск по проблеме ваших дебатов (например, смертная казнь) и кликанье ссылок вряд ли дадут хорошие результаты. Вы будете иметь больший успех, смотря на факты, заявления для прессы и публикации, произведенные важными неправительственными организациями (такими как Международная Амнистия [Amnesty International]). Нет никакой необходимости ограничивать ваш поиск вебсайтами, поддерживающими только вашу сторону темы. Например, если вы поддерживаете смертную казнь, вебсайт Амнистии обеспечит вас полезными новостями, фактами и цифрами по проблеме, даже при том, что Амнистия выступает против высшей меры наказания.

Подделка информации

В дебатах не так уж много способов обмана, но подделка информации (то есть, придумывание примеров и утверждение, что они истинны) – один из них. Все, кто присутствуют на дебатах – зрители, судья и оппоненты – вправе предполагать, что обоснование, которое вы представляете, истинно. Конечно, каждый участник дебатов пытается интерпретировать примеры и статистику в выгодном для себя свете – в этом, в конце концов, и состоит суть анализа и интерпретации – но они в корне отличаются от простой подделки.

К счастью, подделка информации не просто нравственно нежелательна; она может привести к серьезному стратегическому поражению. Если вы знаете так мало о проблеме, что вынуждены прибегать к подделке информации, вы, вероятно, не умеете сделать так, чтоб она звучала убедительно. Поэтому, велика вероятность, что судьи, зрители и оппоненты легко обнаружат подделку – и уровень доверия к дебатёру снизится катастрофическим образом.

Смысл прост: не подделывайте информацию. Никогда. Найдите время, чтобы провести более тщательное исследование и поиск материала. Если никаких хороших примеров или статистики найти не удалось, измените ваш аргумент. На несколько философском уровне, наши соревновательные дебаты – часть общественных дебатов в нашем обществе; подделка информации в корне уничтожает эту общую цель.

Доверие представленному материалу

К настоящему моменту уже всем должно быть ясно, что доверие очень важно в дебатах – зрители, участники и судьи хотят знать, какому кейсу (и, следовательно, какой команде) они должны верить. Доверие является самым важным в представлении материала – недостаточно просто знать то, о чем вы говорите; вы должны *говорить* так, как будто знаете, что говорите.

Есть два способа достигнуть доверия в представлении материала. *Во-первых*, ваши аргументы, если возможно, должны сохранять чувство перспективы и пропорциональности. Если, например, вы утверждаете, что в Кремле доминируют «силовики», ваша перспектива понятна; если вы утверждаете, что Россия с большой вероятностью вторгнется в Соединенные Штаты без колебаний, вы, скорее всего, зашли слишком далеко! Этот принцип должен казаться очевидным, но, тем не менее, это важно: участники дебатов с банальным или поверхностным пониманием текущих событий рискуют представить странные или радикальные перспективы.

Во-вторых, независимо от того, насколько правдоподобен ваш аргумент на самом деле, есть много способов, которые можно использовать, чтобы заставить ваш аргумент *звучать* более убедительно. Это те же самые методы, которые репортеры новостей используют все время: упоминайте имена, даты и цифры! Звучит намного более убедительно, если сказать: «Британский премьер-министр Тони Блэр и его правительство оказывало сильную продолжительную поддержку администрации Джорджа Буша в бескомпромиссной позиции по Ираку», чем «Великобритания поддерживала бескомпромиссную позицию Америки по отношению к Ираку». Точно так же более убедительно сказать: «12 октября 2000 года члены Аль-Каиды взорвали эскадренный миноносец ВМФ США «Коул», находившийся в бухте в Йемене, и убили 17 американских моряков», чем «Аль-Каида убила людей во время взрыва американского военного корабля на Ближнем Востоке». Это основная причина, по которой вы должны обращать так много внимания на названия, даты и цифры, когда вы следите за текущими событиями – эта информация не всегда *меняет* аргумент, но она увеличивает степень доверия к нему. Проверки на общие знания нередко используются в дебатах. Значительное количество этих проверок посвящено произнесению названий именно по этой причине.

Домашние примеры (Home Turf Examples)

Мы узнали, что стратегически неверно при построении кейса в дебатах использовать примеры из личной жизни. Причина, приведенная ранее, состояла в том, что такие примеры стратегически имеют небольшое значение.

Однако есть вторая причина: спикеры не вызывают доверие, если их доказательство основано только на личном опыте. Эта причина становится особенно важной на национальных и международных турнирах по дебатам, где команды нередко используют примеры из своей собственной страны. Правильный принцип прост: доказательства команды должны подбираться по теме дебатов и соответствовать месту проведения турнира, а не месту жительства команды.

Например, чемпионат мира по школьным дебатам является *международным* турниром. Поэтому, примеры и используемая статистика должны иметь *международное* значение. Конечно, это не означает, что они должны быть применимы для всего мира; примеры и статистика из определенных стран прекрасны, но только если они важны для мирового сообщества. Турниры по дебатам – это не конференции. На конференции делегатов поощряют за обсуждение вопросов в контексте их собственного опыта. На турнире по дебатам, ожидается, что участники будут защищать свою сторону каждой проблемы лучшим возможным способом – и это означает *не* полагаться только на домашний материал.

Согласно этому принципу, участники дебатов должны избегать, если возможно, использование материала из страны или города своих оппонентов. Объяснение этому простое: ваши оппоненты гораздо лучше информированы об этих примерах, чем вы, но они не потеряют доверия судей, обсуждая это, потому что именно ваша команда начала это делать первой.

Австралийская национальная команда совершила эту ошибку, дебатируя с английской командой в 2000 году на чемпионате мира по школьным дебатам в Питтсбурге. Австралийская команда привела в пример город в Англии, в котором было зафиксировано существенное увеличение индекса преступности, и утверждала, что пример показывает слабость охраны города полицией. Австралийская команда *не знала* (а английская команда *знала*), что данный город был новым, богатым и развитым, поэтому индекс преступности был весьма *низок*, даже, несмотря на то, что увеличился. Английская команда, конечно, с радостью объяснила австралийским друзьям это отличие, тем самым лишний раз, напомнив важный принцип: *где возможно, постарайтесь избегать использования примеров из страны или города ваших оппонентов!*

ИСПОЛЬЗОВАНИЕ ДОКАЗАТЕЛЬСТВ В ДРУГОМ МЕСТЕ ВАШЕГО КЕЙСА

Мы потратили достаточно времени, изучая внутреннюю структуру аргумента, и рассмотрели важность интерпретации и объяснения в представлении любого доказательства. Мы узнали, что доказательство имеет вес, если оно сопровождается весомым объяснением, и поддерживает весомый аргумент.

Поэтому существенная стратегическая ошибка – использовать доказательство в другом месте кейса вашей команды. Например, на чемпионате мира по школьным дебатам 2001 года в Йоханнесбурге обсуждали проблему препаратов против СПИДа для развивающихся стран. Первый спикер утверждения начал свою речь с длинного списка эмоциональной статистики о распространении СПИДа во всем мире. Статистические данные были внушительны, и команда явно провела существенное исследование. Но статистика была в значительной степени напрасной тратой времени. Просто озвучивая её в начале речи (а не включая в отдельные аргументы) спикер упустил возможность проанализировать, объяснить и интерпретировать эти статистические данные. Таким образом, он оставил все важные вопросы без ответа: *Почему? Как? И что из этого?* Урок прост: если вы приложили усилия, чтобы найти хорошие примеры или статистику, убедитесь, что вы включаете их в аргументы. Помните: статистика или пример, оставленный в одиночестве, ничего не доказывает.

Конечно, это не означает, что вы никогда не можете *упоминать* примеры в другом месте в вашей речи. Первый спикер утверждения мог бы весьма эффективно использовать такое вступление: «Мистер Спикер, дамы и господа, когда второй самолет врезался во Всемирный Торговый центр 11 сентября 2001 года, мир изменился. Эти дебаты о том, как наши правительства могут лучше ответить на новые угрозы безопасности, с которыми мы сталкиваемся». В этом случае нет ничего плохого в *упоминании* примера 11 сентября, потому что спикер не пытается использовать его, чтобы сделать какой-либо *аргумент*.

Но если вы хотите, чтобы ваши примеры или статистика имели внушительный вес, вы должны развить их как часть независимого аргумента.

Изощрённость в объяснении

Важно привести некоторое абстрактное объяснение (теоретическое обоснование), почему ваш аргумент истинен. Однако оно не должно быть полностью абстрактным или теоретическим, предпочтительно представить ваше объяснение для публики в простом и ощутимом виде.

Например, рассмотрим дебаты, которые состоялись в 1998 году, по теме: «Эта Палата считает, что Билл Гейтс слишком велик для своих байтов». Проблема здесь заключается в том, является ли Microsoft слишком большой корпорацией, и дебаты в значительной степени сужаются до обсуждения, действительно ли фирма Майкрософт неприемлемо препятствует конкуренции – проблема, которая актуальна и сейчас. Предположим, что вы дебатируете по этой проблеме и представляете аргумент, что стратегия Майкрософт включает в себя выгодную интеграцию продукта.

Абстрактный (и лёгкий) способ объяснить аргумент может быть таким: «Интеграция продукта – процесс интеграции большого количества компонентов и преимуществ в продукт. Это важный приём для корпорации, позволяющий выделить свои продукты на конкурентном рынке, что, в конечном счете, увеличивает реальную стоимость продукта. Поэтому мы не должны критиковать поведение Майкрософт, наоборот, мы должны поощрять интеграцию продуктов».

Это объяснение может звучать убедительно. Но едва ли многие зрители и даже судьи поняли, о чем вы точно дебатируете.

Эта тема дебатировалась в Австралии в 1998 году, и первым спикером оппозиции был Адам Спенсер, который стал лучшим спикером на чемпионате мира по студенческим дебатам. Он объяснил этот аргумент крайне оригинальным способом:

> Давайте рассмотрим понятие интеграции продукта. Это один из главных вопросов антимонопольной политики.
>
> «Десять, пятнадцать лет назад, когда вы покупали автомобиль, мысль о том, чтобы в нем было радио была странной. Кондиционер – без шансов. Люк в крыше автомобиля – без шансов. Точка, точка, точка. Эти вещи были дорогими, труднодоступными предметами роскоши, которые все хотели, но смирились с мыслью, что им этого не получить.
>
> Компьютеры развивались тем же самым способом. Не только Майкрософт, но и каждый из конкурентов Майкрософт – IBM, Apple, Sun, Novell – занимались интеграцией продуктов в свои пакеты на протяжении

всего развития. Майкрософт просто преуспел в этом лучше всего. Таким образом, если вы покупаете продукт Майкрософт, и вы получаете Windows, это не более чем интеграция продукта».

Адам затем продолжил обоснование аргумента – то есть, это было просто его абстрактное объяснение.

Красота такого подхода – его обманчивая простота. Объяснение здесь общее и абстрактное, в том смысле, что Адам не обсуждал Майкрософт во всех деталях, он установил абстрактный принцип интеграции продукта. Однако объяснение является простым, даже разговорным. Использование общих примеров делает все это более вещественным и ощутимым; это объяснение зрители могут понять и вне сомнения они это сделали – Адам и его команда выиграли дебаты. Вывод *не* заключается в том, что вы должны всегда использовать аналогии, чтобы объяснить аргументы, они часто могут запутать, а не прояснить проблему. Вывод, скорее, в том, что даже теоретическое и абстрактное объяснение можно сделать простым и понятным, если постараться. Неопытным дебатёрам настоятельно рекомендуется придерживаться основного объяснения, пока они не почувствуют себя достаточно свободно – Адам Спенсер – мастер своего дела, и его талант давать простые, разговорные объяснения придёт только с опытом.

Проверка аргументов

Ранее мы уже рассмотрели абстрактные принципы развития отдельных аргументов. Однако мы не рассмотрели принципы, по которым можно судить о качестве вашего аргумента, действительно ли он поможет вашему кейсу. Это то, что называется «проверкой аргументов» (testing your arguments): как стресс-тестирование в процессе производства, которое включает устранение слабостей в вашем «продукте», что является, конечно, вашим аргументом.

ОПРЕДЕЛЁННЫЕ СЛАБОСТИ

Существует много потенциальных слабостей аргументов, которые весьма типичны, чтобы о них упомянуть отдельно. Конечно, это не исчерпывающий список всех потенциальных проблем с аргументами, но безусловно его лучше держать в уме.

Непоследовательность (Inconsistency)

Очевидно, что аргументы должны быть согласованы друг с другом и с командной линией. Прямые и существенные противоречия в кейсе почти наверняка доведут команду до поражения, так как они подрывают доверие к кейсу.

Но, к счастью, прямые и существенные противоречия довольно легко обнаружить в процессе подготовке. Однако некоторые тонкие несогласованности между аргументами могут так же разрушить целостность кейса (хотя не в такой же степени), но их чаще всего бывает сложнее выявить при подготовке.

Например, в дебатах, которые мы обсудили ранее, о препаратах против СПИДа, команда отрицания утверждала, что непатентованные лекарства плохи, и, следовательно, не могут являться заменой для существующих брендовых препаратов против СПИДа. Один спикер оппозиции доказывал, что патентованные препараты против СПИДа *так же плохи,* как и непатентованные средства. Другой спикер в той же самой команде утверждал, что непатентованные препараты гораздо *хуже,* чем существующие патентованные препараты против СПИДа. Этот пример показывает, насколько тонкими некоторые несогласованности могут быть. Оба спикера утверждали, что непатентованные препараты низкого качества, и, следовательно, не могут равноценно заменить существующие запатентованные лекарства. Но каждый понимал это по-своему. Конечно, из-за этой непоследовательности команда не проигрывает дебаты (на самом деле, эта команда победила), но это все же подрывает доверие к команде. Поэтому, развивая аргументы, всегда важно убедиться, что *все* спикеры команды понимают аргументы одинаково.

Незначительность (Insignificance)

Помните, часто вашей команде необходимо доказать, что ваша позиция верна в целом. Можно представить аргументы или примеры, которые логически относятся к теме, при всем при этом, не будет доказано, что ваша позиция верна в целом.

Например, рассмотрим тему: «Эта Палата сожалеет о XX веке». В этом случае, команда отрицания должна предоставить аргументы и примеры, чтобы показать плюсы или достижения XX века. Практически неизбежно неопытная команда будет обсуждать Интернет, как одно из ключевых достижений XX века. Однако это логически и стратегически очень слабо! Почему? Потому, что Интернет широко распространился только в последние пять лет XX века. Несмотря на это, только очень небольшой процент населения пользовался им регулярно. Хотя Интернет и может быть изображен как достижение XX века, недостаточно использовать только этот пример в кейсе, особенно учитывая, те экстраординарные политические, социально-экономические изменения, которые произошли в течение XX столетия. Интернет померкнет на фоне таких примеров, как две мировые войны, бесчисленное количество других конфликтов, геноцид и массовый голод.

Простое эмпирическое правило может помочь здесь. Недостаточно просто спросить: «А действительно ли этот аргумент относится к нашей теме?», или «Помогает ли этот аргумент нашей позиции в дебатах?» Следует также

     Методическое пособие по Всемирному формату школьных дебатов

задать такой вопрос: «Действительно ли наш аргумент или пример сможет устоять против существенных аргументов и примеров, предоставленных оппонентами?»

Аргументы, которые являются слишком общими

Весьма очевидно, цель дебатов – спор по проблеме. Поэтому, ваши аргументы должны непосредственно касаться проблемы дебатов.

Этот принцип кажется очевидным, но может часто остаться незамеченным. Например, в 2001 году на чемпионате мира в Йоханнесбурге была тема, нужно ли разрешить гомосексуальным парам усыновлять детей. Команда утверждения спорила в пользу разрешения усыновления и начала с аргумента, что «дискриминация – это всегда неправильно», приведя в пример неприемлемость антисемитизма. Этот пример был слишком общим и считал вопрос заранее решенным – утверждение спорило, что «различия не должны быть проведены без серьезного основания», но команда не обсуждала, действительно ли существует такое основание, *в данном случае*. Принцип здесь должен быть ясным: либо вы должны спорить непосредственно по проблеме, либо проводить аналогии и объяснять, что ваш аргумент действительно уместен в контексте дебатов. Если вы абстрактно заявляете общие суждения, ваш аргумент, вероятно, является недостаточно определённым.

Неуместность (Irrelevance)

Аргументы не всегда бывают *слабыми*, иногда они просто *не соответствуют* тому, что должна доказать ваша команда. Таким образом, даже если аргументы хорошо доказаны и спорны, некоторые из них просто не помогают вашей позиции в дебатах. По этой причине, довольно очевидно, вы не должны использовать такие аргументы!

Самая простая форма неуместного аргумента – аргумент, который не доказывает то, что ваша команда должна доказать. Хотя это звучит очевидно, поразительно, как часто дебатёры приходят в такой восторг от аргумента, что они не в состоянии понять его неуместность! Это вызвано неправильным пониманием основных предположений в дебатах.

Давайте рассмотрим это на примере. Предположим, что тема: «Эта Палата считает, что мы должны поддержать глобализацию». Команда отрицания может опровергать тему, например, так: «Мы не должны поддерживать глобализацию. Мы живем при демократии, и наше государство обязано уважать общественное мнение. Массовые протесты антиглобалистов во всем мире, так же, как и многочисленные опросы общественного мнения доказывают, что большинство настроено против глобализации. Поэтому, у нашего государства есть моральное обязательство выступить против неё».

Проблема с этим аргументом ясна: происходит путаница понятий «мы» и «наше государство». Основное предположение в дебатах это то, что «мы» (что бы «мы» не означало) обязаны решить, поддерживаем ли мы глобализацию. Простая иллюстрация того, что многие люди выступают против глобализации, совершенно не имеет отношение к тому, должны ли «мы» её поддержать. Должно быть очевидно: аргумент выглядит весьма причудливым и нелогичным, но такие тоже бывают. Ловушек в дебатах много, именно этой ловушки можно избежать, обсуждая ту проблему, которая требует тема: в нашем конкретном случае эта тема касается достоинств и недостатков глобализации.

Зависимые аргументы

Одна из форм плохого аргумента – зависимый аргумент (dependent argument) – это аргумент, эффективность которого полностью зависит от успеха другого аргумента, поэтому по понятным причинам он не является самостоятельным доводом в поддержку темы.

Что такое зависимый аргумент лучше всего объяснить на примере. На чемпионате мира по школьным дебатам была тема: «Эта Палата поддерживает добровольную эвтаназию». Команда утверждения спорила на двух фронтах. *Во-первых*, команда заявляла: «Неизлечимо больные пациенты, испытывающие сильную боль, должны иметь право умереть, поэтому необходимо разрешить добровольную эвтаназию». (Конечно, в действительности аргумент звучал намного лучше, чем представлено здесь, мы представили лишь суть аргумента). *Во-вторых*, команда утверждала: «Паллиативное лечение (временно облегчающее симптомы) является чрезвычайно дорогостоящим и это большое бремя для общества. Конечно, мы не поддерживаем убийство людей в целях экономии денег, но *предоставляя* неизлечимо больным пациентам право умереть, и *предоставляя* им возможность реализовать это право, общество значительно сэкономит на паллиативном лечении».

Главная точка столкновения ясна: имеют или не имеют безнадежно больные пациенты право на эвтаназию. Команда утверждения заявляет: «*Если* у пациента есть право на смерть, появляется дополнительная выгода с экономической точки зрения. Но если пациент не имеет такого права, то экономические затраты сами по себе не оправдывают добровольную эвтаназию». Поэтому аргумент об экономических затратах не создает точку столкновения между кейсами, потому что ценность этого аргумента полностью зависит от успеха другого аргумента (о «праве на смерть»). Данный аргумент не помогает кейсу утверждения и должен быть опущен.

Без сомнения, может быть трудно определить зависимые аргументы, такие как этот, которые не появляются очень часто (хотя они чаще всего появляются в темах, имеющих отношение к морали). Однако основной принцип должен быть ясен: когда тема дебатов касается какой-либо фундаментальной проблемы, ваши аргументы должны обращаться именно к этой главной проблеме. Просто указывая на дополнительные выгоды, вы не усилите ваши аргументы по главной проблеме дебатов.

Выводы: Шаг №3

В этой главе мы рассмотрели важность использования различных аргументов, основные требования к аргументам и *одну* возможную внутреннюю структуру аргумента.

Мы знаем, что каждый аргумент должен включать в себя много компонентов:

- Название,
- Теоретическое обоснование и объяснение,
- Подтверждение доказательствами (substantiation),
- По крайней мере, одну *логическую связь*,
- Внутреннюю структуру, которая ясна и проста, и которая помогает, а не препятствует убедительности вашего аргумента.

Простая структура, которую мы исследовали (название, объяснение, примеры и логическая связь) – это один из способов объединения этих компонентов. В конечном счете, ваша цель в развитии каждого аргумента – использование структуры, которая ясна, логична, и её легко проследить.

ШАГ №4: РАЗДЕЛЕНИЕ ТРУДА

Когда ваша команда разработала аргументы, вы готовы приступить к написанию речей, хотя вы не можете начинать писать речи, пока не знаете, какой спикер будет представлять какой аргумент. Это распределение аргументов между спикерами называется *разделением труда* (split). В этом разделе мы рассмотрим важные принципы, которыми вы должны руководствоваться при разделении аргументов.

ДЛЯ НАЧИНАЮЩИХ

Базовое понятие

Давайте начнём с базового понятия. Во Всемирном формате школьных дебатов команда состоит из трёх человек. Можно подумать, что все три спикера представляют конструктивные аргументы, но на практике это не принято. Вместо этого, третьи спикеры должны посвятить свою речь опровержению и подведению итогов (мы разберём это в деталях позже). Поэтому, первым двум спикерам остаётся представить все подготовленные командой (конструктивные) аргументы.

Разделение вашего кейса – разделение подготовленных командой аргументов между первым и вторым спикерами. Легче всего сделать это произвольно: например, каждый спикер может взять аргумент, который ему нравится, или аргументы могут быть разделены в алфавитном порядке. В любом случае такой подход является *неправильным!* Стратегически важно разделить ваши аргументы по схожести или логическим линиям.

Таким образом, разделение вашего кейса по существу заключается в нахождении двух заглавий – один для материала первого спикера и второй – для материала второго, и определении того, какие аргументы подходят под каждое заглавие.

ГРУППИРОВАНИЕ

Первая сложность в разделении вашего кейса состоит в том, чтобы определить какие аргументы будут следовать вместе, то есть решить, как аргументы будут сгруппированы. Сложно быть жестким в этой части дебатов – в этой технике важно, чтобы разделение происходило на основе достоинств вашего кейса, поэтому мы можем раскрыть только общие принципы.

Ваши аргументы должны быть сгруппированы по общим логическим линиям – по существу, вы должны рассмотреть различные области и группы, которые охватывает тема. Например, в дебатах о том, должна ли быть легализована добровольная эвтаназия, вы можете сгруппировать ваши аргументы под заглавиями «пациенты» и «доктора» или «пациенты» и «общество в целом». В дебатах об американской внешней политике после 11 сентября, вы можете сгруппировать свои аргументы под заголовками «оборона и проблемы безопасности» и «более широкие геополитические проблемы».

Чаще всего вы не сможете сразу определить группы, которые присутствуют в теме. В таком случае, вам нужно просмотреть свой список аргументов, чтобы сгруппировать схожие аргументы. Результат должен быть таким же – вы должны определить общие логические линии, которые объединят аргументы каждого спикера.

ПОДВЕШЕННЫЙ КЕЙС (A Hung Case)

Когда мы говорили о развитии отдельных аргументов, мы узнали о важности связывания каждого аргумента с общей системой аргументации. Мы делаем это, чтобы представить целостный кейс.

По той же самой причине необходимо, чтобы каждый спикер подтверждал *весь* кейс, хотя и рассматривал отдельные его области. Простой способ рассмотреть этот принцип состоит в том, чтоб представить, что зритель видит вашу первую *или* вторую речь, но не обе. Вы должны быть в состоянии убедить его в достоверности вашей позиции.

Например, давайте представим, что вы являетесь стороной утверждения в дебатах на тему: «Эта Палата поддерживает добровольную эвтаназию», и ваш первый спикер рассуждает о пациентах, а второй об обществе в более широком смысле. Зритель, который смотрел только первое выступление, должен быть убеждён, что мы должны поддержать добровольную эвтаназию из-за проблемы, стоящей перед пациентами. Зритель, который смотрел только второе выступление, должен быть убеждён, что мы должны поддержать добровольную эвтаназию из-за проблемы, стоящей перед обществом в целом. В этом случае ваше разделение аргументов будет удачным.

Однако представьте, что вы – сторона утверждения в теме: «Эта Палата считает, что звездам спорта платят слишком много». Ваш первый спикер в своей речи говорит, что спортсменам платят *много*, а второй спикер говорит, почему это плохо. В этом случае, зритель, который слушал только первую речь, *не будет убеждён*, что спортсменам действительно платят слишком много – полный смысл фразы «слишком много» (преувеличение приносит ущерб) не раскрыт до следующей речи. Поэтому это разделение необоснованно, такой вид кейса называется «подвешенный кейс» (hung case).

Подвешенные кейсы чаще всего возникают в дебатах, в которых требуется ряд различных аргументов (обычно в темах «слишком», или «большой красный мяч»). Однако они могут возникнуть и в других темах, если команда не слишком осторожна, особенно если команда использует первую речь в качестве «подготовки почвы» для второй. Например, одна из тем на турнире по школьным дебатам звучала, как: «Эта Палата считает, что торговля с Китаем должна быть связана с улучшением в сфере прав человека». Одна из команд утверждения так распределила материал, что первый спикер показал, что злоупотребление правами человека в Китае было серьезно и очень распространено, а второй спикер показал, почему необходимо связать торговлю с правами человека. Должно быть понятно, почему это подвешенный кейс: первый спикер не доказал тему; и поэтому команда отрицания с радостью приняла тот факт, что в Китае широко распространено злоупотребление правами человека. Ярким примером такой формы подвешенного кейса, особенно среди неопытных дебатёров, может быть то, когда один спикер (обычно первый) рассуждает на второстепенную или фоновую тему (например, об историческом контексте), а другой спикер (обычно второй) представляет реальные аргументы. Запомните: *оба* ваших спикера, первый и второй должны представлять ваш кейс и вашу сторону.

Мы узнали, что подвешенный кейс может возникнуть, если вы раскрываете кейс, известный как «большой красный мяч» со стороны *утверждения*. Но, что если вы разделяете элементы кейса в теме «большой красный мяч» со стороны *отрицания*? Что если ваш первый спикер будет говорить, что: «Он не большой», а второй, что: «Это не красный мяч»? На первый взгляд, кажется, что это нормальное разделение: оба спикера отрицают тему (что и должна делать команда отрицания), и речи не противоречат друг другу. Но при близком рассмотрении, *это* подвешенный кейс – хотя каждый спикер отрицания и выступает против *темы*, но каждый не представляет весь *кейс*. Таким образом, в этом абстрактном примере кейс команды отрицания по сути показывает, что: «Это не является ни большим, ни красным, ни мячом». Такая система аргументации является логически непоследовательной и разделение элементов темы «большой красный мяч» делает кейс подвешенным.

Наконец, мы должны исследовать морально-практическое разделение, которое очень популярно в дебатах на тему «должен». Некоторые участники дебатов считают, что такое разделение создаёт подвешенный кейс. Их рассуждение состоит в том, что тема «должен» требует, чтобы команда показала *и моральный, и практический* аспекты, и они не должны быть разделены. Но это не всегда верно. Спикер *может* показать, что что-либо «должно» быть сделано только исходя из моральных причин, а другой спикер может поддержать, что это должно быть сделано из практических причин. Тем не менее, морально-практическое разделение – слабый подход; хотя вы *можете* показать, что что-то «должно» быть сделано по исключительно моральным или практическим причинам, ваши аргументы почти всегда будут сильнее, если вы объедините оба элемента.

ДЛЯ СРЕДНЕГО УРОВНЯ

ТИПИЧНЫЕ ФОРМЫ РАЗДЕЛЕНИЯ

Некоторые виды разделения одинаково хорошо применимы ко многим темам, и многие дебатёры обращаются к ним, чтобы подобрать разделение для своего кейса. Общие разделения включают:

- Общество/Индивид;
- Международный/Внутренний;
- Военный/Политический;
- Некоторые комбинации социального, политического и экономического;
- Краткосрочный/долгосрочный.

Пару слов стоит сказать о возможных опасностях. *Во-первых*, вы должны попытаться сначала самостоятельно найти разделение, которое подходит к вашему кейсу и аргументам, прежде чем обращаться к списку типичных разделений (такому, как этот). *Во-вторых*, если вы *всё-таки* обращаетесь к типичным разделениям, то лучше делите по заглавиям, подходящим именно к вашему кейсу. Например, раскол «общество/пациент» в дебатах об эвтаназии по существу является расколом «общество/индивид», но с более специфическим названием.

С ЧЕГО НАЧАТЬ?

Сгруппировав свои аргументы, вам нужно выбрать порядок, в котором они будет представлены. Например, в дебатах об эвтаназии вы должны решить, «пациента» или «общество» будет обсуждать ваш первый спикер. Есть много полезных подсказок, как это делать.

Во-первых, одна из ваших групп аргументов может представлять «первичную» группу в дебатах из-за её важности для темы. В этом случае стратегически важно поставить такую группу первой. Например, «пациенты» явно являются фундаментальной или первичной группой в дебатах об эвтаназии. Поэтому, если вы собираетесь разделить дебаты об эвтаназии на линии «пациенты» и «общество», лучше всего отдать «пациентов» вашему первому спикеру.

Во-вторых, у вас может быть тема, где одна из групп представляет более общую картину, а вторая представляет более частную. В этом случае *предпочтительно* двигаться от общего к частному. Например, если ваше разделение «общество» и «человек», то лучше будет отдать «общество» первому спикеру. Это только общий принцип, однако, в предыдущем абзаце мы рассмотрели разделение, которое лучше было сделать наоборот (мы поставили «пациентов» сначала, хотя они частная группа).

В-третьих, если у вас есть достаточно времени, лучше подумать, как ваши оппоненты разделят свой кейс, особенно если вы - сторона отрицания. Вы *можете* разделить ваш кейс, согласно тому, как оппоненты разделят свой. Например, предположите, что тема: «Эта Палата считает, что мы слишком мягко обращаемся с преступниками». Вероятнее всего, что обе команды, обсуждающие эту тему, разделят свой кейс на «преступника» и «общество». Скорее всего, команда утверждения поставит «общество» первым, потому что их кейс о строгих наказаниях за преступления будет более сильным, если рассматривать его с позиции общества (например, с точки зрения высокой статистики преступности, несчастных жертв и прочего). А первым импульсом команды отрицания будет первыми поместить «преступников», потому что они являются фундаментальной группой, и потому что отрицание будет сочувствовать преступникам в течение всех дебатов (например, обсуждать несчастное детство многих из них). Но стратегически команда отрицания *может* решить поменять разделение (поставить «общество» первым) чтобы атаковать социальный аргумент, который, скорее всего, представит первый спикер утверждения.

Эти общие принципы могут помочь в определении порядка некоторых разделений; в других случаях они окажутся бесполезными. В конечном счёте, как и группирование, разделение должно быть тщательно рассмотрено для каждого отдельного кейса. Часто ни один общий принцип не может быть столь полезен, как рассмотрение ваших аргументов и простой вопрос: «Что должно идти первым?» Есть, как минимум, две причины, почему самый важный или очевидный аргумент должен быть представлен первым спикером:

- Аудитория и судья часто будут ждать этот аргумент. Если вы не представите его в начале, может сложиться впечатление, что вы упустили проблему.
- Аргументы и примеры, представленные первым спикером, обычно привлекают больше внимания в дебатах; по существу, вы и ваши оппоненты будете иметь больше времени на их обсуждение.

Легко представить, с каким аргументом или примером придётся иметь дело в начале дебатов. Если идут дебаты о терроризме, оба первых спикера будут обсуждать теракт 11 сентября. Если дебаты о внешней политике Америки, оба первых спикера будут рассуждать о конфликте с Ираком. Вывод простой: *некоторые идеи должны следовать первыми. Постарайтесь построить свой кейс так, чтоб достичь этого.*

РАЗДЕЛЕНИЕ СОДЕРЖАНИЯ

Важно запомнить, что включает в себя разделение: оно включает деление ваших аргументов на две группы, каждый спикер раскрывает ваш кейс со своих (хотя и последовательных взаимно) перспектив. Это *не* то же самое, что просто разделить примеры на различные группы, чтобы потом использовать их для доказательства тех же аргументов. Такой подход известен как «разделение содержания», и стратегически он очень слаб, потому что второй спикер не представляет кейса – он или она представляет больше примеров для уже существующих аргументов.

Например, давайте снова рассмотрим разделение «общественное/частное». Слишком часто команды в дебатах представляют это как «примеры об обществе/ примеры об индивиде». Это классический случай «разделения содержания»; он основан на разделении доказательности, а не на аргументах. Вместо этого «социальное» должно быть обращено к социальным институтам (таким как политические институты или СМИ), а не просто примеры, которые относятся ко многим людям. Трудно сказать более определённо, но главный принцип должен быть понятен: мы разделяем *идеи* и *аргументы*, а не просто примеры.

ШАГ №5: ПОДГОТОВКА ИНДИВИДУАЛЬНЫХ РЕЧЕЙ

> Сначала скажи им, что собираешься сказать,
>
> Затем скажи им это,
>
> Затем скажи им, что сейчас сказал.
>
> *Старая поговорка спичрайтеров*

Потребность в структуре

Наконец ваша команда разработала все главные элементы вашего кейса: проблему, определения, ведущую линию и аргументы. Вы даже разделили аргументы, чтобы каждый спикер знал, какую часть он или она представляет. Настало время выстроить аргументы в речь или подготовленную часть речи.

Из всех шагов в подготовке дебатов этот, наверное, является самым простым. Наличие понятной структуры необходимо, чтобы четко понимать роль каждого спикера.

Роли спикеров

В этом разделе мы рассмотрим основные роли или функции спикеров. Мы рассмотрим необходимую структуру первой и второй речей, которая довольна схожа. Структура третьей речи зависит от опровержения, поэтому она будет обсуждаться во второй главе.

ПЕРВЫЕ СПИКЕРЫ

Первые спикеры должны представить понимание командой темы и кейс. Также они должны представить первую половину аргументов команды.

Функции *первого спикера утверждения (У1)*:

- формальное представление;
- определение и любые другие пояснения, связанные с ним;
- система аргументации (case approach) команды утверждения;
- разделение аргументов;
- план аргументов;
- аргументы;
- резюме аргументов;
- заключение.

Обязанности *первого спикера отрицания (О1)*:

- краткое вступление;
- опровержение (rebuttal);
- система аргументации (case approach) команды отрицания;
- разделение аргументов;
- план аргументов;

- аргументы;
- резюме аргументов;
- заключение.

Первый спикер отрицания также должен тщательно рассмотреть определение команды утверждения. Он должен *либо* согласиться с определением команды утверждения, *либо* не согласиться. Согласие представляет собой, как правило, одно небольшое предложение. Несогласие – более сложный процесс, и будет подробно рассмотрен во второй главе. Подобное несогласие в идеале должно составлять первую часть опровержения.

ВТОРЫЕ СПИКЕРЫ

Вторые спикеры должны опровергнуть аргументы своих оппонентов (rebutting) и продолжать развивать аргументы своей команды.

Обязанности *второго спикера утверждения (У2)* и *второго спикера отрицания (О2)*:

- краткое вступление;
- опровержение (Rebuttal);
- краткая связь с системой аргументации команды;
- план аргументов;
- аргументы;
- резюме аргументов;
- заключение.

ТРЕТЬИ СПИКЕРЫ

Третьи спикеры должны потратить большую часть своей речи на опровержение (rebutting). Также они должны начать подводить итоги (summarize). Структура речи третьего спикера будет детально рассмотрена позже.

Указатели

В дебатах указатели (signposting) по существу помогают понять зрителям, судьям и оппонентам, на каком этапе вашей речи вы находитесь. Указатели не должны быть сложными, они должны быть понятными. Мы уже рассмотрели какое-то количество принципов обозначения того, в какой части своей речи вы находитесь. Например, никогда не достаточно начать рассказывать аргумент просто с абстрактных рассуждений – вы должны дать ясное название этого аргумента, например сказав: «Сегодня мой первый аргумент связан с …». Точно так же, вы не должны просто называть свою ведущую линию – мы уже рассматривали ранее, что вам необходимо каким-то образом сделать понятным для аудитории то, что это – ваша ведущая линия.

Эти методы кажутся простыми, даже легкими, но они являются важной частью эффективной структуры. Если вы не указываете на важные элементы вашей речи, вы рискуете, что аудитория и судьи воспримут вашу речь как непонятную дискуссию, а не как тщательно структурированный аргументацию.

Итак, вам необходимо обозначить *самые важные* части вашей речи. Например, важно указать на начало каждого аргумента, однако вам не нужно отмечать в каждом аргументе тот факт, что вы переходите от объяснения к примерам («А сейчас я приведу пример»).

Формальное вступление

Формальное вступление требуется для первого спикера утверждения. Оно означает больше, чем просто сказать «Добрый вечер», или «Уважаемый Председатель, дамы и господа ...» – вам необходимо фактически представить дебаты *в целом*. В формальном введении вы должны взять зрителей за руку и подвести из к общей *проблеме* дебатов. Это не означает, что вы должны представить запутанный фактический или исторический фон предмета обсуждения. Вы должны просто установить диалог и ввести «главную картину» дебатов.

Формальное введение редко поможет вам выиграть дебаты – ни один судья вам не скажет: «Несмотря на все, что было сказано, команда утверждения выиграла только благодаря формальному введению». Тем не менее, формальное вступление – *это* реальная возможность для вас, как первого спикера, обозначить тему и проблемы, как вы их видите.

Формальное вступление – это больше, чем простое приветствие – это введение в предмет спора, исходя из точки зрения вашей команды.

Краткое вступление

Краткое вступление необходимо для О1, У2 и О2. Оно также требуется для У3 и О3 – иными словами, краткое введение необходимо каждому спикеру, за исключением У1. Из второй главы мы узнаем, что эти спикеры начинают свою речь с опровержения. Однако что предшествует этому? Как вы обычно начинаете свою речь?

Ответ прост: поприветствуйте судью и зрителей и не тратьте больше времени. Например, просто начните с чего-то вроде: «Добрый вечер, господин Председатель (госпожа Председатель), дамы и господа!», а затем уже окунитесь с головой в свое опровержение.

И всё?! Зачем это тогда нужно? Потому что многие спикеры используют формальное введение даже тогда, когда они не У1 – например, рассказывая длинную и гипотетическую историю или читая цитату, которую они обнаружили при подготовке к дебатам. Такое вступление прибавляет уверенности, поскольку спикеры уже знают перед выступлением, как они начнут речь. По этой причине эта техника часто используется начинающими дебатёрами.

Итак, формальное введение является лишним для любого спикера, кроме У1. Когда спикер поднимается, чтобы опровергнуть речь предыдущего спикера, аудитории и судьям не терпится услышать его опровержение, так как спикер оппозиции уже закончил, аудитория хочет узнать, почему вы считаете, что он не прав! Если вы начнете с длинных вступлений, аудитория потеряет к вам интерес.

Представление позиции команды

Первый спикер каждой команды должен тщательно разъяснить каждую часть, на которой основывается кейс команды. По сути, это значит показать все, что ваша команда разработала по проблеме и определениям, системе аргументации и разделению труда. Ошибочная стратегия заключается в том, чтобы представить детали вашей модели позже, например, в середине аргумента, или второй спикер сделает это.

К примеру, если у вашей команды есть модель, то она должна быть полностью представлена во время речи первого спикера. Если есть критерии, именно здесь они должны быть разъяснены. Если вы хотите выделить эмоциональную или гипотетическую природу дебатов, то первый спикер должен сделать это. Нет установленного порядка, в котором нужно представлять компоненты кейса. К примеру, не существует правила, согласно которому, критерии должны предшествовать модели или эмоциональные ключевые слова (emotive disclaimer) – ведущей линии.

Краткая связь с кейсом

Второй спикер не должен вводить кейс. Однако второй спикер должен подчеркнуть единство аргументов – показать аудитории и судьям, как ваши аргументы связаны друг с другом. Поэтому, если вы второй спикер, проведите краткую связь с кейсом как целым, прежде чем с головой окунуться в ваши собственные аргументы.

Обычно для этого достаточно укрепить ведущую линию и кратко напомнить аргументы первого спикера, перед тем как переходить к своим собственным.

Например: «Наша команда, с одной стороны, показала, что [ведущая линия]. Наш первый спикер, Михаил, раскрыл наш взгляд на проблему с политической точки зрения, рассматривая роль политических партий и государственной службы соответственно. Я продолжу нашу линию аргументации и рассмотрю социальный аспект. В частности, у меня есть два аргумента ...»

Структурирование (Outline) и подведение итогов (Summary)

Старая поговорка спичрайтеров, приведенная в начале этого Шага, является полезным инструментом для многих публичных речей и дебатов. Нигде она не является такой подходящей, как при структурировании и подведении итогов. Если названия ваших аргументов являются указателями (они помогают судье и зрителям определить, в какой части речи вы находитесь), то структурирование и подведение итогов – карта, показывающая аудитории и судьям общий план ваших аргументов.

Структурирование и подведение итогов *очень* просты, или, по крайней мере, должны такими быть. Они могут быть почти идентичны. Достаточно лишь просто обозначить перечень аргументов, которые вы будете представлять или уже представили. Если захотите, вы можете представить *дополнительное* объяснение, (например, напомнить вашей аудитории, как аргументы связаны вместе или как они поддерживают ведущую линию). Однако структурирование и резюме не являются «мини-аргументом». Вы никогда никого не убедите в том, что ваши аргументы являются истинными, подводя им итог, даже не стоит терять время на составление детализированного описания ваших аргументов и на подробный пересказ примеров или статистики. Поэтому будет лучше дать короткое резюме и подвести итоги, а затем потратить оставшееся время на развитие и объяснение самого аргумента – ведь это часть вашей речи, которая действительно может убедить судью и зрителей в вашей правоте!

Наконец, запомните, что структурирование и подведение итогов – это структура и резюме *именно ваших аргументов*. Неважно первый ли вы спикер или второй, нет нужды резюмировать и подводить итоги другим частям вашей речи, таким как опровержение или заключение. Ненужно также подводить итог речам *других членов команды*! Конечно, ожидается, что первый спикер расскажет о разделении аргументов, которое даст зрителям и судьям общую идею, которую будет развивать и второй спикер. Тем не менее, ненужно давать схему конкретных аргументов, которые будет обсуждать второй спикер – это стратегическая ошибка и пустая трата времени. *Никогда* не нужно давать схему выступления третьего спикера. Все знают или должны знать, что третий спикер будет опровергать и подводить итоги, поэтому нет необходимости первому или второму спикеру говорить об этом.

Заключение

В исключительно рациональном мире зрителей невозможно было бы склонить на свою сторону или убедить красноречием или ораторским мастерством спикера – зрители бы просто и рационально оценивали аргументы по существу. Там не было бы места для Уинстона Черчилля, который сказал по радио в далеком 1941 году: «Дайте нам инструменты и мы закончим работу», или причин для Рональда Рейгана потребовать: «Господин Горбачев, снесите же эту стену!».

Однако в действительности люди все-таки не такие. Независимо от того, как сильно они сосредоточились на дебатах, как внимательно они слушали, зрителей и судей можно склонить на свою сторону успешным обращением к эмоциям или эффектным резюме основной идеи. В этом роль эффектного заключения – не попусту болтать о снисхождении для себя или преувеличивать, а кратко и сильно напомнить аудитории о вашей центральной идее.

Не используйте вашу ведущую линию в качестве заключения, хотя она и отражает вашу центральную идею, обычно это будет слишком долгим и избитым способом привлечения внимания аудитории. Попробуйте найти что-нибудь другое – цитату, новую идею, триплет (три идеи или описания, сгруппированные вместе для создания драматического эффекта) или любой другой эффектный штрих, который подводит итог вашему подходу.

Заключения, подобные этим, просто так не получаются. Всегда хорошая идея – набросать ваше заключение перед дебатами. Это не означает написать заключение слово в слово на карточках для записей – если вы так сделаете, вероятно, вы просто прочитаете ваши финальные слова, таким образом, ваш стиль будет более неубедительным. Наоборот, это означает подготовить ваше заключение тщательно и практиковать его. Фактически, заключение является *самой важной частью* вашего выступления, которую необходимо практиковать. Причина проста: многие судьи на самом деле не рассматривают стиль спикера до тех пор, пока он или она не присел на свое место. Хорошо обработанное и хорошо представленное заключение важно не только для вашего кейса, оно также сможет сотворить чудеса с оценкой вашего стиля выступления!

Распределение времени (Timing)

Пока мы не обсуждали внутреннее распределение времени в речи – мы не рассматривали, как много времени вам следует потратить на каждую часть вашего выступления.

Важно не следовать слишком строго предписаниям о распределении времени. В конечно счете, лучшее распределение времени зависит от контекста. Иногда, например, вы найдете важным потратить больше времени, чем обычно на опровержение, в других случаях вам понадобится больше времени, чтобы объяснить четко ваши аргументы. Наиболее важное требование внутреннего распределения времени заключается в том, что вы должны потратить 30 секунд на заключение и несколько минут на опровержение. Как правило, каждый спикер в дебатах тратит больше времени на опровержение – так О2 будет опровергать больше по времени, чем У2, который, в свою очередь, будет опровергать дольше, чем О1.

Настолько же важным, как и внутреннее распределение времени, является то, что иногда называют внешним распределением времени – количеством времени, в течение которого вы говорите. Принцип здесь прост: *вы должны использовать всё выделенное вам время, но не больше!*

Например, во многих форматах конструктивные речи длятся по 8 минут с предупреждающим сигналом через 7 минут. Заманчиво думать, что это означает «от 7 до 8 минут», но это неправильно. Спикер, который в такой ситуации говорит 7 минут, допускает значительную стратегическую ошибку – он или она теряет целую минуту убеждения (а минута может быть длинным отрезком времени в восьмиминутной речи!) И все-таки, важно также не выступать дольше положенного времени. Судьи обычно допускают 15–30 секунд дополнительного времени, прежде чем начнут вычитать баллы. Говорить дольше положенного времени абсолютно неоправданно – судьи не только вычитают баллы, они перестают слушать то, что вы говорите!

Нет единственного способа, который бы гарантировал эффективное распределение времени. Некоторые спикеры носят секундомеры и проверяют время своей речи; так проще выработать хорошее чувство того, сколько времени должен занять аргумент. В любом случае, вы должны помнить о времени по мере развития вашей речи. Когда вы слышите предупреждающий сигнал (например, на седьмой минуте), вам нужно завершать основную часть своей речи и начать подводить итоги. Когда вы услышите двойной сигнал об окончании времени, необходимо завершить свою речь, на каком моменте вы бы не находились, и присесть на место!

Командная работа во время подготовки

Введение

Итак, мы рассмотрели все элементы, необходимые для подготовки к дебатам: проблема и определение, система аргументации, аргументы, разделение кейса и полная структура первых и вторых речей. Все, что осталось рассмотреть – *процесс* принятия решений относительно этих элементов и объединения всего этого вместе. Это процесс командной работы во время подготовки.

Заманчиво рассматривать командную работу при подготовке как только дополнительное добавление, второстепенное по отношению к тем важным принципам, которые мы рассмотрели ранее. Однако это крайне важно: эффективная командная работа во время подготовки *позволяет* вашей команде практиковать уже изученные ранее принципы эффектно и эффективно.

Основные принципы

ОСНОВНЫЕ ШАГИ

У успешной подготовки, как правило, есть пять шагов – мозговой штурм (brainstorming), обратная связь (feeding back), развитие кейса (case development), написание индивидуальных речей (writing speeches) и заключительные обсуждения (final discussions). Эти шаги не высечены в камне, и многие опытные дебатёры вне всякого сомнения прочитают это и скажут: «Я *никогда* не готовился к дебатам, используя эти пять шагов!» Однако самая успешная подготовка к дебатам осуществляется за счет следования этому основному подходу, а использование пяти шагов – эффективное начальное руководство для подготовки. Обсудим последовательно каждый шаг.

Мозговой штурм

Мозговой штурм – распространенный термин, особенно среди тех учителей, которые предпочитают называться педагогами! Обычно термин понимается как процесс, когда люди записывают все, что приходит на ум, часто очень неорганизованным и несколько хаотичным способом!

Это не то, что мозговой штурм означает в дебатах. В дебатах под этим обычно понимается то, что каждый член команды *отдельно* готовит кейс. Таким образом, каждый спикер должен определить проблему, составить определения, критерии (в случае необходимости), аргументы и разделение кейса. Конечно, ничто *не мешает* спикерам кратко записать также чужие мысли, идеи, шутки или что-нибудь ещё, что может относиться к делу. Однако важно, чтобы каждый спикер подготовил весь кейс. В идеале, это должно быть сделано достаточно детально, так как если второй шаг (развитие кейса) будет опущен, то речи могли бы быть написаны на основе любого из кейсов.

Причина проводить мозговой штурм раздельно проста – есть риск, что несколько участников команды (даже, возможно, только один участник команды) будут доминировать, преднамеренно или случайно, что ведет к упущению других ценных точек зрения.

Обратная связь

Следующий шаг – каждый должен получить обратную связь по итогам своего мозгового штурма. Это означает, что каждый спикер по очереди говорит команде все, что он или она подготовил, по крайней мере, вкратце.

Лучше слушать каждого спикера по очереди вместо того, чтобы слушать определение каждого спикера, ведущую линию каждого спикера и так далее – это позволяет каждому спикеру отдать должное кейсу, когда он представляет его полностью. Конечно, спикеры не должны просто повторять то, что уже было сказано – гораздо лучше в такой ситуации просто сказать (например): «У меня такая же проблема и определения, как и у Димы», чем заставлять каждого слушать это снова!

На данном этапе важно дать каждому спикеру шанс представить свой кейс целиком. Бывает, что нервничающие и взволнованные спикеры стремятся прервать обсуждение на каком-то пункте и не согласиться или даже согласиться с тем, что было сказано. Однако хотя такое прерывание может иногда ускорить или упростить обсуждение отдельного пункта, в целом, оно только усложняет, запутывает и задерживает подготовку. Конечно, всегда приемлемо (в действительности, часто необходимо) вежливо прервать спикера, который говорит бессмыслицу или слишком детально объясняет примеры – на данном этапе подготовки цель каждого спикера – вкратце объяснить другим членам команды свои идеи, но не растолковывать мелкие детали, которые могут быть разобраны позже.

В равной степени важно на данном этапе, чтобы все участники команды записывали то, что говорит спикер. Лучший способ сделать это – отмечать элементы кейса ваших товарищей по команде рядом с вашим собственным кейсом. Например, вы можете лучше сравнить предложенные определения, записывая определения всех участников команды. Также это может часто помочь выявить любые проблемы, возникающие в течение обратной связи (например, аргументы, которые можно объединить, или противоречия между аргументами, которые необходимо устранить), и обсудить их позднее.

Развитие кейса

Следующий шаг для команды – *составить* кейс. Составление кейса – суть подготовки. Трудно добавить что-то о развитии кейса к тому, что ещё не было разобрано на протяжении предыдущих четырех шагов – этот шаг включает в себя принятие решения о проблеме вашей команды, определении, командной позиции, модели и/или критерии (если необходимо), аргументах (включая обоснование) и разделении кейса.

Заманчиво рассматривать процесс построения кейса как простой отбор лучших идей из кейсов каждого участника, составленных в процессе мозгового штурма. Иногда развитие кейса может быть таким простым, но не всегда. Вместо этого обычный подход (и лучший подход) – начать все «с чистого листа» (в прямом и в переносном смысле). Идеи кейсов, составленных в процессе мозгового штурма, мы надеемся, во многом будут подходящими и могут оказать значительную помощь в построении вашего кейса. Тем не менее, кейс команды все-таки должен быть построен на пустом месте – это лучший способ гарантировать, что кейс будет логичным и простым, а не просто смесью различных идей.

Эта распространенная практика, когда команда игнорирует внутреннюю структуру аргумента при совместной подготовке. Таким образом, команда придерживается подхода, когда *все* придумывают название аргумента, необходимое объяснение и основное обоснование, но *только конкретный* спикер будет ответственен за развитие аргумента. Однако этот подход слишком рискованный, и его следует избегать, когда возможно. Мы максимально подробно обсудили важность внутренней структуры аргументов; это важная и обоснованная часть кейса команды, за развитие которой должна нести ответственность вся команда.

Написание речей

К этому моменту спикеры в состоянии разойтись и фактически писать свои речи индивидуально. Это включает в себя написание речей на карточках для записей и развитие вступления и заключения, где это необходимо.

Единственно важное замечание здесь, что написание речей осуществляется *после* того, как кейс будет окончательно завершен. Мало что так сильно нервирует и раздражает команду, как спикер, пытающийся готовить карточки *во время* работы над кейсом. Готовьте карточки для записей тогда, когда вы точно знаете, что в них должно быть написано!

Третий спикер должен знать план его или её заключения, или в случае необходимости, написать краткий конспект. После того, как это будет сделано, он или она должны обдумать возможные аргументы оппозиции и эффективное опровержение этих аргументов. Эти идеи должны быть донесены до команды во время заключительных обсуждений.

Заключительные обсуждения

Заключительным шагом в процессе подготовки является краткое заключительное обсуждение. Обычно оно включает некоторые или даже все ниже перечисленные пункты:

- Первый и второй спикеры кратко подводят итог своих речей для команды, гарантируют, что каждый член команды (включая их самих!), понимает все тонкости кейса.
- Команда обсуждает потенциальные аргументы оппозиции и возможные опровержения этих аргументов. Здесь третий спикер обычно приводит возможные аргументы оппонентов и их возможное опровержение, которое он обдумал.
- Команда обсуждает потенциальные опровержения оппозицией своих аргументов; обсуждает возможные слабости своего кейса в целом.

- Команда обсуждает ключевые стратегические цели в дебатах. Например: «Мы должны сделать эти дебаты о [X]» или же «[Y] – очень важно, давайте запомним это, чтобы продолжать подчеркивать в опровержении».

Эти пять пунктов покрывают основные стадии подготовки команды. Крайне важно следовать этим шагам, особенно для тех, кто не имеет большого опыта участия в дебатах. Многие дебатёры, в особенности неопытные, часто начинают с середины, *затем* движутся к концу и заканчивают в начале! Нередко команда находит некоторые примеры, пишет аргументы на их основе, думает о ведущей линии, пишет речи, а *после этого* понимает, в чем на самом деле заключается проблема дебатов и решить, что на самом деле им нужна модель.

РАЗРЕШЕНИЕ РАСХОЖДЕНИЯ ВО МНЕНИЯХ

Разногласие – суть дебатов. Любая хорошая команда часто встретится с разногласиями о том, как лучше доказывать кейс – это может быть неизбежным следствием того, что члены команды проводят мозговой штурм раздельно. Этот раздел о том, как достичь компромисса в подобной ситуации. Конечно, мы здесь не обсуждаем ситуацию, где два участника команды предложили аргументы, которые различны, но дополняют друг друга – в этом случае у вас нет проблемы! Мы обсуждаем аргументы (или целые линии аргументации), которые являются явно противоречащими друг другу или несовместимыми с подходом. Как лучше решить данную проблему?

Спросите любого эксперта по командообразованию, и он или она торжественно поклянется, что компромисс жизненно необходим для успешного решения проблемы. Но чтобы эффективно прийти к компромиссу во время подготовки к дебатам, мы должны знать, *какой* компромисс действительно успешен. В дебатах самая успешная форма компромисса – одно предложение должно быть полностью принято, другое – полностью отклонено. Как правило, худшая форма компромисса – попытка слить воедино два различных подхода.

Надеемся, что вы это уже поняли – это логически вытекает из сказанного нами ранее. К примеру, в Шаге №1 мы рассмотрели *две* совершенно разных проблемы, которые могут быть подняты в одной теме дебатов: «Эта Палата считает, что всё большое – прекрасно»: глобализация и нереалистичные стереотипы в индустрии моды. Лучший способ прийти к компромиссу между двумя спикерами, которые представили свои интерпретации, – провести взвешенное обсуждение о том, какой подход с наибольшей вероятностью поможет выиграть дебаты и выбрать этот подход. *Худший* – попробовать совместить две разные ведущие линии, обсудить действительно ли «большие вещи» могут быть «прекрасными»!

На самом деле, это принцип всего лишь часть обширной техники дебатов:

иногда дебаты можно выиграть благодаря тому, какие понятия вы *не включили* в свой кейс, нежели какие *включили*. Конечно, совет не в том, что вам следует избегать противоречивых аргументов, однако слишком часто команды заходят в тупик из-за того, что пытаются включить слишком много идей в свой кейс, который может состоять всего из пары простых, но хорошо продуманных аргументов.

Дебаты с ограниченным временем на подготовку

Мы только что рассмотрели общие шаги, связанные с подготовкой к дебатам. Мы не говорили, сколько времени должно быть потрачено на каждый шаг. Часто на многих турнирах по дебатам темы известны за недели или даже за месяцы перед дебатами, поэтому время вашей подготовки может быть ограничено лишь собственным усердием и энтузиазмом.

На многих турнирах есть темы с ограниченным временем на подготовку, когда тема дается в определенное и ограниченное время перед дебатами – обычно за час. Более половины тем на чемпионате мира по школьным дебатам – с ограниченным временем на подготовку. В этом разделе мы рассмотрим, лучшую стратегию подготовки к дебатам с ограниченным временем на подготовку.

Самое важное при переходе от дебатов с неограниченным временем к подготовке к дебатам с ограниченным временем то, что *на самом деле ничего не меняется*! Конечно, у вас меньше времени, а это значит, что вы и ваша команда должны работать эффективнее – основные шаги при ограниченном времени на подготовку не изменяются, как и не меняются основные принципы дебатов.

ОСНОВНОЕ РАСПРЕДЕЛЕНИЕ ВРЕМЕНИ

Ограниченное время на подготовку в этом формате – один час. Ниже представлен самый общий и успешный способ, как разделить ваше время на подготовку в течение одного часа:

0–10 минут	Мозговой штурм
10–15 минут	Обратная связь
15–35 минут	Развитие кейса
35–50 минут	Подготовка индивидуальных речей
50–60 минут	Заключительное обсуждение

Конечно, в таблице представлено *идеальное* распределение времени для подготовки, и большинство команд запаздывают с развитием кейса, пока у них нет достаточного опыта подготовки с ограниченным временем. По этой причине, тренируя команду к дебатам с ограниченным временем на подготовку, необходимо, чтобы команда готовилась ко многим различным темам. Цель состоит в том, чтобы повысить эффективность командной работы, чтобы команда могла подготовить простой, но качественный кейс за короткий период. В конце концов, этот навык вырабатывается только путём опыта, но есть некоторые важные моменты, заслуживающие обсуждения.

СПЕШИТЕ МЕДЛЕННО

Участники дебатов, которые сталкиваются с часовой подготовкой, первое время неизбежно торопятся – они чувствуют, что единственный способ подготовить их кейс за короткий период состоит в том, чтобы сделать все с максимальной скоростью. Однако и час может быть долгим временем, если вы работаете эффективно. Лучший способ работать быстро в процессе подготовки состоит в том, чтобы сосредоточиться на эффективности, а не на скорости.

Возможно, самая большая пустая трата времени при подготовке – следование только одному пути, обнаружение, что этот путь тупиковый и что вам необходимо изменить курс – например, вы поймете, что разделение кейса недопустимо тогда, когда первый и второй спикер уже почти написали речи. Поэтому стоит потратить время, чтобы гарантировать, что основные принципы вашего кейса логичны, даже если это будет означать превышение установленного времени на развитие кейса. Если вы так сделаете, у вас останется меньше времени, чтобы написать речи и провести заключительные обсуждения. Хотя это, конечно, не идеальная ситуация, но намного лучше провести время, разъясняя и развивая кейс – если вы будете вынуждены выбирать, то всегда предпочитайте написать сильный кейс и кратко заготовленные речи, нежели слабый кейс, но с детально подготовленными речами спикеров на многих карточках!

ЛИДЕРСТВО

Несколько странно, что мы не обсудили проблему лидерства, излагая базовую структуру подготовки. Это не из-за того, что лидерство не имеет большого значения, это потому, что в течение длительной подготовки стиль взаимодействия команды в целом имеет время и ненапряженную атмосферу для развития. Однако дебаты с ограниченным временем – это совсем другое. При ограниченном времени на подготовку у команды есть большая потребность двигаться вперед, то есть у команды меньше времени, чтобы обдумать идеи, и бóльшая потребность в эффективном обсуждении и быстром принятии решений. Лучший способ обеспечить движение вперед – назначить одного участника команды отвечать за подготовку; коллективное управление (где каждый участник команды может вставить замечания и попросить других поторопиться!) обычно увеличивает трения и напряженность при подготовке.

Лидерство в дебатах с ограниченным временем на подготовку имеет свои собственные проблемы, как непосредственно и сама подготовка, которые могут быть устранены лишь благодаря опыту. Трудности могут быть следующие:

- *Слежение за временем.* Лидер подготовки ответственен за обеспечение того, чтобы подготовка шла по расписанию. Это значит, что, в случае необходимости, лидер вежливо может прервать других участников команды, чтобы они не тратили время на чепуху. Точно так же лидер может принять решение, что команде необходимо замедлиться и потратить время на прояснение чего-либо, даже если необходимо отстать от намеченного расписания.
- *Разъяснение идей команды.* После заслушивания идей каждого члена команды, обычно существует много важных проблем – например, может возникнуть два различных определения, три ведущих линии и семь аргументов. Роль лидера заключается в том, чтобы идентифицировать эти проблемы для команды, и привести обсуждение к тому, как решить их. (Например, чтобы обсудить, действительно ли различны предложенные определения, и если это так, то какое из них следует принять). Это тесно связанно с важной мантрой при ограниченном времени на подготовку: «бойся тишины»! Очень часто команды заходят в тупик, так как возможные варианты действия неясны – часто наступает мертвая тишина, потому что никто не желает или не в состоянии изменить ситуацию. В этой ситуации, обязанность лидера сказать примерно следующее: «У нас имеется разногласие между подходом [X] и подходом [Y]. Мы должны принять решение!»
- *Принятие сложных решений.* Большинство проблем при подготовке могут быть решены при помощи консенсуса, потому что один подход оказывается наиболее стратегическим. Хотя и не всегда так бывает. Однако каждая команда должна принять заранее некоторые правила в случае возникновения непримиримых противоречий. Первый подход заключается в том, что может применяться командное голосование, но этот подход не всегда работает эффективно: число участников команды может быть четным, или же позиции членов команды могут быть неявными. Лучше, если у лидера будет исключительное право на принятие сложных решений – даже если только он или она считает, что этот подход будет результативным. Конечно, это очень смелое решение – отвергнуть мнение команды, и лидер должен быть всегда достаточно гибким и сдержанным, чтобы уступить в сторону лучшего решения. Однако важно для лидера иметь право последнего слова в особенности при принятии важных решений, которые должны быть сделаны относительно быстро и без продолжительных обсуждений.

   Методическое пособие по Всемирному формату школьных дебатов

ДЛЯ ПРОДВИНУТОГО УРОВНЯ

«Ой, блин &@!#$@ !!!» *или* **подготовка в ходе раунда**

Большинство дебатёров желали бы, чтобы эта проблема просто не существовала! Иногда во время речи У1, команда отрицания должна отказаться от своего готового кейса и начать готовиться с самого начала. Самая распространённая причина этого состоит в том, что команда утверждения представила неожиданное, но разумное определение в дебатах, воспользовавшись «исключительным правом на определение».

Например, давайте вернёмся к теме: «Эта Палата считает, что всё большое – прекрасно» и предположим, что используется «исключительное право на определение». Команда отрицания, возможно, подготовила кейс по проблеме нереалистичных изображений тела, но только для того, чтобы (к своему ужасу!) осознать, что первый спикер утверждения определил тему, как имеющую отношение к преимуществам глобализации. Команда отрицания не может принять определение утверждения *и* дебатировать о нереалистичных изображениях тела – она не будет опровергать принятую проблему в этих дебатах. Поэтому, отрицание должно решить, бросить ли вызов определению утверждения или подготовить новый кейс. В данном случае, по причинам, указанным ранее, определение утверждения разумно, поэтому не может быть оспорено. Следовательно, команда отрицания должна подготовить новый кейс вне зависимости от того, сколько времени ещё осталось говорить первому спикеру утверждения! Ряд важных указаний может помочь в этом весьма пугающем задании.

РЕШЕНИЕ ОТКАЗАТЬСЯ ОТ КЕЙСА

Очень заманчиво для отрицания под давлением и ограничением времени решить автоматически не отказываться от своего кейса. Вместо этого можно попытаться оспорить определение утверждения. Однако если определение утверждения разумно, этот подход почти наверняка обречен на провал: команде отрицания необходимо доказать, что определение утверждения неразумно, а определение не становится таким только лишь потому, что команде отрицания оно не нравится!

Поэтому, важно не быть предвзятым, принимая решение, отказаться или нет от кейса. Вместо того чтобы рассматривать ситуацию со своей точки зрения («О нет! Нам теперь нужно делать все заново! Нет! Нет! Нет!»), попробуйте встать на место судьи («определение утверждения разумно, и команда отрицания должна опровергнуть кейс утверждения, если она хочет выиграть дебаты»). Лучше отказаться от своего кейса и иметь шанс победить, нежели продолжать упрямо цепляться за свой кейс и проиграть из-за слабого основания для спора по определениям.

Для команды важно кратко посовещаться по проблеме, но окончательное решение оставить кейс или нет, принимает капитан команды.

НАЧНИТЕ С ОБЩЕЙ КАРТИНЫ

Если вам приходится готовить новый кейс за пару минут, то вы не можете позволить себе роскошь подробно останавливаться на мелких деталях. Команде необходимо решить 3 вещи:

1. *Ваша система аргументации.* По существу, это означает, что вам необходимо найти главную идею вашего кейса, и, если время позволяет, переработать эту идею в ведущую линию.
2. *Разделение кейса.* Все обычные методы, как разделить ваш кейс между спикерами, до сих пор действуют. Хотя в подобной ситуации, вероятно, вы выберете самое простое разделение кейса (например, «индивид/ общество»).
3. *Аргументы первого спикера.* Первому спикеру через считанные минуты нужно будет встать и произносить речь, поэтому в качестве главного приоритета команда должна гарантировать, что ему или ей есть, что сказать! Это означает, что необходимо решить, какими будут его аргументы, и какие примеры и статистика будут использоваться, чтобы доказать эти аргументы. Обычно это обязанность первого спикера, объяснить потом эти аргументы так, как он или она их понимает – в отличие от нормальной подготовки обычно невозможно полностью подготовить внутреннюю структуру каждого аргумента.

Конечно, аргументы и примеры второго спикера также должны быть развиты, но по крайней мере есть две речи, чтобы сделать это – другими словами, масса времени! Может быть заманчиво для второго спикера в данной ситуации начать записывать свою речь, как только началась речь первого спикера отрицания, но это может быть очень опасной тактикой. Когда кейс приготовлен настолько быстро, вполне возможно, что спикеры одной команды поймут одни и те же аргументы довольно по-разному. Поэтому очень важно для второго спикера внимательно слушать выступление первого спикера, кратко записывая тезисы к своей собственной речи. Подготовка во время раунда дебатов случается нечасто. Однако она помогает понять важные приемы и то, что всегда нужно быть хорошо осведомленным по проблеме дебатов, особенно если используется правило исключительного права на определение.

ДЛЯ НАЧИНАЮЩИХ

Важность опровержения (Rebuttal)

Поздравляем с успешным освоением первой главы! К настоящему моменту вы должны хорошо разбираться во многих важных методах построения кейса. После некоторой практики вы должны уметь развивать сильные аргументы в пользу вашей стороны и стараться предвидеть сильнейшие аргументы в поддержку противоположной стороны темы.

Однако два взаимоисключающих кейса, как бы важны они не были, это ещё не дебаты. Чтобы это были дебаты, нам нужно нечто большее – нам нужно *взаимодействие* между этими кейсами. То есть для вашей команды недостаточно только представить и укрепить ваши собственные аргументы – вы также должны атаковать аргументы противника. Это и называется «опровержением» (rebuttal).

Опровержение жизненно важно для дебатов. К сожалению, многие менее опытные дебатёры рассматривают опровержение как нечто «факультативное», побочное по отношению к их заранее подготовленным аргументам.

Легко понять, почему. Потому что опровержение подразумевает атаку на аргументы оппонента, а это обычно гораздо труднее – подготовить заранее опровержение, чем свои собственные конструктивные аргументы. Однако опровержение не такое уж и трудное. Если призадуматься, опровержение есть указание на принципиальные различия между вашими аргументами и аргументами оппонентов. Поскольку вы оба отстаиваете противоположные точки зрения по одной и той же проблеме, эти различия должно быть довольно легко определить и прямо указать на них!

Это, разумеется, не значит, что вам всегда будет удаваться опровергать без запинки. Но это и не важно! Опровержение настолько важно для успешных дебатов – особенно на начальном этапе – что бывает *гораздо лучше* немного запнуться, чем произнести зазубренную наизусть речь, содержащую мало опровержения или не содержащую его вовсе.

Что нужно опровергать?

Это простой вопрос, ответ на который не менее прост. Цель дебатирования – убедить собравшихся, что ваша точка зрения на резолюцию истинна, а для этого нужно разбить кейс соперника. Следовательно, вы должны отрицать кейс оппонентов, опровергая любое их мнение, утверждение, аргумент, пример, статистику и все что угодно ещё, что приведет к благополучному краху кейса оппонентов.

Конечно, есть разница между *опровержением* кейса оппонентов и *оцениванием его с точки зрения судьи* (*adjudicating*). И это не ваша роль как дебатёра «судить» кейс ваших оппонентов. Например, представьте, что ваш оппонент говорит дольше, чем положено. Это может быть серьёзной промашкой ваших оппонентов – это может даже стоить им победы, – но не ваша задача как дебатёра обращать на это внимание в своей речи. Злоупотребление временем, отведённым на речь, не влияет на убедительность кейса оппонентов, поэтому критика этого не входит в задачу дебатёра. Точно так же, представьте, что ваши оппоненты выдвинули аргумент, который не подкрепили ни единым примером. Вовсе не достаточно сказать: «У этого аргумента не было примера» – это прозвучит так, будто это говорит судья. Вместо этого дебатёр должен обратить внимание на отсутствие примера как доказательство того, почему этот аргумент неистинный, по существу, сказав: «Наша оппозиция заявила, что утверждение [X] истинно, но не привела ни одного примера, показывающего, что это так! С другой стороны, мы заявили [Y]. И мы сумели показать вам, что это справедливо, приведя следующие примеры ...».

Основной принцип опровержения очень прост, но мы всё же должны обратить внимание на некоторые особенности его применения – в особенности потому, что многие судьи (adjudicators), тренеры (coaches) и дебатёры путаются в этих вопросах, прибегая к избитым «заклинаниям» (например, «никогда не опровергайте примеры»).

Опровержение ведущей линии оппонентов

Первый вопрос – опровержение ведущей линии оппонентов. Разумеется, вы должны опровергнуть основные тезисы в кейсе оппонентов, но это вовсе не значит, что нужно опровергать то одно предложение, которое оппоненты назвали их «ведущей линией». Неопытные дебатёры часто подробно опровергают ведущую линию оппонентов. Это не всегда плохой метод – по крайней мере, такой подход даёт неопытному дебатёру лёгкую возможность нацелиться на основную идею, которая лежит в основе кейса оппонентов. Однако существуют и лучшие подходы. Подробное опровержение ведущей линии оппонентов быстро станет лишним, когда вы получите некоторый опыт и научитесь быстро выделять и атаковать идеи, лежащие в основе кейса противоположной команды. Таким образом, лучший подход заключается в атаке значимых идей и предположений, лежащих в основе кейса оппонентов, и в обращении к ведущей линии ваших оппонентов в это же время. Это различие пояснено примерами в таблице ниже.

Простой подход	Лучший подход
«Главная проблема кейса наших оппонентов заключается в их ведущей линии, которая звучит, как [X]. Ведущая линия неверна, потому что ...»	«Главной ошибкой в кейсе наших оппонентов является их упор на предположении о том, что [Y]. И нет никаких сомнений, что это предположение жизненно важно для их кейса. Например, их ведущая линия основана на том, что [X]. Поэтому предположение о том, что [Y] очевидно неверно по ряду причин ...»

Опровержение примеров и статистики

Второй вопрос – об опровержении доказательной базы (substantiation): примеров и статистики. Как мы уже отмечали ранее, довольно обычное дело слышать, как судьи, тренеры и дебатёры упрямо заявляют: «Вы никогда не должны опровергать примеры!» Это утверждение в корне неверно по одной простой причине, о которой уже говорилось ранее: цель вашего опровержения – разрушить кейс оппонентов, а если кейс оппонентов хорошо подкреплён определёнными примерами или статистикой, то вы просто должны их опровергнуть! Однако изменённая версия этого утверждения верна: *Примеры и статистика сами по себе ничего не доказывают. Поэтому, если вы все-таки их опровергаете, вы должны постоянно держать в голове и оспаривать их уместность и контекст в дебатах.* Говоря простым языком, опровержение примеров и статистики будет весьма эффективным, если вы чётко показываете, как весь кейс оппонентов полностью полагается на этот материал.

Альтернативный вариант – это просто пройтись по всему кейсу как Рэмбо с пулемётом, расстреливая всё, что попадётся на пути! Такой подход приводит к аргументам, на основе примеров («argument by example»), где дебаты больше идут по примерам и статистике, чем по принципам и аргументам. Такой стиль спора и опровержения не приветствуется, поскольку каким бы ни было количество примеров (вне зависимости от их использования в опровержении или собственной конструктивной аргументации), невозможно доказать истинность некоторой абстрактной идеи. Как вы уже поняли из раздела о построении аргументов, вам всегда нужно дать некоторое логическое обоснование и объяснение.

Ответ на опровержение (Rebutting Rebuttal)

Третий вопрос – об опровержении *опровержения*. Дебатёры обычно спрашивают: «Что произойдёт, если оппоненты опровергнут один из наших аргументов? Должны ли мы опровергать их опровержение?» Этот вопрос, возможно, требует технического, обращённого к правилам ответа, если его не перефразировать некоторым образом. Вот, что на самом деле кроется в этом вопросе: «Если оппоненты атаковали наш аргумент, должны ли мы оставить эту атаку без внимания?» – стратегический ответ на это: «Разумеется, *нет*!» – вы должны ответить на атаку оппонентов.

Однако опровержение в ответ на атаку отличается от опровержения самих аргументов. Хотя защита вашего собственного кейса очень важна, вы всё-таки должны не забывать о *конечной* цели опровержения – атаке кейса оппонентов. Поэтому, даже если стратегически важно ответить на атаку соперников, это будет стратегически слабым подходом, потратить на это значительную часть времени – очень важно не уйти с головой в оборону. В частности, вы никогда не должны явно воспринимать опровержение опровержения как ключевую часть дебатов (например: «Первой ошибкой в аргументах наших оппонентов является то, что они неправильно поняли наш кейс»). Это уже другая крайность, оборонительная, и складывается впечатление, будто вы стесняетесь сами атаковать кейс команды оппонентов. Очень важно помнить, что когда вы отвечаете на опровержение, вы можете использовать роскошную опору из собственных аргументов, которые ваша команда уже в деталях представила (то есть те аргументы, которые вы должны защищать). Поэтому, обычно несложно быстренько расправиться с подобным опровержением.

Необходимость быть исчерпывающим (The Importance of Being Thorough)

У каждого дебатёра есть своё мнение о том, какие проблемы являются главными в конкретных дебатах. Естественно, на этих вещах вы и должны сосредоточиться во время подготовки опровержения, и если вы думаете, что это действительно важная проблема, то нужно потратить больше времени на её опровержение.

Однако только то, что вы считаете что-то главной проблемой, вовсе не означает, что судья тоже разделяет ваше мнение. Судья может (и вполне законно) посчитать совершенно другую проблему, аргумент или пример ключевым для исхода раунда.

Поэтому, ваше опровержение должно быть исчерпывающим. Так или иначе, вы должны коснуться *каждого* аргумента, примера или сколько-нибудь значительной идеи, привнесённой вашими оппонентами. Это, разумеется, не значит, что нужно потратить одинаковое количество времени на всё, но означает, что все существенные идеи должны быть опровергнуты в той или иной мере. Например, если вам удалось показать, что какой-то аргумент логически неверен, после этого вы в идеале должны сказать что-нибудь вроде: «Я только что опровергнул этот аргумент, показав, что примеры [X] и [Y], являющиеся частью этого аргумента, никак не поддерживают кейс оппонентов». Это поможет избежать ситуации, когда судья думает (возможно, нелогично): «Хорошо, основную идею этого аргумента ей удалось опровергнуть, но пример был всё-таки убедителен».

Наконец, *третий* спикер должен проделать хорошую работу, стараясь «зачистить» все, что не было опровергнуто другими в кейсе оппонентов. Мы рассмотрим роль третьего спикера ниже и этот принцип по существу её не изменит. Третий спикер должен тщательно записывать всё, что было произнесено во время игры, и подготовить ответы на это путём прямого опровержения, или, показав, как это уже было опровергнуто в другом пункте.

Трудно переоценить важность следования этим стратегиям опровержения, когда вы знаете (или подозреваете), что судья оценивает дебаты на основе таблицы аргументов (flowchart). Например, в финале чемпионата мира по школьным дебатам в 1998 году в Израиле, Австралия обыграла Шотландию со счётом 4-3. Для одного из судей, оказавшимся в большинстве, критерием судейства был один очень тонкий момент, когда его мнение склонилось на сторону Австралии после того, как шотландская команда не обратила внимания на одну маленькую, но существенную часть кейса австралийцев. Каким бы формальным не выглядел этот подход, он буквально может переломить ход чемпионата мира – он заставляет следовать правильной технике, вне зависимости от того, пользуется ли судья подробным конспектом или нет.

ПОДГОТОВКА ОПРОВЕРЖЕНИЯ

Вы уже поняли, насколько важно хорошее опровержение для успешных дебатов, поэтому, естественно, надо подумать о том, как же его эффективно подготовить.

Наиболее важный момент при эффективной подготовке к опровержению: эффективная подготовка к опровержению *не является* предварительно подготовленным опровержением. Предварительно подготовленное опровержение – опровержение, которое ваша команда распланировала до мельчайших деталей, *точно* зная, что вы собираетесь сказать, если ваши оппоненты поднимут один из множества возможных аргументов. Некоторые команды заходят так далеко, что даже записывают готовое опровержение на специальных карточках, чтобы потом просто прочитать его!

Проблема с этим подходом должна быть ясной. Хорошее опровержение – эффективная атака на аргументы противника в том виде, *в каком они были представлены*. Подготовка очень подробного опровержения определенных аргументов неэффективна – если ваши оппоненты представят совершенно другие аргументы или даже те же самые аргументы с различным акцентом, ваше подготовленное опровержение будет практически бесполезно.

Лучший способ подготовиться к опровержению состоит в том, чтобы сесть и всей командой продумать, какие виды аргументов и примеров, может представить оппозиция. После этого вы можете продумать общий подход, как опровергать такие аргументы и примеры. Этот подход позволяет вам быть гибкими (и, следовательно, более эффективными) при ответе на кейс оппонентов.

ДЛЯ СРЕДНЕГО УРОВНЯ

Опровержение определения

В совершенном мире этот раздел был бы бесполезен – обе команды договорились бы об одном определении, соответственно не было бы необходимости в опровержении определения. На самом деле, и идеальный мир не будет нужен, если обе команды воспользуются приведенным в первой главе руководством о том, как выбрать надлежащее и справедливое определение.

Можно их избежать или нет, споры по определениям случаются очень часто. Более того, когда они случаются, судья ожидает, что вы будете действовать в соответствии с относительно стандартным подходом для данной ситуации. Из всех аспектов опровержения, этот – наиболее неинтересный; однако он наиболее технически требовательный.

Возвращение к правилам определения

Перед тем, как мы погрузимся в опровержение определений, мы должны иметь четкое представление о правилах определения. Запомните, существуют два правила составления определений, вам нужно понять, какое из них применяется именно на ваших дебатах.

Эти два правила:

1. Отсутствие исключительного права на определение, и
2. Наличие исключительного права на определение.

Напоминаем, что существует два способа, как узнать, почему одно определение является лучше другого, и эти способы проверки зависят от того, какое из двух правил определений было использовано.

Если *отсутствует* исключительное право на определение, то два подходящих способа следующие:

1. Какое определение *более* разумно?
2. Какое определение *ближе* к реальной проблеме дебатов (или прямому значению – "plain meaning"), выраженной в теме.

Если *применяется* исключительное право на определение, сторона утверждения определяет тему, и в этом случае можно задать себе два вопроса:

1. Разумно ли определение команды утверждения?

2. Насколько близко определение команды утверждения к прямому значению слов в теме?

(Эти правила ранее уже были подробно объяснены в книге. Если вы не уверены, что достаточно разбираетесь в них, вернитесь назад и перечитайте сейчас. Если вы недостаточно хорошо разбираетесь в этих правилах, у вас могут возникнуть проблемы с опровержением определения!)

Решение опровергнуть определения оппонентов

Первая проблема, как решить, опровергать определение оппозиции или нет. Дебаты – это несогласие с мнением оппозиции *по проблеме, заявленной в теме*. Мы не призываем спикеров, судей, зрителей придираться к значению каждого слова, конечно, если только это не поможет. Поэтому, команда отрицания должна опровергать определение, если это действительно необходимо. Но как решить, *когда* это действительно необходимо?

Простой подход заключается в том, чтобы задать себе один вопрос: «Можем ли мы развивать наш кейс в соответствии с представленным ими определением?» Обычно, ответ должен быть «да». Чаще всего, определяя тему, ваши оппоненты используют слегка различные значения слов, но существенно их определение не отличается от вашего, поэтому вы можете продолжать развивать ваш кейс в соответствии с их определениями. Тем не менее, давайте вернемся к ранее рассмотренной теме: «Эта Палата считает, что все большое – прекрасно» и предположим, что вы (как отрицание) определили тему, как связанную с глобализацией, в то время как утверждение определило тему, как относящуюся к нереалистичным изображениям тела. Вы не можете продолжать дебаты в соответствии с определением команды утверждения: если судья принимает, что тема об изображениях тела, ваши аргументы о глобализации становятся неподходящими.

Если вы не можете продолжать дебаты, руководствуясь определениями утверждения, вам нужно принять какое-нибудь решение. Что именно вы решите, будет зависеть от того, почему вы не можете продолжать, и от того, какое правило определения используется. Давайте рассмотрим на примере таблицы.

Таблица показывает различные комбинации проблем с определениями и правилами определений и предлагает соответствующие решения для команды отрицания. Она представляет собой лишь краткий вывод – должно быть очевидно, что принципы в таблице вытекают непосредственно из правил определения, о которых ранее уже было рассказано.

Ещё одна вещь заслуживает особого внимания перед тем, как мы двинемся дальше. *Опровержение определения – это важный и ответственный шаг. Если вы неправильно или плохо опровергаете определение, в результате вы проиграете. Поэтому опровергать определения необходимо только* тогда,

ПРАВИЛО ОПРЕДЕЛЕНИЯ

		Отсутствие исключительного права на определение	Наличие исключительного права на определение
Причина, почему вы не можете продолжать дебаты?	**Вы не можете дебатировать по определению утверждения, даже если попытаетесь.**	Вы можете *заявить*, что определение утверждения *необоснованное* (то есть ваше определение *обоснованное*).	Вы *можете заявить*, что определение утверждения *необоснованное*.
	Утверждение определило тему, как относящуюся к другой проблеме, но их определение разумно.	Вы можете *заявить*, что ваше определение *ближе к сущности темы* (ваше определение действительно связано с проблемой, которая обозначена в теме).	Вы не можете *оспаривать* определение утверждения, если оно только не абсолютно абсурдное (*совершенно не связано с прямым значением понятий, входящих в тему дебатов*). Итак, если вы не можете оспаривать определение утверждения, вам необходимо *отказаться от своего подготовленного кейса.* Мы это уже обсуждали.

когда вы с уверенностью понимаете, что не можете продолжать развивать ваш кейс, пользуясь определениями утверждения.

Как опровергнуть определение

Теперь мы исследуем кратко общую структуру опровержения. Опровержение определения – не более чем специфическая форма общей структуры опровержения. Однако мы только что узнали, что неправильное опровержение определения может привести к поражению в дебатах, поэтому давайте рассмотрим эту специфическую форму внимательнее!

Самое главное требование к опровержению определения – *ясность*. Судье необходимо *точно* понять, почему вы опровергаете определение оппонентов, и как вы предлагаете его заменить. Поэтому следует давать ясные указания, говорить четко и избегать любых отвлечений (например, шуток) в течение этой части вашей речи.

Есть четыре существенных составляющих опровержения определения.

1. *Дайте ясно понять, что вы оспариваете определение оппонентов.* Слишком часто команды выражают недовольство и жалуются на определение оппонентов, но формально его не оспаривают. Это оказывается лишь тратой времени. Вы должны сделать одно из двух: либо оспаривать определение оппонентов, либо принять его. Часто, полезно использовать слово «оспаривать» – например, «Во-первых, мы оспариваем определение наших оппонентов».

2. *Объясните, почему определение оппозиции неверно. Мы уже исследовали* причины, почему определение, возможно, будет неверным, и как данные причины зависят от правила определения, которое используется.

3. *Замените определение оппозиции своим собственным определением.* Это сделать необходимо, потому что каждым дебатам нужно определение – если определение оппозиции недостаточно хорошо, вам нужно заменить его. Вам нужно заменить определение только в той степени, в которой вы с ним не согласны. Например, если вы расходитесь в определении одного слова, вам нужно заменить только это слово – ненужно заново определять всю тему дебатов.

4. *Объясните, как ваше определение решает проблемы, которые есть в определении оппозиции.* Вам не нужно тратить на это много времени, однако это важно. Необходимо показать, как ваше определение преодолевает те подводные камни, с которыми столкнулось определение оппозиции. Например, если вы критиковали оппонентов за необоснованность, вы должны кратко объяснить, почему ваше определение *обосновано* (или *более* обосновано).

Оспаривание определения и его влияние на дебаты в целом

Во многих аспектах определение необходимо для дебатов так же, как фундамент необходим зданию. Таким образом, было бы невероятным, если бы атака на этот фундамент (опровержение определения) не заставила содрогнуться всю структуру. Опровержение определения имеет сложные последствия для дебатов в целом.

Если вы *не* опровергаете определение оппозиции – сказать об этом – в целом хорошая тактика, ибо формальное принятие определения оппозиции является ценным способом, чтобы добавить ясности вашему кейсу. Однако вы *не обязаны* так делать – то, что вы не оспариваете определение оппозиции, рассматривается как то, *что вы его принимаете*. Это может выглядеть как просто абсолютное удобное правило, но результат его намного важнее. Более точно, это правило означает, что опровержение определения *должно* происходить на протяжении всех дебатов, как показано на диаграмме ниже.

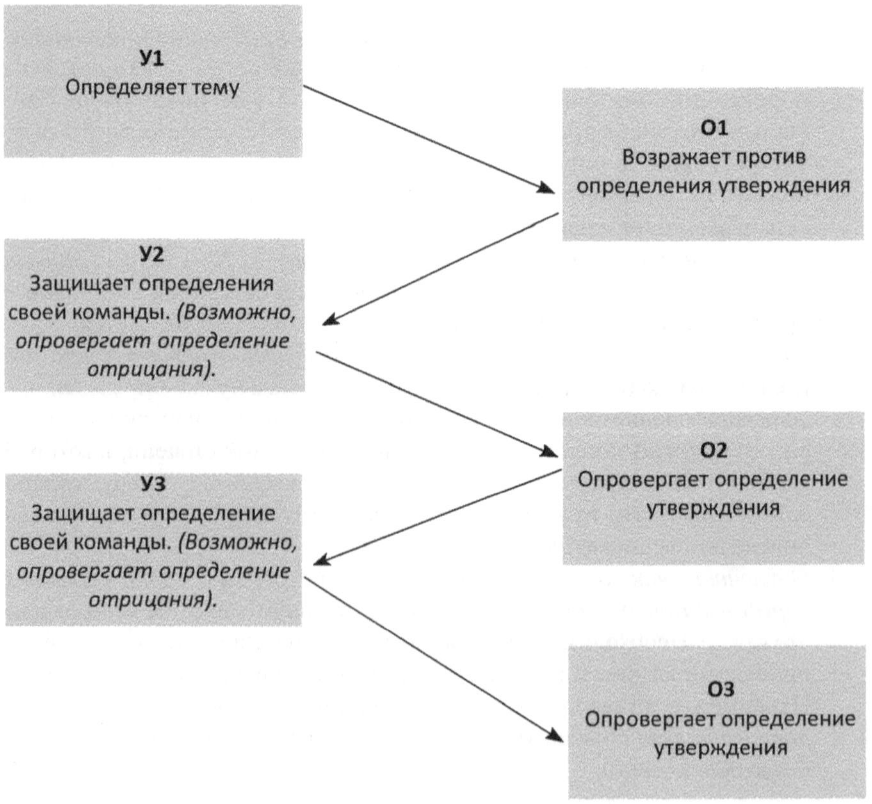

Диаграмма показывает, как необходимо работать с определением во время спора по определениям. Определение представляет первый спикер утверждения. Если команда отрицания желает оспорить это определение, она должна сделать это в первой речи. В таком случае, команда утверждения захочет защитить свое определение – это должен сделать второй спикер утверждения. Этот процесс должен продолжаться на протяжении всех дебатов.

Схема показывает, что второй и третий спикеры утверждения могут опровергать определение оппозиции. Это будет зависеть от применяемого правила определения.

Если не действует исключительное право на определение, вопрос в том, лучше ли определение команды утверждения, чем определение команды отрицания. В таком случае второй и третий спикер утверждения должны защитить свое собственное определение и опровергнуть также определение оппозиции – это лучший способ для утверждения доказать, что их определение лучше.

Однако совсем другая ситуация складывается, если утверждение имеет исключительное право на определение. В этом случае вопрос заключается в том, приемлемо ли определение утверждения по существу, (например, проблема обычно будет заключаться в этом: обосновано ли определение утверждения или нет). Поэтому, согласно исключительному праву на определение, команда утверждения редко должна опровергать определение отрицания (если вообще такое случается). Более эффективный способ для утверждения – просто показать, что собственное определение действительно здесь приемлемо.

Последствия того, что команды не защищают свои собственные определения на протяжении всех дебатов, могут быть катастрофичными. Например, предположим, что у двух команд определения темы очень различаются. Если первый спикер отрицания опровергает определение утверждения (что он или она почти всегда должны делать в этих обстоятельствах), а второй спикер утверждения не защищает его, то, следовательно, утверждение должно *принять* определение отрицания, даже если утверждение категорически несогласно с определением команды отрицания! В таком случае дебаты далее продолжаются на основе определения команды отрицания. Это означает, что кейс команды утверждения по существу будет неуместным, поскольку он будет поддерживать интерпретацию темы, которую команда утверждения сама и уступила.

Это означает, конечно, что команда отрицания должна опровергать определение утверждения в речи первого спикера или не опровергать его вовсе. Если первый спикер отрицания не опровергает определение, следовательно, его команда соглашается с определением утверждения, в таком случае, это будет рассматриваться как противоречие, если второй спикер отрицания изменить позицию и опровергнет определение.

Многие команды пытаются не согласиться с определением оппозиции, когда фактически имеют точно такое же определение. Например, команда отрицания может попробовать опровергнуть определение утверждения, потому что утверждение определило понятие, используя другие слова, но значение при этом осталось таким же. В данном случае, утверждению все ещё будет разумно защитить собственное определение, даже если эта защита по существу предполагает демонстрирование судье, что определение отрицания точно такое же, как и определение утверждения.

«Даже если» в спорах по определению

Споры по определениям часто бывают трудными. Одна из причин заключается в том, что споры по определениям могут сократить количество аргументов по реальным проблемам, заявленным в теме. В нормальных дебатах разногласие между командами концентрируется на фактической разнице между кейсами; в спорах по определениям оно ограничивается различием между определениями.

Это различие становится проблемой. Представьте, что ваша команда оказалась вовлечена в спор по определениям (definitional debate). Ваша команда может потерпеть полное фиаско в дебатах, если судью не убедили ваши аргументы именно на основании определения. Таким образом, вам нужен способ, чтобы опровергнуть кейс оппозиции, сохраняя вашу позицию по определению оппозиции. Вы можете сделать это при помощи фразы «даже если», по существу, сказав: «Мы не согласны с определением оппозиции. Однако *даже если* оно было правильно, мы не согласны с их кейсом, потому что он даже не соответствует определению, которое они предложили!». Естественно, это лучше сказать после опровержения определения оппозиции.

В своих методических указаниях по дебатам австралийские дебатёры Джеймс Хук (James Hooke) и Джереми Филипс (Jeremy Philips) описали этот тип опровержения как «мини-дебаты в ходе дебатов»,[3] и (как обычно) они хорошо это сформулировали. Стратегия «даже если» позволяет вашей команде (1) опровергнуть определение оппозиции, (2) показать судье, что вы можете успешно опровергнуть кейс оппозиции. По существу, это является своеобразной страховкой для вас, так как судья может сказать: «Итак, мне больше нравится определение ваших оппонентов, но вы разбили весь их кейс, следовательно, вы и выиграли дебаты». Если обе команды используют «даже если», по существу происходят следующие мини-дебаты:

1. Спор о том, чье определение верно;

---

3. J. Philips and J. Hooke, The Debating Book, p. 68. J.Philips and J. Hooke, The Sport of Debating: Winning Skills and Strategies (Sydney: UNSW Press, 1998), p. 101.

2. Спор по определению утверждения (на основании предположения, что оно верно);

3. Спор по определению отрицания (на основании предположения, что оно верно).

Такой приём, бесспорно, достаточно изощренный и сложный. По этой причине, в вашей голове должен прозвенеть предупредительный звонок – *Дзинь!* Запомните: *бойтесь сложности.* Поэтому необходимо понимать не только, как использовать приём «даже если», необходимо ещё знать, когда его надо использовать.

Ключевая проблема – основание, согласно которому вы критикуете определение оппонентов. Если вы основываетесь на том, что определение ваших оппонентов нелепое, то, в общем, вы вправе использовать приём «даже если» – по существу, вы можете сказать: «Мы не уверены, что вы дебатируете по правильной проблеме, но мы также с радостью опровергнем ваш кейс и по этой проблеме». Если вы опровергаете на том основании, что определение ваших оппонентов в некотором роде необоснованно, вы столкнетесь с бо́льшими проблемами. Вы не можете сказать: «Определение наших оппонентов полностью необоснованно и не оставляет нам никакой возможности, чтобы спорить. Однако *если* мы его принимаем, то представляем следующие аргументы ...». Здесь имеется явное противоречие.

На практике, при исключительном праве на определение, команде отрицания редко удается доказать, что определение утверждения не относится к теме дебатов. Поэтому, в качестве общего принципа, неразумно использовать «даже если» в таких случаях. В этих обстоятельствах, лучше сосредоточить свое внимание на выигрыше спора по определениям и на хорошем доказательстве своего кейса.

Как поступить с необоснованными определениями

Мы уже подробно обсудили проблему необоснованных определений. Однако этот раздел может вызывать существенные сложности, таким образом, стоит кратко объединить принципы.

Всегда важно быть очень точным, опровергая определение, особенно если вы обвиняете свою оппозицию в том, что они определили тему так, что исключили вас из дебатов – это значит, что они определили тему так, что ваш кейс стал необоснованным. Очень легко обвинить вашу оппозицию в этом, просто сказав: «Определение нашей оппозиции необоснованно». Однако это особенно опасный и слабый подход. Для тех, кто не должен опровергать кейс, не всегда будет понятно, что кейс необоснованный – тогда как вы, еле сдерживаетесь, слушая кейс оппозиции, думаете: «Да это же трюизм!», аудитория и судьи могут легко подумать: «Хмм, а в этом есть смысл!» Поэтому, если вы обвиняете вашу оппозицию в том, что определения выключают вас из дебатов, жизненно важно точно объяснить, почему они необоснованны.

Например: «Тема дебатов «Эта Палата считает, что следующее столетие должно быть лучше, чем предыдущее». Наши оппоненты определили и рассматривали слово «должен» в значении «морального и практического императива». Это неразумно. Если такое определение принято, мы (команда отрицания) должны утверждать, что у нас есть моральное и практическое обязательство *не* делать мир лучше – по существу, мы обязаны сделать мир хуже! Неразумно ожидать, что мы скажем такое – *никто* в обществе не утверждает, что мы должны сделать мир хуже, и мы не будем такого говорить». В таком случае вы должны заменить определение этого слова, и объяснить, почему ваше определение лучше. Наконец, вы можете отказаться иметь дело с кейсом вашей оппозиции на основании того, что вы не можете разумно выступать против этого. Вы можете благополучно продолжать доказывать свой собственный материал исходя из ваших собственных определений.

Это лучший подход, потому что он является самым понятным. Некоторые предполагают, что лучший подход — это «обусловить трюизм», те есть, вы по существу говорите: «Конечно, наша оппозиция не может спорить об [X], потому что это будет трюизмом. Реальная проблема [Y]».[4] По крайней мере, на школьном уровне, этот подход кажется опасно незначительным и запутывающим. *Во-первых,* это не объясняет судье, атакуете ли вы фактически определение утверждения – как мы поняли раньше, вы должны или бросить вызов, или принять определение утверждения, а не просто пожаловаться на него и продолжить. *Во-вторых,* если команда ошибается и начинает спорить по необоснованному кейсу, возможно, не сразу видно, почему этот кейс неразумен. Есть существенный риск, что ваша оппозиция ответит: «Нет, мы определенно утверждаем [X]». Судья, который не понял, что кейс неразумный, мог бы подумать просто, что вы исказили кейс оппозиции и не поняли проблему дебатов.

Параллельные кейсы: особая проблема

Параллельные кейсы возникают, когда обе команды выдвигают в конечном счете один кейс, несмотря на то, что находятся на противоположных сторонах темы! Мы уже имели дело с примером параллельного кейса, когда рассматривали определения. В этом случае, тема была: «Эта Палата считает, высшее образование – это право человека». Давайте рассмотрим другую тему: «Эта Палата считает, что с данного момента все идет под откос».

Предположите, что обе команды понимают эту тему как ссылку на тенденции в нашем мире – становится ли всё «лучше» или «хуже». Предположите, что утверждение «пойдет под откос» означает «улучшение»

---

4. Например, см. J. Philips and J. Hooke, *The Debating Book*, p. 74. Also J. Philips and J. Hooke, *The Sport of Debating: Winning Skills and Strategies*, p. 107.

– так, например, велосипедист понимает спуск с горы. Предположим, что отрицание понимает выражение «идти под откос», как «в мире всё ухудшается». В этом случае, *обе* команды будут утверждать, что в мире всё становится лучше! Единственное реальное разногласие будет в том, какую сторону темы они поддерживают.

Две вещи должны быть понятны. *Во-первых*, так как дебаты являются столкновением проблем и идей, параллельные кейсы не должны возникать – это чья-то «ошибка». *Во-вторых,* если каждая команда думает, что одинаковые кейсы показывают их сторону темы, имеет место несогласие по поводу значения резолюции. Таким образом, параллельный кейс – это проблема определений.

Поэтому, лучший ответ на параллельные кейсы состоит из двух пунктов:

1. Вы должны признать, что есть параллельные кейсы.
2. Вы должны показать, используя метод опровержения определений, что ваше понимание темы и определения являются правильными, и что ваши оппоненты не правы.

Таким образом, команда утверждения должна попытаться убедить судью, что параллельный кейс – «ошибка» отрицания; команда отрицания должна возложить ответственность за это на утверждение. Каждая команда будет по существу пытаться показать, что *она* поняла тему правильно, а их *оппоненты* выбрали неправильный способ.

Внутренняя структура опровержения

К этому моменту, предположим, что вы выявили некоторую проблему в кейсе ваших оппонентов или определенном аргументе. Мы коротко рассмотрим некоторые конкретные проблемы, которые вы, возможно, выявили, но эти проблемы в действительности ни что иное, как кристаллизация реакции любого дебатёра на аргумент оппонента: «Это неправильно!» Сейчас мы заинтересованы в том, чтобы найти лучшую внутреннюю структуру опровержения.

Как с большинством элементов дебатов, невозможно четко сказать о внутренней структуре опровержения. Однако хорошее опровержение всегда будет включать в себя ряд ключевых характеристик.

Во-первых, важно идентифицировать аргумент или идею, которую вы атакуете. Слишком часто участники дебатов просто начинают критику аргумента оппозиции без объяснения того, *какой* это аргумент или идея, и *где* это появилось в кейсе оппонентов.

Во-вторых, вы должны показать, что не так с тем аргументом или идеей. Это и есть сущность опровержения, и в той мере, в какой спикер будет талантлив в опровержении, это будет его или её силой. Мы рассмотрим эту часть в деталях позже.

В-третьих, вы должны вставить свой кейс в общую картину. Это можно сделать, или обращаясь к аргументу, который ваша команда уже представила, или ко всей вашей системе аргументации, затем показывая, как ваша команда отвечает на проблему, которую вы выявили в кейсе оппозиции. Это особенно важно из-за того, что некоторые судьи принимают решение о победе команде на основе проявляемой инициативы в дебатах (initiative debating approach to adjudication). Многие судьи, подозревают они об этом или нет, акцентируют свое внимание на команде, которая получила инициативу в дебатах. «Инициатива» может означать различные вещи для различных судей. Однако если кейс одной команды играет более важную роль в дебатах в целом – стопроцентно многие судьи рассмотрят эту команду как взявшую инициативу в дебатах на себя, и соответственно будут поощрять эту команду. Если вы атакуете кейс оппонентов, но не связываете это опровержение с собственным кейсом, вы рискуете потерять инициативу, независимо от того, насколько хорошее ваше опровержение. Жизненно важно, поэтому, использовать опровержение не просто, чтобы атаковать аргументы вашей оппозиции, но чтобы сравнить и показать на контрасте подходы обеих команд.

Эти три требования ясно (возможно слишком ясно!) переходят в мантру с четырьмя шагами, которая суммирует самую простую внутреннюю структуру опровержения:

1. Что они сказали;
2. Почему это неправильно;
3. Что мы сказали;
4. Почему это правильно.

Суть опровержения – бесспорно второй пункт, и вы должны почти всегда оставлять на это бóльшую часть своего времени. Первый, третий и четвёртый пункты – дополнения, но они необходимы, и заслуживают того, чтобы быть включёнными.

Важно снова подчеркнуть, что это *не* единственная приемлемая внутренняя структура опровержения; действительно, есть бесчисленные внутренние структуры, которые могут быть очень сильными. Однако независимо от того, как вы структурируете свое опровержение, оно должно содержать четыре элемента, изложенные в этом простом пункте.

Полная структура опровержения

Мы рассмотрели важные элементы внутренней структуры опровержения. Однако хорошая структура опровержения – это больше чем внутренняя структура каждого аргумента; она также требует сильную полную структуру вашего опровержения. Мы начнём, рассмотрев общие элементы хорошей структуры опровержения, потом определенные требования для первого и второго спикера, и структуру опровержения третьего спикера.

Начало вашего опровержения

Какой самый эффективный способ начать опровержение? Заманчиво взяться сразу за первый пункт опровержения. Однако это вероятно запутает вашу аудиторию и судей – они поймут ваше опровержение по этому отдельному аргументу, но могут удивиться, как все это связано.

Поэтому, лучший способ начать ваше опровержение состоит в том, чтобы сосредоточиться на «общей картине» – кратко атаковать главную идею (или ключевую слабость), которая подкрепляет кейс ваших оппонентов.

Простой способ решить это состоит в том, чтобы спросить себя: «Если бы у меня было время только на *одно небольшое суждение* перед тем, как сесть, что бы это было?» Маловероятно, что вы потратили бы впустую это время на легкий оскорбительный выпад, остроумное замечание или убедительное, но банальное опровержение. Вместо этого вы надеялись бы использовать свое время, чтобы атаковать основной изъян в кейсе вашей оппозиции.

Введение в ваше опровержение может часто быть тесно связано с отдельным пунктом опровержения, который вы подготовили. Хотелось бы надеяться, что ваше введение объединит в себе весь подход вашей оппозиции. Техника развития эффективного вступления в вашем опровержении подобна технике развития формального введения, которое мы рассмотрели ранее. Формальное введение может принять любые формы, но оно должно быть краткой характеристикой проблемы, как вы её видите; ваше введение в опровержение может также принимать много форм, но оно должно включать в себя краткую характеристику кейса ваших оппонентов и основание, на котором строится ваше опровержение.

Стратегическое распределение времени в опровержении

В Шаге №5 первой главы мы рассмотрели общее распределение времени в речи с различными компонентами (опровержение, конструктивный аргумент, заключение, и т.д.) и идеальное время на каждый из них. Также важно рассмотреть количество времени непосредственно для опровержения.

Нет никакого правила о том, сколько времени вы должны потратить на опровержение, но есть два важных общих принципа:

1. Более важное опровержение должно быть перед менее важным опровержением.
2. Более важному опровержению должно быть отдано больше времени, чем менее важному.

Является ли опровержение «более важным» зависит *не* от легкости или убедительности линии опровержения, а от её важности для дебатов в целом. Например, неопытный участник дебатов мог бы думать: «Линия [X] *должна* быть первой. Я смогу заставить оппонентов выглядеть действительно глупо и хорошо посмеяться над ними!» Однако более опытный участник дебатов, подумает: «Хорошо, аргумент [X] мы определённо выиграли, и я подчеркну это в нужное время. Но аргумент [Y] является действительно корнем проблемы, и на этом судья сосредоточится больше всего. Поэтому, я начну с осторожного и детального опровержения аргумента [Y], и потом кратко рассмотрю аргумент [X]».

Единственное явное исключение из этого правила касается определений. Определение – основа всех дебатов. Поэтому, *любое* опровержение или разъяснение определения *автоматически* считается «самым важным» пунктом. (Это не означает, что оно обязательно будет самым важным в определении результата дебатов). Поэтому, если вы поднимаете какой-либо вопрос относительно определений оппозиции, вы должны заявить этот аргумент вначале. (Это не применяется к первому отрицанию, принимающему определения утверждения; это вполне может быть сделано в одном предложении в конце опровержения).

Структура опровержения для первого и второго спикеров

Есть две структуры опровержения – то есть, два способа организовать опровержение в речи. Одна структура – для первых и вторых спикеров, другая – для третьих спикеров. Мы начнем со структуры для первых и вторых спикеров.

Ключевым моментом в организации опровержения у первого или второго спикера является *эффективность*. Как у первого или второго спикера, у вас есть конструктивный кейс для представления. Поэтому, вы не можете позволить себе роскошь третьего спикера покопаться и изучить аргументы более глубоко – вам нужно очень эффективно опровергнуть и идти дальше.

Если возможно, необходимо начать с некой «атаки по основам» (ethos attack); то есть общей атаки на весь подход оппонентов к дебатам. Альтернативный подход – сразу приступить к опровержению – не является вдохновляющим и не дает «полную картину» вашего опровержения. «Атаку по основам» первый или второй спикер должен произвести только одним или двумя предложениями, если можете – используйте одно.

После вашего нападения на основы кейса оппонентов, вы можете просто перейти к вашим контраргументам. Нет никакой потребности, перечислять контраргументы, как для первого, так и для второго спикеров. Достаточно просто дать каждому контраргументу ясное название, таким образом, ваши судьи и аудитория смогут следить за вашими идеями. Вы должны стремиться иметь два, три или четыре контраргумента; с бóльшим количеством трудно справиться в ограниченное время; немного меньше значит, что у вас недостаточно идей! Если вы понимаете, что у вас есть больше, чем четыре контраргумента, вы должны попытаться сгруппировать их, чтобы сократить количество, или передать ваши идеи следующему спикеру. Как правило, если вы считаете, что у вас есть только один контраргумент, вы должны работать старательнее!

Наконец, закончив с опровержением, вы можете идти дальше к своему конструктивному кейсу. Для О1 это означает представить кейс вашей команды прежде, чем двинуться к вашим конструктивным аргументам. Для второго спикера это обычно означает кратко напомнить вашей аудитории и судьям ваш подход и разделение кейса, прежде чем обрисовать в общих чертах и представить ваши аргументы. Для второго спикера эта связь важна, чтобы создать ощущение единства подхода вашей команды. Например, вы можете сказать: «Наша команда, с одной стороны, представила ведущую линию как [X]. Наш первый спикер обсуждал социальные аспекты этой проблемы; я буду обсуждать личностные аспекты. Я сделаю это на основе двух аргументов: [Y] и [Z]. Теперь, к моему первому аргументу, [Y] ...» (тот же самый пункт был рассмотрен в Шаге №5 в первой главе).

Структура речи третьего спикера

Фундаментальное различие между первыми и вторыми спикерами с одной стороны и третьими спикерами с другой – в том, что третьи спикеры не представляют конструктивные аргументы. Вместо этого они должны потратить свою речь на опровержение и подведение итогов. По существу, первая часть речи должна быть потрачена на опровержение; вторая часть – на резюме и заключение.

Переход между этими двумя частями происходит приблизительно во время предупредительного сигнала (например, в восьмиминутной речи это обычно происходит после семи минут). Конечно, возможно отклониться от этого распределения времени – например, вы можете чувствовать потребность выделить немного больше времени на резюме. Однако также важно *не сильно* отклоняться от этого распределения времени. Слишком много третьих спикеров, особенно новички в дебатах, опровергают две минуты, затем делают резюме, которое является слишком запутанным. Это стратегически слабый подход и абсолютная трата времени: хотя резюме – важная часть третьей речи, пятиминутное резюме не лучше, чем одно- или двухминутное резюме. Как третьему спикеру, вам намного лучше потратить больше времени на опровержение.

Все это хорошо для общего руководства. Но как точно структурировать часть, посвященную опровержению? Мы узнали ранее, что самая большая проблема для структуры опровержения первого и второго спикера – *эффективность* из-за ограниченного времени, доступного для опровержения. Ситуация несколько отлична для третьих спикеров, потому что третьи спикеры имеют больше времени на опровержение. Нет сомнения, что эффективность важна для третьих спикеров – нет никакого смысла напрасно тратить время, когда вы представляете опровержение. Однако самая большая проблема для структуры опровержения третьего спикера – *это полная ясность*. Это так, потому что вы опровергаете дольше, и важно преподнести аудитории и судьям некоторую ясность вашей структуры.

Самый легкий способ организовать ваше опровержение состоит в том, чтобы просто идти от одного пункта опровержения к другому, беспорядочно перескакивая с одной идеи на другую. Однако этому подходу (часто называемому «листом покупок») не достает ясности. Хотя ваша аудитория и судьи могут ясно понять пункт, который вы скажете в тот или иной момент, они будут изо всех сил стараться увидеть «общую картину» вашей речи. Это особенно неудачно, потому что, к тому времени, когда дебаты будут на третьих спикерах, смысл «общей картины» жизненно важен – ваша аудитория и судьи будут страстно желать увидеть спикера, который может объединить и организовать различные идеи, аргументы и примеры, которые были представлены, чтобы показать, почему одна сторона выиграла дебаты.

Самый простой и лучший подход поэтому должен сгруппировать ваши точки опровержения в общие идеи и понятия. Вы можете двигаться от *понятия к понятию*, используя отдельное опровержение, указывать, как ваша команда имела преимущество в главных вопросах дебатов. Самый эффективный способ – идентифицировать две, три или четыре главных проблемы, которые станут вашими группами опровержения. Чтобы обеспечить полный смысл структуры, стоит дать схему и резюме вашего собственного опровержения – *не* ваших отдельных пунктов опровержения, а ваших полных групп опровержения. Как всегда, вашему опровержению должна предшествовать сильная атака по основам.

Звучит, как хороший подход. Однако возникает вопрос, *как* сгруппировать отдельные контраргументы в цели опровержения? Нет одного единственного способа, как сделать это эффективно. Самый простой способ – написать ваши контраргументы отдельно, в том порядке, в каком вы слышали аргументы оппонентов. Вы можете тогда разложить свои карточки для записей на столе и собрать их в группы по схожим идеям. Например, вы могли бы обнаружить, что у вас есть два контраргумента, касающиеся «социальных» идей, три – «политических» и один – «экономических». Они могут стать вашими «ярлыками». Сгруппировав ваши карточки вместе, осталось только написать карточку для каждого «ярлыка», а после использовать её для всей группы. Составьте отдельные карточки для схемы и резюме, и вы будете готовы к речи!

Конечно, это не единственный способ сгруппировать ваше опровержение. Иногда, вы можете найти группы опровержения, рассматривая полную структуру кейса ваших оппонентов. Возможно, например, что оппоненты установили ряд критериев, по которым будет оценена проблема. В этом случае, вы *можете* использовать эти критерии как свои группы опровержения. В этом случае вам необходимо сказать: «Наши оппоненты идентифицировали три критерия обсуждения этой проблемы. Я хотел бы рассмотреть эти критерии, и показать, какие преимущества мы имеем по каждому из них».

Как и конструктивные аргументы, контраргументы также должны быть представлены в определенном порядке по двум основаниям. Самый простой подход – расположить группы (и отдельные пункты внутри этих групп) по значимости: более важные проблемы предшествуют менее важным. Альтернативный подход – найти логические последовательности, которые соответствуют группам – это также стратегический подход расположения ваших групп. В конечном счете, вы должны расположить и сформировать пункты вашего опровержения в группы таким образом, чтобы «просто взять аудиторию и судей за руку» и вывести их на чистую и ясную логическую дорогу.

ДЛЯ СРЕДНЕГО УРОВНЯ

Основания для опровержения

Опровержение, как и дебаты сами по себе, – часть нашей повседневной жизни. Все мы, осознаем мы это или нет, сталкивались со случаями, когда нам приходилось выступать против мнений и взглядов других людей. В этом разделе мы исследуем некоторые общие основания, помогающие опровергнуть аргументы соперников. Конечно, это *не* исчерпывающий список причин, по которым аргумент может иметь недостатки, и неполный список оснований для опровержения. Однако вы значительно улучшите свои навыки опровержения, если будете держать эти основания в голове в то время, когда вы слушаете речь оппонентов или непосредственно во время подготовки опровержения.

Логическое несоответствие (Logical Irrelevance)

Логическое несоответствие – одна из самых распространенных проблем кейса: даже при всей его убедительности, кейс ваших оппонентов может просто не доказывать их сторону темы.

К примеру, рассмотрим тему: «Эта Палата считает, что продажу продуктов фаст-фуда в школьных столовых следует запретить». Команда утверждения может со всей страстью доказывать вред фаст-фуда, но это само по себе не доказывает, почему эта еда не должна продаваться в школе – чтобы провести логическую связь, утверждение должно показать, почему школы (не просто учащиеся и их родители) несут ответственность за то, что учащиеся едят здоровую пищу.

Подобным образом, давайте рассмотрим снова тему: «Эта Палата считает, что слишком много денег тратится на спорт». Как мы уже выяснили, неважно, сколько команда оппонентов приведет аргументов или примеров, чтобы доказать, что в спорте действительно много денег: им также необходимо доказать, как эти деньги *наносят вред* спорту.

Достаточно редко, но это основание для опровержения может принести вам победу! Если вы сможете убедить судью, что кейс ваших оппонентов не выполняет логические требования темы, у вас появляется отличный шанс выиграть дебаты (учитывая, конечно, то, что в вашем собственном кейсе нет такого же логического несоответствия!). В некоторых случаях логического несоответствия сама *уступка* может быть эффективной техникой опровержения. Например, в дебатах о фаст-фуде, оппозиция может спорить: «Мы *полностью согласны*, что фаст-фуд – нездоровая пища. Но это не проблема этих дебатов. Проблема этих дебатов – имеют ли право школы выбирать за студентов, как им питаться…»

Не слишком воодушевляйтесь! Очень легко не заметить логическое несоответствие. Очень часто спикеры концентрируются на том, что *говорит* команда оппонентов, что даже забывают подумать о том, что оппоненты не *сказали*. В первом примере, приведенном ранее: команда отрицания могла бы потратить время на опровержения, споря: «Фаст-фуд – это вовсе неплохо!», просто потому, что это полная противоположность тому, что говорило утверждение.

Основная идея должна быть ясна: опровержение – это не просто повторение аргументов вашей оппозиции, добавляя к каждому частицу «не»! Вы должны потратить достаточно много времени до дебатов и во время дебатов, рассматривая то, что оппозиция *должна* доказать, и действительно ли она доказывает это. Это лучший способ выявить логическое несоответствие.

Незначительность (Insignificance)

Когда мы рассматривали критерии качества аргументов, мы говорили о незначительности, как о потенциальной слабости: аргумент или пример может быть действительным, но не представлять общую проблему, по которой идут дебаты. Этот факт может стать основаниям для опровержения. Поэтому лучшая техника опровержения – *принижение значимости (marginalization)*.

Принижение значимости – стандартная форма опровержения, но, к сожалению, понижение значимости путём различия (marginalization by distinction) распространено гораздо меньше. Очень часто спикеры отвечают на примеры или аргументы оппонентов примерно таким образом: «Наши оппоненты привели в пример только один отдельный случай. Мы в свою очередь привели гораздо больше примеров, поддерживающих нашу позицию». И пожалуй, худший ответ может быть: «Пример наших оппонентов – лишь исключение, которое подтверждает правило». Причина слабости данных ответов состоит в том, что эти ответы неисчерпывающие, нет ясного объяснения, *почему* действительно хороший пример или аргумент должен быть отброшен в сторону.

Нам необходимо показать различия, чтобы понизить значимость примера или аргумента. Но какие различия мы должны показать? На каком *основании* мы должны отвергнуть аргументы или примеры нашей оппозиции? Единственное руководство очень простое: различие должно быть на соответствующем основании в контексте обсуждаемой проблемы. Очень легко отличить примеры на несоответствующих основаниях. Рассмотрим, например, тему дебатов о пользе ядерной энергии, где спикер привел в пример аварию на чернобыльской АЭС, чтобы доказать опасность ядерной энергии. Спикер оппозиции мог попытаться опровергнуть это, сказав: «Чернобыль находился на территории СССР, а мы говорим об использовании ядерной энергии в ЕС». Несмотря на то, что *это* различие, оно несоответствующее, так как нет различия между чернобыльскими и современными европейскими ядерными установками в контексте дебатов о полной безопасности ядерной энергии. Лучший ответ, приведенный ранее – проведение различия на основании катастроф: технология и непосредственно меры по обеспечению безопасности.

Поэтому понижение значимости путём различия сводятся к трем главным пунктам:

1. Принижение значимости – эффективный способ опровержения аргумента или примера.
2. Для того чтобы принизить значение аргумента или примера, вы должны найти основание, почему данный аргумент или пример не соответствует контексту темы.
3. Вы можете отделить аргументы и примеры на любом основании. Однако важно выбрать самое соответствующее различие, чтобы эффективнее принизить значимость аргумента.

Фактическая ошибка (Factual Inaccuracy)

Это неизбежно встречается в СМИ, в запутанной паутине интернета и даже в памяти дебатёра – иногда ваши оппоненты просто могут понять что-то совершенно неправильно!

Если вы нашли фактическую ошибку в кейсе оппозиции, ещё не означает, что вы нашли основание для опровержения. Предположим, что вы дебатируете на тему терроризма в целом, и оппоненты приводят в пример «взрыв военного корабля США «Коул» 12 октября 2001 года». Возможно, вы покажетесь довольно начитанным, если скажете, что на самом деле данное действие было совершено в 2000, а не в 2001 году, однако это не есть опровержение данного примера. Судья может подумать: «Да, они перепутали дату, но аргумент сам по себе был значимым, оппозиция совершенно не коснулась его непосредственно».

Для сравнения предположим, что тема дебатов касалась бы действий администрации Буша по отношению к терроризму, и ваши оппоненты спорили: «Администрация Буша почти ничего не сделала в ответ на взрыв военного корабля США «Коул» 12 октября 2001 года». Кажется, что это та же самая фактическая ошибка с датой, но последствия здесь будут иные. В этом случае, вы можете сказать: «Ошибка оппонентов заключается в том, что военный корабль США «Коул» не взорвали 12 октября 2001 года, его атаковали 12 октября 2000 года *во время президентства Билла Клинтона*! Поэтому критика оппозицией администрации Буша не относится к делу!» Вот такое опровержение было бы очень эффектным; фактически, это полностью разрушает ценность примера.

Итак, вы должны понять: фактические ошибки – это не автоматические основания для опровержения. Однако они могут стать такими основаниями, если они существенно затрагивают аргумент.

И ещё один вопрос заслуживает упоминания. Даже если фактическая ошибка существенно не затрагивает аргумент (и как следствие не является основанием для опровержения), все равно она может быть использована как эффективное короткое нападение на убедительность кейса оппозиции.[5] Например, на одном из раундов спикер утверждал, что: «Накануне войны в Персидском заливе в 1991 году Саддам Хусейн позвонил Биллу Клинтону и попросил о мире». Было ли это действительно так, но спикер должен был сказать «президенту Джорджу Бушу-старшему», а не «Биллу Клинтону». Эта фактическая ошибка не изменяла сущность аргумента, и не смогла бы стать основанием для опровержения. Однако эта ошибка смогла создать почву для эффективной атаки оснований: спикер противоположной команды ответил: «Дамы и господа, оппозиция пытается заставить нас поверить, что накануне войны в Заливе Саддам Хусейн позвонил Биллу Клинтону – *губернатору Арканзаса*, чтобы договориться о мире!». Этот дебатёр понял, что даже банальная фактическая ошибка при эффективном использовании может внести сомнения в достоверность аргументов оппозиции.

Недоказанные суждения (Unsubstantiated Assertions)

Мы уже обсудили в первой главе, что очень важно подтвердить аргументы примерами, статистикой и др. Если вы не можете доказать аргумент примером или статистикой, то ваш аргумент всего-навсего представляет «голословное» утверждение без обоснования. Это может явиться основанием для опровержения.

Указание на то, что оппозиция просто утверждает что-то без обоснования – хорошее начало. Однако *опровержение* кейса оппозиции представляет

---

5. Мы уже обсуждали «атаку на основы» как один из возможных вариантов начала опровержения. По сути это та же самая «атака на основы», хотя она может использоваться не только в начале опровержения, но может быть просто добавлена к основному опровержению.

собой не просто *критику* или *оценку* этого кейса. Вы должны показать, почему утверждение оппозиции в корне *неверно*, а не просто *недоказанно*. Представим, что вы дебатируете тему о достоинствах цензуры и ваши оппоненты (без дальнейшего обоснования) говорят: «У правительства есть обязательство подвергнуть цензуре насилие в СМИ, потому что оно (насилие) наносит существенный вред людям, особенно молодежи». Вы бы могли начать, сказав: «Оппозиция просто *утверждает*, что насилие в СМИ наносит ущерб людям, особенно детям. Однако спикеры не привели ни одного примера, доказывающего этот факт!» Это дельная критика, но как мы уже сказали, данная критика аргумента не является опровержением. Чтобы опровергнуть аргумент, необходимо выступать именно против самого суждения. К примеру, вы могли продолжить: «Еженедельник *The Guardian* утверждает, что за прошедшие 70 лет более чем 10 000 исследований было проведено по этой проблеме в одних только США, но ни одно исследование не нашло причинную связь между насилием в СМИ и насильственными действиями людей. Что касается молодых людей, в 1982 году ряд ученых (Милавский, Стип, Кеслер и Рубенс) изучили образ жизни и поведение 2400 учеников начальной школы и 800 подростков. Они выяснили, что нет «никакой значительной связи» между насилием по телевидению и образцами поведения».

Верен ли на самом деле данный контраргумент или нет, но он был бы эффективным ответом на аргумент оппозиции. Вы не только справедливо раскритиковали оппозицию за то, что она не доказала свой аргумент, но и не наткнулись на тот же самый подводный камень, приведя доказательство своего аргумента.

Скрытые предположения (Underlying Assumptions)

Осознаем мы это или нет, но любое наше мнение – как и любой наш кейс и аргумент, который мы представляем на дебатах, опирается на многочисленные скрытые, часто невысказанные предположения. Почему такие события, как резня на площади Тяньаньмэнь или убийства в Косово потрясают нас? Поскольку, в качестве общего правила, мы признаем, что убийства равных нам человеческих созданий – это ужасно. Почему столь эмоционально были встречены известия о нарушениях процедуры голосования в 2000 году на президентских выборах в США и парламентских выборах 2011 года в России? Поскольку, в качестве общего правила, мы признаем, что демократия – это хорошо, при демократии важно соблюдать принципы справедливых выборов.

Конечно, нет ничего плохого, если мнения, кейсы или аргументы базируются на скрытых предположениях. Нет и необходимости выявлять эти предположения, тем более доказывать их. Ранее мы рассмотрели стратегическую ошибку, когда вы тратите слишком много времени на обоснование высказываний, которые, возможно, и не вызывают сомнений в дебатах (например, «права человека – это хорошо»). Однако даже если предположения не являются неверными по сути, они могут стать основанием для опровержения, *если спикер сделает их таковыми.*

Итак, это очень важно. Многие спикеры гордо указывают на скрытые предположения, лежащие в основе аргументов противников, но не занимают окончательную позицию по этим предположениям. Весьма часто можно услышать, как спикер в опровержении заявляет: «Наши оппоненты полагают, что демократия – хорошая вещь! Однако *может быть,* это и не так …» На самом деле, это очень слабый подход, если вы не собираетесь продолжать настаивать, что демократия – это не всегда хорошо, то вы и не должны жаловаться, что ваши оппоненты предположили обратное!

Ключ к основанию для опровержения заключается в стратегическом выборе: захочет ли ваша команда бросить вызов предположениям, которые лежат в основе кейса оппонентов. В некоторых случаях будет поистине стратегически важно бросить вызов таким предположениям. Мы уже рассмотрели пример, когда отрицание успешно бросило вызов предположению утверждения, что допинг в спорте – это обязательно плохо. В некоторых других случаях опровержение этих предположений может стать невыигрышным решением. Например, дебаты о вмешательстве НАТО в Косово могут быть прямыми дебатами по простой (хотя и нелёгкой) проблеме. Нет стратегической необходимости оспаривать предположение, что права человека – это хорошо; даже если бы команде это удалось, это сделало бы дебаты очень абстрактными, философскими и сложными. Команда, которая попробует это оспорить, в результате сама и пострадает.

И последнее напоминание об оспаривании скрытых предположений: когда мы обсуждали «жёсткую игру» (с позиции силы), мы также обсудили одну простую мантру: *оспаривайте всё, либо не оспаривайте вовсе!* Если вы собираетесь бросить особенно спорный вызов предположению, лежащему в основе кейса оппонентов, вы должны включить его в фундаментальную часть всей вашей системе аргументации.

Что делать, если вы оказываетесь той стороной, которой бросили вызов? Как лучше защитить свои предположения, которые поддерживают кейс, от атаки оппонентов? Ответ прост: вы должны возвратиться к основным ценностям, которым бросают вызов, и объяснить, причем очень тщательно, почему вы придерживаетесь этих ценностей. Например, если оппозиция оспаривает ваше предположение, что демократия – это хорошо, не насмехайтесь недоверчиво, вернитесь назад и объясните (возможно, ещё раз), *почему* демократия – это хорошо, и *почему* мы должны её поддерживать. Во многих отношениях стратегия оспаривания скрытых предположений полезна как эффективная неожиданная тактика. Однако она действует не всегда – любая команда может ответить на такой вызов, просто тщательно обосновав свои предположения, которые находятся под ударом.

Причинно-следственные связи (Causation)

Многие дебаты и аргументы включают в себя вопрос, является ли одно причиной другого – это и есть *причинно-следственные связи*. Мы уже рассмотрели один пример: вызывает ли насилие в СМИ насилие в обществе.

Аргументы о причинно-следственных отношениях построены по типичному шаблону. Обычно находится некое доказательство того, что две тенденции наблюдаются вместе (например, жестокие люди, вероятнее всего, будут следить за жестокостью в СМИ). Это называется *корреляция (correlation)*. Одна команда (скажем, ваши оппоненты) будет утверждать, что одна тенденция (например, тенденция следить за жестокостью в СМИ), вызывает другую тенденцию (например, человек становится жестоким). Это называют *причинно-следственными связями* – таким образом, проблема заключается в том, является ли это *причинно-следственными связями и корреляцией* или просто *корреляцией*.

Легко пропустить важную характеристику причинно-следственных связей, слушая аргумент оппозиции и размышляя: «Хорошо, эти тенденции наблюдаются вместе, значит, одна вызывает другую». Однако это часто не так, и оспаривание утверждения о наличии причинно-следственных связей может быть полезной стратегией опровержения.

Простое указание на проблему в причинно-следственных связях не является особенно эффективным. Самый сильный способ опровергнуть это состоит в том, чтобы найти другое объяснение, почему эти тенденции наблюдаются вместе. Например, ваши оппоненты могут говорить: «Жестокость в СМИ заставляет людей быть жестокими. Это подтверждается большим количеством насильственных преступлений, совершенных людьми, которые смотрели жестокие фильмы и играли в жестокие компьютерные игры». Вы могли ответить на это: «Верно, что много жестоких людей смотрят жестокости по телевизору. Однако многие не жестокие люди также следят за жестокостью в СМИ, как за формой развлечения, но это не имеет вредных последствий. Более логичный вывод состоит в том, что есть много *других* причин для насилия. Жестоким людям нравится следить за насилием в СМИ, *потому что* они жестоки».

Противоречия (Contradictions)

Противоречия – очевидные основания для опровержения, и мы рассмотрели их ранее, когда исследовали важность проверки ваших аргументов. Давайте рассмотрим три важных пункта об опровержении противоречий.

Во-первых, многие противоречия будут ясными и явными. Например, мы уже рассматривали ситуацию, когда один спикер выдвигает аргумент, но другой спикер в той же самой команде пытается выступить против того же самого аргумента. Это явное противоречие, и вы должны отнестись к нему как к таковому.

Во-вторых, многие противоречия являются косвенными или подразумеваемыми. Например, мы рассмотрели кейс о препаратах против СПИДа, где один спикер утверждал, что препараты *столь же опасны* как незапатентованные лекарственные средства, в то время как другой спикер в той же самой команде утверждал, что они *хуже,* чем незапатентованные средства. Эта форма противоречия не столь разрушительна, как прямое или явное противоречие – в этом случае, в отличие от более раннего примера, один аргумент полностью не разрушает другой. Однако это несогласованность, и стоит на неё указывать. По крайней мере, это повредит уровню доверия к кейсу ваших оппонентов (например, «Наши оппоненты не могут даже договориться сами с собой, насколько вредны будут данные препараты!»)

В-третьих, часто недостаточно просто указать на противоречие. Часто необходимо заявить позицию вашей команды по проблеме. Например, в примере о препаратах против СПИДа, вы могли объяснить: «Конечно, наша команда не согласна с *обоими* непоследовательными утверждениями – мы уже показали вам, что препараты против СПИДа могут быть очень эффективными при подавлении симптомов пациента». Иногда, вы должны согласиться *с одним* из спикеров оппонентов. Например, в случае явного противоречия, рассмотренного ранее, вы могли ответить: «Первый спикер оппозиции сказал, что этот аргумент был несоответствующим. Однако второй спикер нашей оппозиции подробно опроверг этот аргумент, и этим назвал его важной проблемой для дебатов. Хотя мы не соглашаемся с его опровержением, мы соглашаемся с мнением, что это действительно важная и значимая проблема».

Искажение (Misrepresentation)

Искажение – легкая форма опровержения – вам нужно просто уменьшить значение или исказить аргументы вашей оппозиции до неузнаваемости и невнятности, а затем рассмотреть их, как если бы они были изначально неправильными. Есть только одна проблема в этом подходе: это очень слабый подход!

Цель опровержения состоит в том, чтобы атаковать аргументы оппонентов: их *фактические* аргументы. Если вы передёргиваете или искажаете аргументы оппозиции, вы опровергаете неправильные аргументы, и ваше опровержение будет почти полностью бессмысленным, если ваш судья понимает этот факт или ваша оппозиция указывает на это.

Большинство участников дебатов понимают и избегают очевидного «передергивания». Однако столь же важно избежать даже незначительного искажения, например, предполагая, что ваши оппоненты подразумевали то, чего не было. Как правило, они не должны слушать ваше опровержение, сказав потом: «Мы определённо не говорили это!» – это указание на явное искажение с вашей стороны. Вы не должны давать повода вашим оппонентам говорить: «Это не то, что мы подразумевали!» – это указание на тонкое искажение, но это все равно плохой подход. В идеале, ваша оппозиция должна думать: «Это точно наш аргумент, и мы не учли все его проблемы!»

На начальном уровне дебатов искажение оценивается как неспортивное поведение. Команды, вероятно, будут оскорблены, услышав свои аргументы искаженными, и спикеров учат этого не делать, потому что «не в этом смысл дебатов». Этот подход не является неправильным. Однако на продвинутом уровне искажение обычно рассматривается как существенный технический и стратегический недостаток – команды часто не обижаются на передергивание своих аргументов, потому что они уверены, что опровержение оппонентов в итоге будет намного более слабым.

Поэтому, главное, что вы должны запомнить об искажении: *не делайте этого!* Это означает, что вы не должны *намеренно* искажать ваших оппонентов, но также вы должны бояться *случайно* сделать это. Часто, искажение – результат того, что вы невнимательно слушали кейс оппонентов, а также признак нечестных намерений. Так или иначе, оно не поможет команде, которая так поступает!

Кумулятивное опровержение (Cumulative Rebuttal)

До сих пор мы рассматривали отдельные основания для опровержения вне контекста. У нас также есть некое понимание, что эти основания вписываются в раздел простой структуры опровержения под названием «почему это неправильно». Однако мы не рассмотрели использование более чем одного основания для опровержения – то есть, что, если аргументы вашей оппозиции являются неправильными по ряду причин?

Это не проблема, в действительности, для вас это даже хорошо! Самый простой подход – просто переходить от одной причины к другой. Ненужно обрисовывать в общих чертах эти причины, достаточно пройтись по ним и объяснить (например), что аргумент вашей оппозиции зависит от фактической ошибки, противоречивый и основан на предположении, с которым вы готовы поспорить.

Этот подход срабатывает хорошо, если у вас есть много отдельных и независимых оснований, чтобы опровергнуть кейс ваших оппонентов. Но часто ваши основания для опровержения очень зависимы – они стоят друг за другом *на эшелонированном оборонительном рубеже отступающей армии.* Ранее мы обсуждали индикатор «даже если». Подход, который мы теперь рассматриваем, по существу схож с «даже если» – вы можете найти много ответов на аргумент оппозиции, каждый из которых становится уместным, только если предыдущий ответ терпит неудачу. Возвращаясь к военной аналогии, вы представляете вторую линию опровержения в случае, если ваша линия фронта прорвана; возможно и третью линию в случае, если ваша вторая линия прорвана, и так далее.

Давайте рассмотрим это на реальном примере. Предположим, что дебаты о том, должна ли война с Ираком быть оправдана, и что команда утверждения обсуждает это с перспективы США и их союзников; Ирак поставил под угрозу мир и стабильность потому, что существовала опасность, что Ирак обладал оружием массового поражения. Правильный ли этот аргумент или нет, вы можете эффективно опровергнуть его с помощью эшелонированной оборонительной линии отступающей армии. Эта таблица показывает только суть каждого ответа; естественно, каждое утверждение должно быть объяснено и обосновано.

У Ирака не было оружия массового поражения и он не представлял явной угрозы для любой другой нации. Более того, значительное количество доказательств этого появилось тогда, когда уже было принято решение о нападении ...	
*Однако **даже если** мы принимаем, что у Ирака, возможно, было такое оружие, или, возможно, они занимались созданием такого оружия ...*	Нападение на Ирак было беспринципным и непоследовательно данным глобальным ответом на программы разработки оружия массового поражения в Северной Корее, Пакистане, Индии и Израиле ...
*Однако **даже если** следовать чисто прагматическому подходу ...*	Война преуспела только в дестабилизации Ирака, расширении возможностей для Аль-Каиды и возникновении радикальных настроений во всем мире.

Заключение

Опровержение – несомненно, один из самых захватывающих элементов дебатов для зрителей и для дебатёров. К сожалению, для многих участников дебатов, опровержение остается весьма пугающим, потому что на его подготовку дано ограниченное время. В этой главе мы обсудили много методов, которые помогут сделать опровержение ясным и простым. Мы также признали, что опровержение – жизненно важно для хороших дебатов. Также мы видели, что опровержение может быть и прямым – есть два кейса в дебатах, и вы должны показать, почему ваш является правильным, а кейс оппонентов – неправильным!

Именно опровержение отличает дебаты от обычного публичного выступления, давая участникам шанс, открыто раскритиковать аргументы их противников. Как участник дебатов, вы должны ухватиться за эту возможность обеими руками. Не только улучшатся ваши навыки дебатирования, но также прибавится больше удовольствия от этой деятельности!

ГЛАВА III: СТИЛЬ

Введение

Мы уже обсудили подготовку и опровержение. Методы, которые мы исследовали, необходимы для того, чтобы развить простые и действенные *понятия*, являющиеся вашей линией аргументации, отдельными аргументами или опровержением. Однако дебаты – это больше, чем просто понятия, это эффективное представление этих понятий. В данной части мы исследуем самые важные методы и принципы эффективного представления ваших идей аудитории.

Будь самим собой!

Есть фундаментальное различие между стилем – с одной стороны, содержанием и стратегией – с другой. Не понимая этого различия, ваш подход к стилю будет значительно ущербным.

Когда мы исследовали содержание и стратегию (когда мы рассматривали соответствующие принципы при подготовке и опровержении), мы сосредоточились в значительной степени на *процессе*. Есть вещи, которые вам *следует сделать*, но есть другие вещи, которые вам *делать не следует*. Стиль – это нечто иное. Стиль – это не то, что вы должны *делать*, это то, кем вы должны *быть*. Все очень просто: *вы должны быть самим собой и наслаждаться этим!*

Неважно, понимаем мы это или нет, но у каждого из нас есть свой естественный стиль разговора. Этот индивидуальный стиль развивается, начиная с наших самых первых слов. Наш естественный стиль разговора – самый удобный способ общаться и *самый эффективный способ убеждения*. К сожалению, некоторые спикеры не доверяют своему естественному стилю. Вместо этого, они используют так называемый стиль «дебатирующей персоны» – стиль, который возникает только на дебатах. Этот стиль отличается экспрессивностью жестов, наигранностью позы и крайне осторожным произношением почти каждого слова. На самом деле такой стиль крайне неэффективен: вы кажетесь просто неискренним, вместо того, чтобы казаться убедительным.

Вместо этого вы должны просто быть собой. Однако вы всегда можете попробовать сделать ваш стиль более убедительным и привлекательным. Идеи и специальные приемы, приведенные в этой главе, помогут вам в этом. Однако цель тренировки стиля никогда не состоит в том, чтобы полностью изменить стиль спикера, цель скорее в том, чтобы сформировать более эффективный стиль. Естественно, это не значит, что спикер может сказать: «Я бормочу быстро, и не смотрю в глаза, но это и есть мой естественный стиль!» Это *значит*, что вы должны воспользоваться данными советами так, чтобы вы чувствовали *себя* удобно и естественно.

Визуальное представление (Visual Presentation)

Может показаться странным, что мы уделяем внимание визуальному представлению. В конце концов, дебаты – это столкновение аргументов, а визуальное представление непосредственно не касается аргументов (по крайней мере, не так, как речевое и устное представление).

Визуальное представление – важная часть всего выступления спикера, и следовательно – важная часть дебатов. От того, как спикер преподнесет себя, зависит и *доверие* к его речи, а тот, кому доверяют, звучит более убедительно.

Начнём с самого начала

Первая проблема, касающаяся визуального представления – многие спикеры задаются вопросом: «Когда оно начинается?» Простой ответ заключается в том, что ваш стиль начинается с того момента, когда вы встаете к трибуне и начинаете говорить. Кстати, судьи имеют право оштрафовать спикера, если тот не начинает речь тогда, когда ему предоставили слово. Более того, как только вам предоставили слово, аудитория немедленно сосредоточится на вас. Если вы теряете 30 секунд, записывая что-то на бумаге или располагая ваши карточки для записей, вы вряд ли тем самым внушаете доверие! Поэтому, строго говоря, ваш стиль начинают оценивать с момента, когда Председатель предоставляет вам слово.[6]

Учитывая важность визуального представления, *лучше* сказать, что ваш стиль начинается с момента, когда вы и ваша команда входите в комнату. Например, у спикеров довольно распространено жестикулировать, злобно качать головой и говорить громко с командой за столом во время речей оппонентов. Это не просто неподобающее поведение, это, вероятно, сведет на нет все доверие к вашему собственному представлению.

Зрительный контакт

Зрительный контакт (а точнее его нехватка) – существенная проблема для многих спикеров, особенно начинающих. Люди при разговоре обычно привыкли смотреть в глаза друг другу. Почти невозможно эффектно выступить на дебатах, не поддерживая зрительного контакта с аудиторией.

---

6. Обычно это происходит так – председатель, например, говорит: «А сейчас я приглашаю второго спикера команды утверждения для развития кейса своей команды».

Это означает установить зрительный контакт с кем-то из аудитории и поддерживать его в течение какого-то времени (обычно от 5 секунд до 30 секунд). Часто спикерам *не удается* поддерживать зрительный контакт с аудиторией по ряду причин, например:

- *Спикер может просто читать свои записи.* Эффективное использование записей будет рассмотрено позже. Сейчас же мы отметим, что это одна из важнейших причин, почему спикеры, особенно начинающие, не поддерживают достаточный зрительный контакт с аудиторией.
- *Спикер может переводить взгляд с записей на аудиторию.* Многие спикеры *думают*, что они налаживают достаточный зрительный контакт, когда, фактически, они постоянно переводят взгляд с записей на аудиторию. У зрителей может сложиться впечатление, что спикер смотрел *на* них, но они не будут чувствовать, что спикер говорил *с* ними.
- *Спикер может говорить с оппонентами* и, в крайнем случае, может адресовать свою речь оппонентам во втором лице («Вы сказали»). Вы можете убедить аудиторию, но вы редко убедите противников.
- *Спикер может смотреть куда-то в другое место в комнате.* Некоторые спикеры достаточно уверены и могут говорить, не опираясь на записи. Однако они не достаточно уверены, чтобы смотреть аудитории в глаза. Поэтому они смотрят на различные предметы в аудитории: на двери, окна и др. Другой вариант: спикер смотрит лишь поверх голов аудитории, как бы сквозь нее, *пытаясь создать впечатление*, что смотрит в глаза аудитории. Но аудиторию не проведешь!

Жесты

Жест – естественная часть повседневной беседы людей. Наблюдая за разговором людей, особенно когда они стоят, мы часто видим, что они постоянно жестикулируют, даже когда разговаривают по телефону! И что с того? Будучи дебатёром, вы должны стремиться казаться искренним и вызывать доверие, другими словами, *выглядеть естественным*. Жестикуляция в беседе – это естественно, и она должна быть также естественна в дебатах.

Действительно естественные жесты *происходят сами собой*. Может быть заманчиво ухватиться обеими руками за ваши карточки для записей, особенно, если вы волнуетесь. Только знайте, что это лишь ограничит вашу естественную жестикуляцию. *Просто освободите руки, чтобы дать волю жестам!*

Некоторые спикеры, тренеры и судьи волнуются о мелких деталях, как лучше жестикулировать, например, направленные сверху вниз жесты могут создать чувство, скажем так, доминирования и власти. Обращая чрезмерное внимание на ваши жесты, вы можете придать им неестественность. В обычной жизни мы не планируем преднамеренно жесты, которые бы соответствовали нашим словам (например, мы не хватаемся руками за голову при обсуждении мировых проблем!). Кажется неестественным и неискренним, когда вы уделяете значительное внимание особым жестам во время вашей речи. Просто думайте больше о ваших аргументах, жестикуляцию оставьте на подсознание.

Поза

По аналогии с жестами, ваша поза должна быть естественной. Некоторые спикеры волнуются об отдельных деталях их позы: о положении ног, распределении веса или осанке. Помните, самый эффективный способ принять естественную позу – просто прекратить думать о том, как же принять естественную позу!

Единственное исключение – движение. Нет правила, которое обязывает вас стоять как вкопанный во время речи – вы можете двигаться у трибуны. Действительно, до тех пор, пока это не кажется неестественным, можно, например, сделать несколько шагов перед тем, как перейти от одного аргумента к другому. *Однако повторных и отвлекающих движений лучше избегать.* Например, некоторые спикеров любят качаться на месте, делая маленькие шаги вперед и затем назад, влево и затем вправо. Точно так же многие спикеры блуждают у трибуны без цели, часто повторяя свои движения. Шаги взад-вперед не вызовут любовь аудитории, которая наблюдает за вами в течение восьми минут! Принцип движения прост: *в любом случае двигайтесь, но осознавайте, что вы делаете и помните, с какой целью вы двигаетесь.*

Манерность

В дебатах манерность понимается как отличительная или характерная черта визуальных представлений. Например, спикер может иметь свой уникальный жест или способ перемещения.

В особенностях манер нет ничего проблематичного – каждый спикер имеет собственную манеру речи. Однако особенность манер становится проблемой, когда она слишком часто и навязчиво повторяется. В некоторых случаях, аудитория замечает только эту навязчивую особенность, и более ничего! Например, когда спикер смотрит лишь на определенную часть комнаты (мы обсудили это ранее), имеет привычку закручивать волосы вокруг пальца или постоянно повторяет один и тот же жест.

Невозможно изложить полный список особенностей, именно потому, что они являются особенными. Тем не менее, вы должны знать об опасности манерности и быть начеку с теми элементами вашего визуального представления, которые могут стать повторяющимися или отвлекающими.

Голосовое представление (Vocal Presentation)

Голосовое представление – способ, с помощью которого вы произносите и доносите ваши слова до аудитории.

Скорость

Бесспорно, скорость – самая большая проблема в голосовом представлении – в особенности, если вы говорите слишком быстро. Необъяснимо, но выступление перед аудиторией может вызвать замедление времени, которое теория относительности только начинает осознавать! Для вас скорость вашей речи может казаться нормальной, однако она может быть слишком быстрой для аудитории и судей. Самостоятельно спикеру может быть трудно это распознать, поэтому важно обратить внимание на то, что судьи или зрители говорят о скорости вашей речи. Если вам действительно необходимо замедлиться, есть, по крайней мере, два хороших способа сделать это. *Первый:* старайтесь начать медленно, передав чувство речи в умеренном темпе своим зрителям. *Второй:* многие спикеры любят написать что-то вроде «говори медленнее» на своих карточках для записей. Это может быть полезным, если только вы вдруг не прочитаете эти слова вслух!

Возможно, что проблема заключается в том, что вы говорите слишком медленно, хотя это и маловероятно. Обычно, это просто результат того, что спикеру просто нечего сказать или он не до конца понимает то, о чем говорит. С точки зрения дебатёра (но не судьи) это проблема содержания – вам необходимо убедиться в том, что вам есть что сказать, и что вы понимаете это достаточно детально.

Громкость речи

Громкость речи – существенный компонент голосового представления. Возможно, самое важное, что нужно запомнить – *громкость речи должна соответствовать обстановке, в которой вы выступаете.*

К примеру, когда вы обращаетесь к большой аудитории в большом зале, важно говорить громко; если вы обращаетесь к маленькой группе в классе, эффективнее использовать разговорный тон.

Некоторые спикеры думают, что лучше всегда говорить громко и настойчиво, чтобы выглядеть уверенным и влиятельным. Нет сомнения, что техника может быть стоящей, но если она используется постоянно, то это может привести и к обратному результату: спикер может показаться слишком взволнованным и потерявшим контроль над собой. Часто более эффективно будет *не* создавать впечатление, как будто вы заставляете аудитории «проглотить ваши аргументы», а рассказать их тихо и спокойно, как будто вы посвящаете зрителей в важную тайну. Этот стиль выгоден тем, что ваши зрители внимательнее сосредоточатся на том, что вы говорите, и создастся впечатление силы и уверенности, потому что вы будете чувствовать себя комфортно, выступая перед зрителями в расслабленной и смягченной манере.

Конечная цель при работе с громкостью речи – представить уверенную речь, подходящую обстановке, и изменять громкость речи там, где это необходимо.

Разнообразие

Так или иначе, разнообразие придает жизни изюминку, оно также поможет улучшить вашу оценку за стиль! Конечно, вы всегда можете разнообразить ваше визуальное представление, используя, например, различные жесты. Однако разнообразие в стиле – вопрос голосового представления. Это так потому, что однообразие может привести к монотонной речи.

Возможно, самый действенный способ избежать монотонности – эффективно использовать карточки для записей – простое чтение карточек – самый легкий способ привести речь к комфортному (и скучному!) однообразию.

Важно, поэтому, разнообразить свой стиль изложения во всем. Например, вы можете изменять высоту голоса, говоря живо и выразительно, нежели с одной интонацией. Можно изменить ваш естественный ритм разговора, например, сделав паузу. По иронии судьбы, самый лучший способ вернуть внимание зрителей к тому, что вы говорите – это не сказать ничего; делайте преднамеренные паузы между предложениями, аргументами или идеями. Наконец, не забывайте изменять громкость вашей речи. Нет конкретного правила о том, как или когда делать это, кроме того, что изменять громкость необходимо резко и заметно, а не медленно и постепенно. К примеру, можно эффектно закончить один аргумент в громком, агрессивном стиле, взять значительную паузу и затем начать ваш следующий аргумент в мягкой и аналитической манере.

И последний пример об изменении стиля. Изменение стиля – определенная форма разнообразия в манере выступления, включающая резкие и заметные изменения в ключевом моменте речи. Более того, оно часто затрагивает *всю* манеру вашего выступления, например, вы можете изменить настойчивую и быструю речь с использованием жестикуляции на мягкую, медленную со скованными движениями. Стилевые изменения широко используются при переходе от аргументов к заключительной части речи или при переходе от одного аргумента к другому. Одни тренеры и судьи настаивают на изменении стиля, для других это менее важно. Итак, изменение стиля – одна из форм эффективного разнообразия, а разнообразие – это самое главное.

Речевое представление (Verbal Presentation)

Содержание и стратегию обычно описывают как «то, что вы скажете». Однако это не совсем верно – в действительности, содержание и стратегия включают *идеи*, под видом того, что вы говорите. *Способ*, с помощью которого вы передаёте свои мысли словами является составляющей манеры вашего выступления, а именно речевым представлением.

Невозможно научить человека, как выражать идеи с помощью слов – этот навык присущ человеку с детства! Однако он может быть усовершенствован и улучшен для дебатов.

Значимость ясности

Ясность безоговорочно является самым важным элементом речевого представления. Для многих ораторов, ясность – это то, как они проговаривают слова. Однако здесь мы должны сконцентрироваться на словах, которые вы используете для разъяснения своих идей. Многие спикеры используют длинные слова и замысловатые предложения, чтобы впечатлить аудиторию, но это делает их речи трудными для восприятия и тяжелыми для понимания.

Должно быть верно обратное. Вам следует стремиться выражать свои идеи настолько просто и ясно, насколько это возможно, и использовать понятный язык и короткие предложения. Мы уже рассматривали этот пример ранее, когда обсуждали Адама Спенсера и его разговорное и эффективное объяснение аргумента о рыночной власти Майкрософт. Основной принцип должен быть ясен: производить впечатление на слушателей должен ваш кейс, а не замысловатые слова и фразы! Конечно, этот принцип *абсолютно не подходит* для содержания ваших аргументов – хотя аргументы должны быть простыми, нет необходимости превращать ваши идеи в разговорные или банальные понятия. Здесь мы беспокоимся о языке, который вы используете для выражения этих понятий, какими бы запутанными (а может и нет) они ни были. Вот некоторые основные принципы:

- *Избегайте сложных слов и понятий, где только это возможно.* Например, нет причин обвинять оппозицию в «ранее неподтвержденном экспериментами индукционизме», проще и, следовательно, эффективнее сказать: «Наша оппозиция предполагает, что если [X] произошло в прошлом, это будет происходить и в будущем».
- *Объясните то, что обозначают аббревиатуры.* Аббревиатуры могут вызвать серьезное замешательство у тех судей и зрителей, которые их не понимают. Поэтому необходимо объяснить, что обозначает любая из аббревиатур, когда вы используете её впервые. Например, недостаточно просто сослаться на «ВОЗ», первый раз, когда вы это делаете,

необходимо растолковать, что «ВОЗ – это Всемирная Организация Здравоохранения».[7]

- *Объясняйте специальные термины.* Иногда необходимо использовать специальные термины, но они тоже должны быть объяснены. Например, не достаточно просто сослаться на «эффект масштаба», вы должны объяснить значение термина («уменьшение средних издержек за счет увеличения масштабов производства»).

- *Отвечайте на любой риторический вопрос.* Риторические вопросы могут быть полезными, чтобы обратить внимание зрителей на суть вашего аргумента. Однако нет ничего хуже, чем оставить риторический вопрос без ответа (например, «Как мы можем оправдать убийства невинных граждан Ирака?»). Оппозиция с радостью ответит на этот вопрос за вас или скорее за них (к примеру, «Наш кейс точно показывает, почему было оправдано забрать жизни невинных иракцев во избежание более крупного конфликта в будущем»).

Умные речевые приемы

В других формах публичных выступлений спикера часто поощряют использовать различные литературные приёмы во время написания речи, например, метафоры, триплеты или аллитерацию. В этих приёмах в сущности нет ничего плохого, но вы должны понимать, что они звучат подготовленными. Таким образом, в дебатах вы должны ограничить их использование до тех частей вашей речи, в которых зрители ожидают услышать хорошо подготовленную речь, а именно: во введении и в заключении. Спикер, который представляет аргументы (или даже опровержение) слишком заученным языком, почти всегда сам и страдает от этого в результате, ведь такие аргументы лишены искренности и действенности более естественного выражения.

Юмор

Юмор в дебатах – палка о двух концах. Если он используется правильно, это может значительно улучшить ваше взаимопонимание с аудиторией; если неправильно – это может отвлечь и запутать аудиторию, уменьшить уровень её доверия к вам. Юмору трудно научить, но его легко практиковать. Мы рассмотрим некоторые общие указания относительно использования юмора в дебатах:

- *Юмор вам не нужен!* Может казаться, особенно в компании забавных и интересных спикеров, что дебаты невозможны без юмора. Это не так, некоторые великие спорные речи в истории были представлены без

---

7. Этот принцип не распространяется на простые аббревиатуры, такие, например, как США или ООН.

капли юмора (вы можете представить: «У меня есть мечта ... на самом деле у меня не одна мечта ... да что мы всё о мечтах, да о мечтах...»?) Обычно чувство юмора дебатёра и способность умело использовать этот юмор формируются в течение долгого времени. Нет нужды ускорять этот процесс.

- *Если вы шутите, убедитесь, что шутки соответствуют содержанию ваших дебатов.* Как мы выяснили ранее, стиль всегда должен соответствовать контексту. Это особенно важно, когда дело касается юмора. Если вы дебатируете о спорте или телевидении, шутки являются уместными. Если, с другой стороны, вы дебатируете о терроризме или бытовом насилии, шутки наверняка будут неуместными – и если все же зрители хорошо их воспримут, они вряд ли улучшат уровень доверия к вашей позиции в дебатах.

- *Нет необходимости использовать отдельные шутки.* Если ваш юмор непосредственно не касается проблемы дебатов, вряд ли он покажется смешным. Например, общие остроты могут вызвать улыбку, но не улучшат уровень доверия к вашей позиции в дебатах (например: «Кейс наших оппонентов похож на хороший кусок голландского сыра, но только тем, что в нем много дырок»).

- *Не переходите на личности и не будьте саркастичными.* Из Шага №1 первой главы мы узнали о том, что важно всегда поддерживать вежливые и почтительные отношения с вашими оппонентами – отпускать личные шуточки в сторону ваших противников – самый легкий способ нарушить этот принцип.

- *Не используйте непристойные шутки.* Юмор, как предполагается, улучшает атмосферу дебатов и внушает любовь зрителей к вам и к вашим аргументам. Шутки, которые даже некоторые зрители могут найти непристойными и грубыми, только навредят вашему уровню убедительности и доверия.

- *Помните, шутки не являются опровержением.* Не имеет значения, сколько раз вы пошутите о кейсе ваших оппонентов или сколько раз посмеются зрители – это само по себе не показывает, почему аргументы ваших противников неправильны. Конечно, вы может использовать юмор в качестве *помощника* во время опровержения, но он никогда не заменит анализ и аргументы.

- *Не слишком воодушевляйтесь.* Легко прийти в восторг, когда зрители тепло реагируют на ваши шутки. В такой ситуации у вас есть выбор: усиленно раскрывать свои аргументы (зрители хорошо реагируют на вашу речь и внимательно слушают, что вы говорите) или просто продолжать шутить. Слишком многие спикеры в этой ситуации выбирают последнее. Музыканты любят говорить: «Если вы играете ради аплодисментов, то это единственное, что вы получите» – то же самое можно сказать относительно дебатёров, которые увлекаются и могут променять свои аргументы на ещё несколько шуток.

Принимая во внимание, что мы обсуждаем раздел, посвященный юмору, это все наводит тоску! Мы привели список тех вещей, которых делать *не следует*. Помните, что мы не предлагаем вам полностью отказаться от юмора – в действительности, при правильном использовании, юмор может стать одним из самых эффективных добавлений к вашему стилю. Суть в том, что вы должны шутить так, чтобы шутка не закончилась для вас плачевно.

Общие указания

Существуют некоторые важные принципы, которые не относятся непосредственно к визуальному, речевому или голосовому представлению. Скорее они важны потому, что относятся ко всему стилю *в целом*.

Эффективное использование карточек для записей

Подавляющее большинство проблем со стилем среди неопытных дебатёров вызвано прямо или косвенно неэффективным использованием карточек для записей. По сути, у вас будут всевозможные проблемы со стилем, если вы будете читать вашу речь с карточек, а не просто использовать заметки, подсказывающие вам при объяснении вашего аргумента. Наиболее очевидно, что зрительный контакт пострадает – если вы не привыкли пользоваться услугами суфлера, зрительный контакт невозможен во время чтения. Также серьезной проблемой будет и то, что все ваше голосовое представление будет страдать. Понятно, что зрители и судья будут знать по интонации вашего голоса, что вы читаете подготовленные записи. Это не проблема для телеведущих или политиков, произносящих подготовленные речи, так как зрители ожидают и принимают то, что они будут читать. Тем не менее, зрители и судьи лучше всего отзываются о дебатёрах, которые действительно спорят, а не читают аргументы с карточек для записей. Говоря простыми словами, лучше случайно запнуться, рассказывая свои мысли, чем представить идеальное свободное чтение стенограммы ваших записей.

Хватит теории – как можно применить это на практике? Ответ прост: не пишите много на карточках для записей. Возможно, одно из наиболее разочаровывающих высказываний, которое можно услышать от дебатёров – это: «Конечно, я не буду читать речь слово в слово, но я *запишу* её себе полностью слово в слово, чтобы быть уверенным». Это бессмысленно, если у вас будет вся речь на карточках, вы практически неизбежно будете читать её слово в слово. Даже если вам удастся избежать этого, ваш стиль пострадает, поскольку очень сложно выделять ключевые моменты из речи, записанной «от и до».

Так что тогда нужно писать на карточках для записей? Простого ответа нет – записи каждого дебатёра выглядят по-разному, так как все по-разному

     Методическое пособие по Всемирному формату школьных дебатов

записывают мысли и сокращают идеи. Тем не менее, главный принцип заключается в том, что *вам стоит писать, как можно меньше, сохраняя главные идеи вашей речи*. Только эти идеи будут отличаться, скорее всего, от одного раунда дебатов к другому. Большинство хороших дебатёров находят полезным отмечать ключевые слова и подзаголовки в своей речи. Например, представляя независимый аргумент, большинство хороших дебатёров запишет название аргумента, затем некоторую внутреннюю структуру, например, «название – объяснение – доказательство – вывод». Это не означает, конечно, что вы должны использовать именно эти слова, но вы должны писать подзаголовки, чтобы следовать внутренней структуре аргумента. Эта карточка для записи показывает самый простой пример, как это все должно выглядеть с подзаголовками (название, «почему?», «пример», «и что из этого?»), чтобы напомнить спикеру внутреннюю структуру аргумента.

[Название или Заглавие]

Почему?
[Объяснение]

Например
[Доказательство(а)]

И что из этого?
[Вывод]

Вам необязательно точно следовать именно этому формату. Формат вашей карточки близко связан с внутренней структурой вашего аргумента, так что будет важным внимательно подумать об этом на основе каждого конкретного случая.

Подобное замечание можно услышать от дебатёров: «Да-да, на карточке я буду писать только ключевые слова, но я бы хотел записывать свою речь дословно сначала на другой бумаге, *затем* сократить её». Они упускают один момент – записи на карточках созданы, чтобы обобщать идеи, а не конкретные предложения. Вам стоит беспокоиться о ясности и убедительности ваших аргументов, а не о том, как выразить то или иное предложение. На более практическом уровне этот подход является пустой тратой времени – зачем писать всю речь целиком, если потом использовать карточки?

Берегите время! Лучший подход – записывать свою речь сразу на карточки в форме заметок. Время, которое вы сэкономите, не записывая речь слово в слово, лучше всего потратить на практику произнесения речи по карточках для записи – то есть, практику составления записей и представления их в качестве речи. Многие дебатёры считают, что лучший способ практиковаться – говорить перед зеркалом, это также может помочь улучшить визуальное представление. Преимущество такой подготовки двойное: вы не только будете произносить саму речь более натуральным и искренним способом, но и улучшите технику представления речи по карточкам. Этих двух преимуществ никогда не добиться, если вы будете записывать речь слово в слово.

Важность контекста

Контекст имеет первостепенную важность для речей в повседневной жизни. Редко можно говорить в одной и той же манере с другом или родственником, как с учителем или работодателем – и было бы нелепо спрашивать, какой стиль лучше. Так же и в дебатах. Хотя базовые характеристики хорошего стиля не меняются, в целом он должен отражать контекст ваших дебатов. Невозможно иметь универсальный идеальный стиль – необходимые требования к хорошему стилю выступления будут различаться в зависимости от зрителей, оппонентов, помещения и темы.

Мы уже оценили опасность юмора в дебатах на серьезную тематику. Дело в том, что тема дебатов здесь является важной частью контекста, и ваш стиль должен отражать этот контекст, если вы хотите заслужить доверие.

Мы также посмотрели на важность контекста для громкости вашей речи. Если вы дебатируете перед большим числом зрителей в большом зале, вам, скорее всего, будет выгодно использовать громкий голос и выразительную жестикуляцию. С другой стороны, если вы дебатируете перед маленькой группой в школьном классе, то такой стиль не приблизит вас к зрителям, которые скорее почувствуют, что вы на них кричите. Здесь как раз лучшее время использовать разговорный тон и более сдержанные жесты.

Ваши оппоненты вне сомнения являются частью контекста дебатов. Вы можете обнаружить, что дебатируете с несерьезной и веселой оппозицией, которая, похоже, влюбила в себя зрителей. Хотя вы можете испытать искушение попробовать соответствовать такому стилю, это не всегда является эффективным подходом. Вместо этого можно попробовать сделать ход наоборот, усилить внимание на то, насколько такая тема серьезна, не делая ни одного юмористического замечания.

Как и во многих аспектах дебатирования, здесь невозможно прописать четкие правила, которые объясняли бы, какой стиль при каких обстоятельствах лучше использовать. Однако ещё раз подчеркнем важный момент: когда дело касается эффективного стиля, то, что подойдет одному, не обязательно подойдет другому – ни спикеру, ни контексту.

ГЛАВА IV: ИНФОРМАЦИОННЫЕ ЗАПРОСЫ И РЕЧИ АНАЛИЗА

Введение

Первые три части этой книги были посвящены хорошей технике ведения дебатов в формате, используемом во многих странах мира. Однако нам надо рассмотреть ещё два важных аспекта этого формата: информационные запросы (points of information) и речи анализа (reply speeches). Информационные запросы и речи анализа используются на более высоких уровнях дебатов. Например, большинство школьных дебатов идут по простой схеме из шести речей без информационных запросов. Однако на чемпионате мира по школьным дебатам используются информационные запросы и речи анализа.

Информационные запросы и речи анализа не меняют значительно характеристику хорошей техники дебатирования, они являются добавлением к тому, что уже было пройдено, не заменяя ничего. Тем не менее, они несут определенные вызовы, поскольку обе эти техники имеют свои отличительные особенности.

Информационные запросы

Каждый дебатёр, несомненно, сидел, слушая своих оппонентов, и думал: «Это *так* неправильно!», сидел и не мог дождаться, когда их речь закончится, подавленный тем, что не может немедленно вмешаться. Информационные запросы помогают преодолеть это разочарование, давая спикеру ограниченную возможность вмешаться в речь оппонента. Правильно сделанные информационные запросы могут сильно повысить уровень и зрелищность дебатов, они делают дебаты более динамичными и восхитительными для просмотра, они награждают дебатёров, которые могут думать по ходу игры, и, в общем-то, повышают уровень доверия к спикеру. Многие дебатёры боятся делать информационные запросы первое время, но большинство учатся быстро придумывать информационные запросы, следуя некоторым принципам.

Что такое информационные запросы?

Информационные запросы – вмешательства в речь оппонента. Они позволяются в середине речи. Например, в 8-минутной речи с информационными запросами после первой и седьмой минуты звучит сигнал (хлопок по столу, звонок колокольчика) – между этими сигналами можно делать информационные запросы. (Конечно, также будет двойной сигнал по прошествии восьми минут, как сигнал к окончанию дозволенного времени выступления).

Дебатеры предлагают информационные запросы, вставая со своего места и говоря: «Вопрос». Спикер может затем принять или отклонить запрос. Если спикер принимает, то задается вопрос или делается замечание, связанное с аргументом спикера; если спикер не принимает запрос, то оппонент просто садится.

Попытки сделать информационные запросы

СКОЛЬКО ЗАПРОСОВ НУЖНО ПОПЫТАТЬСЯ СДЕЛАТЬ?

По общему правилу *каждый* спикер должен предложить 2, 3 или 4 запроса *каждому* спикеру оппонентов. Нужно вести счет числа запросов, которые вы задали во время каждой речи.

Минимальное требование (2 запроса от каждого члена команды каждому спикеру оппонентов) – строгое: если вы предложите 1 запрос или ничего не предложите, то судье будет дана возможность снизить баллы. Поэтому вы *должны* сделать, по крайней мере, 2 информационных запроса. Это одна из причин, почему многие дебатёры следят за временем каждой речи в дебатах – следя за временем речи оппонентов, они знают, сколько времени остается, чтобы сделать информационные запросы. Многие дебатёры, которые не делают, по крайней мере, два таких запроса, воспринимаются как будто им нечего сказать. Обычно, это далеко от истины – у каждого дебатёра всегда есть, что сказать! Вместо этого, обычно это результат отсутствия уверенности, чтобы встать и сказать. Это сомнение можно перебороть небольшим опытом и решительностью показать недостатки в аргументах оппонентов.

Максимально необходимое требование (4 запроса от каждого члена команды каждому спикеру оппонентов) – нестрогое. Можно сделать больше 4 запросов без обязательного снижения баллов. В этом случае, общий контекст является ключевым, потому что особенно важно не использовать информационные запросы, чтобы «травить» (badger) оппонентов. Например, если каждый спикер из вашей команды предложит по два запроса, вряд ли это будет проблемой, если в общей сумме вы предложите шесть. Однако если каждый из вас предложит по шесть запросов, это будет рассматриваться как травля (badgering).

Ещё раз скажем: не существует *максимального количества* запросов, которые может предложить команда – «травите» вы оппонентов запросами или нет, будет зависеть от контекста дебатов. Если вы вежливо предлагаете много запросов уверенному спикеру, то вас не накажут за травлю. Если ваша команда предлагает то же число запросов в громкой и агрессивной манере робкому и волнующемуся спикеру, то вас, скорее всего, накажут. Это не означает, что надо быть полегче со слабыми спикерами – каждый член команды все ещё имеет право сделать четыре информационных запроса. Однако это означает, что контекст важен в решении того, стоит ли предлагать больше четырех запросов.

КОГДА СЛЕДУЕТ ДЕЛАТЬ ИНФОРМАЦИОННЫЕ ЗАПРОСЫ?

Общий ответ на этот вопрос прост: когда есть, что сказать! Даже вставая и показывая намерение задать вопрос, вы демонстрируете несогласие с тем, что говорит спикер. Это важно: самое лучшее для спикера во время речи – сидящие молча в течение длительного времени оппоненты. Поэтому жизненно важно предлагать информационные запросы во время опровержения или представления независимых аргументов.

Даже в этом случае, вы *никогда* не должны делать информационные запросы с намерением, что их отклонят. Некоторые дебатёры делают это, предлагая запросы в то время, когда их вряд ли примут (например, сразу после минутного или прямо перед семиминутным сигналом), или предлагая их в особенно самоуверенной и агрессивной манере. Вероятно, что подобные моменты *снижают* шансы запроса быть принятым, но они не *уничтожают* его. Поэтому, предлагая запросы во время опровержения и представления независимых аргументов, внимательно подумайте и найдите недочеты в речи оппонента и делайте запрос, держа эти недочеты в голове.

Есть моменты, когда однозначно *не стоит* делать запрос. Вы не должны делать запрос во время вводной части речи (к примеру, когда первый спикер утверждения представляет определение, ведущую линию, разделение аргументов, или когда спикер представляет план своего выступления). Это так, потому что сложно не согласиться с вводной частью как таковой, но если вы *действительно* не согласитесь (например, когда определение оппонентов необоснованное), ваша озабоченность будет слишком объемной и важной, чтобы её вместить в один краткий запрос. Вы не должны делать запрос, если ваш запрос или запрос вашего товарища по команде был только что отклонен – вряд ли спикер примет ваш запрос, кроме того, это самый простой путь произвести впечатление травли оппонентов.

КАК СЛЕДУЕТ ДЕЛАТЬ ИНФОРМАЦИОННЫЕ ЗАПРОСЫ?

Самый простой способ сделать информационный запрос и есть самый лучший – просто встаньте с места и вежливо скажите: «Вопрос». Не нужно быть агрессивным – вряд ли ваш запрос будет принят или достигнет чего-либо, если вы встанете с грохотом и кинете ручку на пол! Схожим образом, некоторые спикеры (особенно на университетском уровне) делают запрос, держа одну руку на голове, а другую, вытягивая вперед по направлению к спикеру. Нет нужды это делать – у непосвященного зрителя, скорее всего, это вызовет смущение, отвлечение, а иногда и веселье.

Некоторые дебатёры, делая запросы, говорят что-то иное, чем: «вопрос». Например, они говорят: «противоречие», «неправильное представление», «фактическая ошибка». Такой подход неспортивен и неверен – говоря это, вы уже *называете* свой запрос. Это право спикера решать, принять или отклонить запрос, а не предлагающего, который стремится навязать идею в дебатах. Более того, это вряд ли заставит зрителей и судей полюбить вас, если они заметят, что вы нарушаете правила, чтобы получить легкое преимущество.

Иногда несколько членов команды делают информационные запросы одновременно. Тогда лучше быстро и тихо решить, кто будет делать запрос и оставить одного человека стоящим. Например, один человек, возможно, не сделал должного числа запросов или имеет необычайно сильный запрос. Это помогает избежать смущения, когда спикер принимает запрос, а ваша команда топчется, решая, кому заговорить!

КАК СЛЕДУЕТ ЗАДАТЬ ИНФОРМАЦИОННЫЙ ЗАПРОС, ЕСЛИ ЕГО ПРИНЯЛИ?

Существует несколько важных техник для представления информационного запроса:

- Несмотря на название, нет необходимости вкладывать в информационный запрос какую-то информацию вообще, можно упомянуть факты, статистику, логику кейса ваших оппонентов или все, что является подходящим.

- Запрос должен соответствовать тому, о чем сейчас говорит спикер или о том, что только что было сказано. Некоторые дебатёры и тренеры считают хорошей тактикой делать запрос на то, что было сказано гораздо раньше в речи спикера с намерением нарушить распределение времени спикера и его стратегию. Однако этот подход излишне запутывает дебаты и вредит уровню доверия – может сложиться впечатление, что вы не следите за ходом мысли в дебатах!

- Если возможно, формулируйте свой запрос как вопрос. Вопрос требует ответа от спикера и поможет прояснить вашу позицию. Например, предположим, что спикер обсуждает огромные преимущества, которые Интернет может принести развивающимся странам. Один из информационных запросов может быть: «Примерно 80% населения мира никогда не пользовались телефоном». Однако более эффективным будет запрос: «Вы говорите, что Интернет принесет огромную пользу странам третьего мира. Как это соотносится с фактом, что около 80% мирового населения никогда не пользовались телефоном?»

- Старайтесь не задавать вопросы, позволяющие спикеру разъяснить достоинства кейса ваших оппонентов. Это обычно случается, если ваш запрос слишком общий. Например, спрашивая: «Как вы можете доказать это утверждение?», вы предлагаете оппоненту в точности объяснить, как его или её план подтверждает это утверждение!

- Старайтесь делать ваши запросы, как можно более краткими. Информационный запрос может длиться 15 секунд, по истечении этого времени председатель или судья призовет задающего вопрос к порядку. Тем не менее, гораздо более эффективно предложить простой и сжатый пяти секундный запрос, чем запутанный и несвязный 15-ти секундный. Если ваш запрос слишком сложен или коварен, его будет лучше приберечь для опровержения.

- Задать вопрос *не означает* начать разговор. Вы должны представить запрос и сесть; не нужно стоять во время ответа спикера и ввязываться в дальнейший обмен идеями со спикером.

- Ваш запрос должен атаковать кейс ваших оппонентов, а не защищать собственный. В некоторых случаях (например, при серьезном искажении), вы можете защитить свой кейс, настойчиво проясняя аргумент. Хотя это редкая ситуация; в целом, запросы лучше использовать для атаки.

- Не предлагайте уточняющие запросы. Поступая таким образом, вы упускаете возможность атаковать кейс оппонентов, и любое представленное прояснение только поможет вашей оппозиции.

- Многие дебатёры находят полезным продумать начало запроса в течение времени между предложением и принятием. Это поможет сделать запрос более лаконичным и сильным.

- Некоторые идеи являются слишком противоречивыми и многоплановыми, их нельзя эффективно отразить в информационных запросах. Мы уже оценили стратегическое преимущество (в некоторых случаях) спора по противоречивым кейсам. Мы также заметили, что такие кейсы нуждаются в ясном и аккуратном объяснении. Ясное дело, что краткие информационные запросы, требующие немедленного ответа, – слабый приём для обсуждения подобных идей.

- Думайте о том, как использовать ответ на информационный запрос в собственной речи. Например, в опровержении вы можете сказать что-то вроде: «Итак, во время информационного запроса я спросил об этом у первого спикера, и она ответила [X]. Однако даже это не объясняет, что …».

- Используйте информационные запросы, чтобы показать проблемы с *кейсом* ваших оппонентов, а не причины, по которым ваша оппозиция может *проиграть*. Например, если ваши оппоненты забыли опровергнуть главный аргумент вашего кейса, пусть будет так – вы всегда сможете напомнить зрителям и судье об этом факте в заключительной речи или в третьей речи отрицания (если вы, конечно, отрицание). К примеру, будет огромной стратегической ошибкой предложить информационный запрос и сказать: «Вы не опровергли наш главный аргумент, который звучит как [X]». Это просто означает отдать игру оппонентам – мудрый спикер оппозиции немедленно обратит на это внимание, так что это больше не будет проблемой для оппозиции!

Ответ на информационные запросы

СКОЛЬКО ИНФОРМАЦИОННЫХ ЗАПРОСОВ СЛЕДУЕТ ПРИНЯТЬ?

Два. Это очень просто! Судьи ожидают принятия вами, *по крайней мере*, двух запросов, и будут иметь право вычесть баллы, если вы этого не сделаете. Тем не менее, стратегически, нет оснований для принятия более чем двух запросов, так как это просто предоставит вашим оппонентам дополнительную возможность высказаться!

КОГДА СЛЕДУЕТ ПРИНЯТЬ ИНФОРМАЦИОННЫЙ ЗАПРОС?

Самый важный принцип принятия и рассмотрения информационных запросов заключается в том, что спикер должен контролировать ситуацию. Ваши оппоненты стараются помешать запросами *вашей* речи, поэтому они будут делать это на *ваших* условиях. Если оппозиция ведёт себя агрессивно или разочарованно, это ещё не повод принять запрос – вы должны сделать это только тогда, когда удобно вам.

Как правило, вы должны стремиться принять вопрос, когда уверены и понимаете, что вы говорите. Например, середина или конец аргумента – прекрасное время для того, чтобы принять вопрос, потому что вы уже рассказали, о чем ваш аргумент. Начало аргумента или речи в целом – очень неудачное время для принятия вопроса – вы должны прояснить основы вашего кейса или аргумента, прежде чем позволить оппозиции спутать карты. Кроме того, вам не следует принимать запросы во время опровержения. Опровержение – атака кейса оппозиции; принятие запросов может запутать опровержение и придать ему оборонительный характер. И наконец, если уж так случилось, что вы представляете очень слабый аргумент – не принимайте запрос! Надеюсь, вы никогда не окажетесь в подобной ситуации, но если это случится, вы лишь усугубите свои проблемы, предоставив вашей оппозиции шанс высказаться и добить вас.

КАК СЛЕДУЕТ ОТКЛОНЯТЬ ИНФОРМАЦИОННЫЕ ЗАПРОСЫ?

Как и в случае с принятием вопросов, простейший подход является наилучшим.

Нужно всегда быть вежливым в момент отклонения вопроса и просто сказать: «Спасибо, нет». Нет никакой необходимости быть резким («Нет!») или грубо говорить («Нет – это *ваша* ошибка!»). Далеко не самая лучшая идея отклонять вопрос с помощью жеста – не факт, что оппонент вас поймет, и вы можете выглядеть невежливым.

Не тратьте время на отклонение вопросов. Например, если вы говорите: «Спасибо, нет, пожалуйста, садитесь» или «Нет, благодарю вас, у вас уже была возможность высказаться» каждый раз при отклонении запроса, вы потеряете темп и время вашей речи. Самый простой подход является наилучшим!

КАК СЛЕДУЕТ ПРИНЯТЬ ИНФОРМАЦИОННЫЙ ЗАПРОС И ОТВЕТИТЬ?

Итак, вы решили принять вопрос, который вам только что предложили. Что нужно делать дальше? Во-первых, вы должны закончить ваше предложение! Это, несомненно, наиболее недооцениваемый метод, он кажется, банальным и простым, но является очень важным. Дебатёры, которые отбросили все, чтобы ответить на вопрос, оставляли впечатление, что они взволнованы и предоставляют оппонентам возможность диктовать свои условия. Заканчивая предложение, вы сохраняете контроль над своей речью – и производите впечатление, что вы действительно это делаете!

Можно принять запрос, просто обратившись к оппоненту и сказав: «Да», или что-то в этом духе. Считается грубо и неуместно давить на задающего, например, сказав: «А что вы думаете [об одном из аргументов или примеров, которые только что были представлены]?» Также же неприемлемо спрашивать задающего, о чем информационный запрос, прежде чем принять или отклонить его.

Если несколько спикеров оппонентов предлагают запросы одновременно, вам никогда не следует выбирать оппонента, которого вы хотите выслушать. Это создает впечатление (верное или нет), что вы сознательно выбираете того, кто, по вашему мнению, задаст наиболее лёгкий вопрос. Вместо этого просто скажите «Да» (или что-то схожее) всем спикерам, делающим запрос; а ваши оппоненты быстро сами решат, кто будет задавать его.

Очень важно внимательно прислушиваться к тому, что скажет оппонент. Многие дебатёры воспринимают ответы на информационные вопросы как своего рода «тайм-аут» – они, пользуются возможностью, чтобы заглянуть в свои записи или проверить, сколько они потратили времени на данный аргумент. Другие дебатёры прерывают оппонента прежде чем он закончит, сказав нечто вроде: «Да, да, я понимаю, но проблема заключается ...». Если это случается, оппонент обязан сесть – в конце концов у спикера за трибуной есть право контролировать свою речь. Однако даже если кажется, что задающий попал в неприятное положение, отвечающий тоже выглядит крайне слабо. Вместо того чтобы показать, что вы знаете, о чем ваши оппоненты говорят, создается впечатление, что вы не хотите это знать!

Иногда вы можете не понять информационный запрос. Например, оппозиция может объяснить что-то в крайне специфичной манере, или на международных соревнованиях вы просто можете не понять акцент того кто задаёт вопрос. В этом случае, вполне приемлемо вежливо попросить оппонента повторить вопрос. Или же, если повторение вопроса вряд ли поможет, вы можете ответить что-то вроде: «Я понимаю, что вы говорите об [X]. В таком случае, мой ответ [Y]».

Однако, как правило, этого не произойдет – оппонент задаст хороший вопрос, который потребует хорошего ответа. Важно ответить на вопрос, который был задан. Многие дебатёры отвечают на вопросы, *похожие* на те, что были заданы или просто заново формулируют свой исходный аргумент. Хотя это лучше, чем просто игнорировать вопрос, жизненно важно внимательно слушать и отвечать на тот вопрос, который был задан. Несмотря на то, что важно дать *хороший* ответ, не нужен *долгий* ответ. Наоборот, важно не увлечься при ответе; вы должны стремиться дать эффективный, но краткий ответ, который позволяет вам вернуться к вашему подготовленному материалу.

Когда вы возвращаетесь к подготовленному материалу, важно помнить, о чем вы говорили до вопроса. Например, вы, возможно, сказали нечто вроде: «Это верно по двум причинам», но представили лишь одну из причин, когда приняли вопрос. Важно вернуться туда, где вы были, и прояснить это. Например, вы можете продолжить: «Я говорил, что есть две причины, вторая причина заключается в …».

Иногда ваши оппоненты сделают запрос, касающийся вашего аргумента, который вы уже представили, или который будет представлен вами или следующим спикером. Вместо того чтобы тратить время, объясняя одну идею дважды, стратегическим подходом будет просто сослаться на другой аргумент, а затем кратко ответить на запрос. Например, вы можете сказать: «Мой второй спикер рассмотрит это в деталях. По существу, мы покажем вам, что [X] …». Этот ответ гораздо лучше, чем просто сказать: «Ну … мой второй спикер ответит на него» – это создаёт впечатление, что вы пытаетесь убежать от ответа на вопрос.

В конце концов, вы время от времени будете получать запросы, на которые вы просто не сможете ответить. Обычно это объясняется тем, что запрос касается очень конкретного примера за пределами общих знаний. Например, оппонент может спросить: «Как это связано с энергетической корпорацией Дабхола и её деятельностью в индийском штате Махараштра?» Очевидно, лучший ответ заключается в том, чтобы объяснить, как именно ваш аргумент касается (или не касается) этого примера. Однако если вы не можете ответить на вопрос, лучший ответ заключается в том, чтобы переложить это бремя на оппонентов, сказав нечто вроде: «Я не вижу, каким образом энергетическая корпорация Дабхола имеет непосредственное отношение к данной проблеме. Если наша оппозиция была бы не против объяснить, почему этот пример так важен для нас, мы с удовольствием ответим на него позднее». (В этом случае, если ваши оппоненты *всё же* разъяснили этот пример в последующей речи, вам придётся ответить на него в следующем опровержении).

Речи анализа

Что представляют собой речи анализа?

Речи анализа – это речи, следующие после третьих речей. Они значительно короче, чем конструктивные выступления; как правило, если основные выступления длятся восемь минут, то заключительные выступления только четыре. Речь анализа представляет первый или второй спикер в каждой команде. Как отмечалось ранее, речи анализа используются на многих турнирах во Всемирном формате школьных дебатов, но не на всех.

Речи анализа представляются в обратном порядке, то есть сначала произносит речь анализа спикер отрицания, а затем утверждения. Таким образом, у отрицания есть две последовательные речи: за третьей речью отрицания следует их заключительная речь.

Речи анализа – не продолжение третьей речи. Цель речи анализа – кратко предоставить основные идеи и выводы в дебатах в выгодном для себя свете.

Цель хорошей речи анализа

Как вы уже наверно поняли, некоторые моменты в дебатах могут быть неизменными, иногда даже чересчур техническими. Речь анализа к ним не относится. Задача спикера, произносящего речь анализа, скорее сосредоточена на знании *цели* и *роли* эффективной заключительной речи, а не на заучивании множества правил.

Речь анализа должна отличаться от шести предыдущих. К этому времени дебаты почти закончены. Цель речи анализа не в том, чтобы объяснить, как ваша команда выиграла один *аргумент*, а в том, чтобы сделать шаг назад и показать, как ваша команда выиграла *дебаты* в целом. Конечно, говоря: «Мы выиграли эти дебаты, потому что ...» вы, вряд ли, сможете внушить аудитории или судье, что вы победили! Однако это является важнейшей *идеей*, которая движет хорошей речью анализа.

Во многих отношениях, вы должны рассматривать речь анализа, как интервью после футбольного матча, в котором вы говорите, что ваша команда выиграла. Вы можете объяснять причины вашей победы или критиковать своих оппонентов, объясняя причины их поражения. Однако вы не можете атаковать игрока команды противника, который просто прогуливается неподалеку в это время!

Разница между атакой игрока команды противника (в нашем случае опровержением аргумента оппонентов) и критикой подхода оппонентов может казаться незаметной. Однако, несмотря ни на что, это важно и может быть усилено при помощи двух тактик:

1. *Говорите в аналитической манере, а не конфронтационной.* Вам следует беспокоиться не о том, чья сторона правильная, а о том, почему ваша сторона выиграла.

2. *Старайтесь говорить в прошедшем времени.* Например, вместо «Мы говорим», следует сказать: «Мы показали вам, что…»

Вы можете показать, почему ваша команда выиграла дебаты путём критики кейса ваших оппонентов с позиций судьи. Предположим, например, что ваши оппоненты утверждают: «[X] – это правда» (неважно, что это значит!). Если бы вы должны были *опровергнуть* это в конструктивной речи, вы бы могли (1) критиковать способ представления аргумента и (2) использовать это для того, чтобы показать, что «[X] – это неправда». В речи анализа лучше просто сосредоточиться на критике – сказать (к примеру): «Наши оппоненты *утверждают,* что [X] – это правда. Но, тем не менее, они не приложили никаких усилий, чтобы доказать это утверждение. На самом деле их третий спикер гораздо больше времени уделил доказательству [Y]».

Структура речи анализа

У речи анализа не существует определенной структуры. Вы можете структурировать свою речь так, как сочтёте необходимым. Разумеется, не все структуры одинаково хороши – ваша структура будет оцениваться по её эффективности, поэтому поочередный анализ проблем гораздо предпочтительнее, чем просто случайный набор идей! Большинство спикеров всё же предпочитают при выступлениях пользоваться какой-то схемой, поэтому ниже мы рассмотрим две наиболее популярные.

Вне зависимости от выбранной структуры лучший способ начать речь анализа – это определить предмет дебатов. Речь анализа должна представлять собой простой и краткий обзор всех дебатов, поэтому не стоит её усложнять и хитрить. Обычно предмет, который вы определили в процессе подготовки будет, по крайней мере в общих чертах, основным предметом дебатов. Может так и не произойдет, но такое начало – это самый безопасный способ.

Простейший вариант заключения – потратить примерно половину времени на обсуждение кейса оппонентов, а другую половину на обсуждение своего собственного кейса. Конечно, это не значит, что вы должны дать беспристрастную оценку обоим кейсам – естественно, что вы критически проанализируете кейс оппонентов и усилите достоинства своего. В идеале во время подведения итогов, вы должны показать, как ваш кейс отвечает на вопросы и проблемы, поставленные оппонентами.

Второй вариант заключения – поэтапный анализ дебатов, подробное заключение, которое называют резюме «удар за ударом» (это выражение пришло из бокса, когда радиокомментаторы в подробностях описывали каждый удар и его эффект). Он применяется гораздо реже, так как может легко запутать. Тем не менее, он оказывается очень эффективным в тех случаях, когда оппоненты меняют свой кейс на протяжении дебатов, или когда предмет спора существенно развивается. Например, этот подход может быть лучшим способом показать, как кейс вашей оппозиции изменился в ответ на ваше опровержение, объяснить, как это противоречило представленным ими ранее аргументам, и почему вы выиграли основные спорные вопросы.

Более умный и грамотный способ (хотя и не обязательно более эффективный) – это показать *точки столкновения (clash points)* кейсов, возникшие в ходе дебатов по каждому спорному вопросу. При этом методе вы должны потратить первые 3 минуты своей речи на сравнение и противопоставление (compare and contrast) кейсов и 1 минуту на подведение итогов вашего собственного кейса и выводы.

Конечно же, необходимо понять, что значит «сравнение и противопоставление». Для этой структуры это означает, прежде всего, определение нескольких главных вопросов в дебатах. В речи анализа вы потом можете просто пройтись по этим вопросам. По каждому вопросу вы должны предъявить соответствующий аргумент оппозиции и предоставить некоторый ответ – либо критически его оценить, либо показать, как ваша команда его опровергла. В конце каждого вопроса, вы можете кратко осветить любые дальнейшие рассуждения, которые сделала ваша команда.

Чтобы избежать проблем с разделением дебатов на основные вопросы, будет полезно в начале выступления озвучить их все, а в конце подвести общие итоги. Обобщив вопросы дебатов, вы можете обобщить подход собственной команды, прежде чем представлять острое заключение.

Отбор основных вопросов

Отбирать вопросы или области для обсуждения в финальной речи следует так же, как это бы сделал третий спикер при подготовке своей речи. Неизбежно, в дебатах будет много спорных вопросов. Будет недостаточно просто выбрать наиболее важные из них – вы упустите важные идеи. Вместо этого, последний спикер должен сгруппировать эти вопросы и аргументы в более широкие и абстрактные области, так же как хороший третий спикер сгруппирует аргументы и идеи в цели для опровержения.

И вы, и третий спикер поэтому столкнетесь со схожей задачей, отбирая вопросы для структуры вашей речи. В идеале, вы не должны отбирать одинаковые вопросы – если вы это сделаете, речь анализа просто покажется третьей речью, но по-другому сформулированной, а её цель не в этом. Речь анализа – дополнительные четыре минуты для вашей команды – если вы сможете использовать её, чтобы посмотреть на дебаты с несколько иной точки зрения, вы, скорее всего, раскроете эти вопросы более всеобъемлюще.

Разумеется, это *не* означает, что третья речь и речь анализа должны быть о разных вещах (хотя, разумеется речь анализа короче и представляет нечто иное). Скорее это значит, что последнему спикеру следует *иначе сгруппировать* основные точки столкновения, чтобы проанализировать то же самое содержание.

Необходимо постоянно помнить, что речь анализа – это последний шанс доказать судье, что вы заслуживаете победу. В связи с этим, как и в общем в опровержении, не стоит концентрироваться только на своих самых сильных аргументах или на тех аспектах, в которых вы уверены. Так, гораздо полезнее будет поддержать значимые аспекты, в которых вы *не* уверены – именно они могут явиться причиной вашего поражения, поэтому вы должны уделить им особое внимание и показать, почему ваша позиция по данным вопросам сильнее.

Наконец, нужно найти *конкретные* причины поражения ваших противников. К примеру: их аргументы могут не соответствовать критерию; модель, упомянутая первым спикером, не нашла поддержки в последующих речах. Подобным образом, ваши оппоненты могут просто забыть опровергнуть один из ваших аргументов – вы должны следить за этим, потому что это дает вам существенное преимущество.

Как было сказано ранее, недостаточно только сказать: «Оппоненты проиграли потому, что …». Вместо простого использования этих слов вы должны выделить те конкретные проблемы, из-за которых страдает подход ваших оппонентов. Как знает любой опытный дебатёр, ничто так не влияет на мнение судьи как несдержанные обещания – если ваши оппоненты пообещали, допустим, осветить какой-то вопрос позднее, а потом не сделали этого, ваша задача напомнить это зрителям и судье как можно яснее!

Взаимосвязь третьей речи и речи анализа

Как мы отметили ранее, информационные запросы и речи анализа не меняют кардинальным образом характеристик хорошей техники ведения дебатов. Однако они оказывают влияние на идеальную структуру. В особенности, наличие речи анализа влияет на оптимальную структуру третьей речи.

В отсутствие заключения третий спикер становится последним. Следовательно, именно он должен подвести итог кейсу команды. В особенности, от третьего спикера ожидается, что он подведет итог ведущей линии и, возможно, базовому подходу к аргументации, а также обобщит отдельные аргументы каждого спикера.

Однако когда существуют речи анализа, именно они являются последними речами в каждой команде. Поэтому большая часть обобщения (а именно обобщения отдельных аргументов) должна перейти к последнему спикеру. Третий спикер должен только очень кратко провести обобщение ведущей линии кейса и, возможно, упомянуть о разделении аргументов между

   Методическое пособие по Всемирному формату школьных дебатов

спикерами (то есть названия аргументов в речах первого и второго спикеров). Более детальное подведение итогов стратегически должно достаться последнему спикеру.

Стиль и речи анализа

В третьей главе мы выяснили, что стиль должен соответствовать контексту дебатов. Стоит особо отметить контекст речи анализа: эта речь должна быть аналитической (а не конфронтационной), и должна отличаться от третьей речи. По этой причине, это должно быть определяющим при выборе стиля вашей речи анализа. В идеале, вы должны говорить в спокойной и аналитической форме, не говоря слишком громко или быстро. Конечно, это не означает убаюкивать ваших зрителей, но вы должны не попасть в ловушку волнения. Последний спикер часто должен рассмотреть относительно большое количество вопросов за относительно короткий период времени. Лучший способ сделать это – находиться в спокойном и контролируемом настроении. Можно легко разволноваться, но это вам не поможет!

Наконец, если возможно, вы должны отличаться от своего третьего спикера. Это менее важно, но все-таки может помочь: приветствуются как изменения в определении основных вопросов, так и изменения в стиле.

ЗАКЛЮЧЕНИЕ И ВЫВОДЫ

Каждый дебатёр предпочитает думать, что он закончит речь на какой-нибудь важной мысли, и я не исключение. Моя важная мысль при написании этой книги проста: *дебаты – это игра*. Это правда, что дебаты – интересный процесс, который учит ценным навыкам, но по большому счету – это все же игра. Цель дебатов, как и цель любой игры, – *выиграть*. Не существует лучшего способа улучшить навыки дебатирования и получить при этом удовольствие, чем начинать каждые дебаты с решимостью сделать все возможное – в рамках правил и не теряя духа соревнования – чтобы выиграть.

Конечно, никто не побеждает постоянно, рано или поздно судьи оценят дебаты не в вашу пользу. С этим тяжело смириться, но важно помнить, что множество дебатёров получили свои самые важные знания на дебатах, где они проиграли, а не где победили. К сожалению, у каждого судьи есть истории о дебатёрах, тренерах или группах поддержки проигравшей команды, которые предпочитали решительно не согласиться с результатом, чем обдумать причины своего поражения. Это печально и не просто, потому что множество судей, несомненно, правы в своих решениях в большинстве случаев. Каждые дебаты – это возможность чему-нибудь научиться, особенно в дебатах, где вы проиграли. По моему опыту, те дебатёры, которые узнали многое в течение долгого пути, никогда не зацикливаются на хороших днях и не печалятся о плохих.

Эта книга вобрала в себя детальные объяснения тонкостей и техники, правил и прочих требований. Эти вещи важны для успешного дебатирования в любом возрасте и на любом уровне. Но, в конце концов, не в них *суть* дебатов, и, конечно, не они делают дебаты захватывающими. Когда я начал дебатировать в начальной школе, я знал немного о технике и ещё меньше о правилах. Но я думал, что дебаты интересные и доставляют радость. И для этого была всего лишь одна причина: *я должен был вставать и спорить с кем-нибудь публично*.

Я решил написать эту книгу, потому что думал, что должен описать все, что узнал о дебатах, пока ещё помню это. Эта книга будет иметь успех, если поможет кому-нибудь из дебатёров, их тренеров или группе поддержки понять лучше правила, мотивацию и стратегию успешного дебатирования. Если она заставит молодых людей проявить интерес к некоторым важным вопросам общественной дискуссии, то это будет ещё лучше. Но, в конце концов, я надеюсь, что эта книга заставит дебатёров наслаждаться тем, чем являются дебаты: простым вызовом и трепетом из-за того, что ты стоишь и говоришь кому-то, что они не правы.

ПРИЛОЖЕНИЯ

Игры и упражнения

Успех в дебатах обеспечивается пониманием теории и освоением техники. До этого момента, мы сосредотачивались исключительно на теории – теория безусловно лежит в основе эффективной техники ведения дебатов, но несмотря ни на что, это все же теория. Для многих тренеров теория – это завершение обучения дебатам, их позицию можно выразить словами: «Хорошо, вы знаете, как надо дебатировать, так что идите и делайте это!»

Такая позиция понятна, но все-таки несколько странна – она, конечно, никак не применима к другим соревновательным видам деятельности. В конце концов, как мы отметили в начале, вне зависимости от того, сколько книг вы прочитали или фотографий рассмотрели, вы не научитесь играть в футбол без мяча или плавать, не ныряя в бассейн!

Во многих отношениях, то же самое относится к дебатам – опыт имеет значение. Конечно, лучший способ приобретения опыта в дебатах состоит в том, чтобы дебатировать! Однако для разнообразия, времени и техники, вы можете также практиковаться с использованием различных игр и упражнений. Во многом эти игры и упражнения напоминают двустороннюю игру одной футбольной команды на тренировке: они ненастоящие, но позволяют сфокусироваться на особых моментах техники и улучшить игру!

Конечно, нет никакого определенного способа использовать эти игры и упражнения. Как тренер или дебатёр, вы можете использовать их все или ни одного из них; следовать точно по книге или изменить их почти до неузнаваемости. Главное, по моему мнению, то, что участники дебатов не используют такие упражнения в полной мере, хотя они могут облегчить понимание методов и добавить уверенности публичному выступлению, особенно в случае начинающих дебатёров.

Эта часть написана, прежде всего, для учителей и тренеров. Однако многие из упражнений не требуют присутствия тренера или учителя. Заинтересованные дебатёры и команды в состоянии выполнить многие из них самостоятельно. Не забывайте, мы уже затронули много эффективных методов и упражнений ранее в книге, таких как «опровержение самих себя» или тренировка речи перед зеркалом. Эти игры и упражнения просто *дополняют* те, о которых мы уже рассказали.

Введение в дебаты

Следующие упражнения разработаны, чтобы представить дебаты людям, которые впервые о них слышат. Они разработаны, чтобы подчеркнуть, что дебаты – это, прежде всего, *аргументы*, а не просто набор речей по теме с обеих сторон.

ГРУППОВАЯ ПОДГОТОВКА

Цель: помочь неопытным участникам дебатов развить отдельные аргументы по обеим сторонам проблемы.

Ход упражнения:

1. Соберите небольшую группу дебатёров, например, от 3-х до 10-ти человек. Они теперь одна команда.

2. Объявите тему и определите сторону в теме. Попробуйте подобрать тему, соответствующую возрасту и опыту дебатёров. Например, так: «Тема сегодняшних дебатов: «Эта Палата запретит домашние задания в начальной школе». Мы будем находиться на стороне утверждения, что означает, что мы соглашаемся с темой».

3. Дайте участникам дебатов время, чтобы они *индивидуально* подготовили причины, поддерживающие их сторону темы. В это время не должно быть никаких разговоров!

4. Пусть участники поделятся своими идеями, каждый представит по одной по очереди.

5. *После того*, как все идеи будут озвучены, сделайте единый список причин в поддержку вашей стороны. Например, напишите список на доске или флип-чарте.

6. Для поддержания более искушенного обсуждения, предложите участникам дебатов подумать:

   • Действительно ли разные спикеры, используя различные слова, выражают один и тот же аргумент или идею.

   • Является ли их идея причиной поддержать вашу сторону, или примером или статистикой в поддержку причины (чтобы поддержать вашу сторону!).

7. Для поддержания ещё более искушенного обсуждения, попробуйте развить отдельные аргументы из причин, которые вы критически рассмотрели. Может быть, слишком трудно развить одну единственную объединяющую идею (то есть, ведущую линию), но вы можете использовать сокращенную версию из основной структуры, объясненной ранее в этой книге: Название – Объяснение – Доказательство. (На данном этапе вы опускаете Вывод).

8. Теперь возьмите другую сторону той же самой темы. Повторите тренировку так, чтобы в конце у вас появился значительный список идей «за» и «против» темы.

9. Спросите участников дебатов, с какой стороной темы они лично соглашаются и почему. Обсудите это в группе.

СВОБОДНАЯ ДИСКУССИЯ

Цели:

- Показать неопытным дебатёрам, что дебаты – это, скорее, живая и динамичная аргументация, чем формальное публичное выступление.
- Взять готовые аргументы и использовать их для дебатов.

Ход упражнения:

1. Сформируйте две команды с приблизительно равным количеством участников. В каждой команде должно быть от 3-х до 10-ти спикеров.
2. Выберете тему и определите стороны. Как и в предыдущем упражнении *«Групповая подготовка»* постарайтесь подобрать тему, соответствующую возрасту и опыту участников дебатов.
3. Каждая команда готовит аргументы в поддержку своей стороны темы. По существу, следуйте структуре *«Групповой подготовки»*, хотя вы можете что-то изменить (например, вам не обязательно в этот раз руководить подготовкой).
4. Если у вас большое количество спикеров, вы можете по желанию разделить каждую команду на две приблизительно равные группы: одна группа представит готовые аргументы, а другая – опровержение. (Конечно, это не подразумевает, что спикеры должны начать писать опровержение заранее; их задача – опровергнуть то, что другая команда скажет *во время* дебатов).
5. Подготовьте комнату так, чтобы команды оказались напротив друг друга как в парламентских дебатах.
6. Представьте команды, тему и общие правила дебатов (описаны ниже).
7. Начните дебаты, обращаясь к члену команды утверждения с просьбой представить готовый аргумент.
8. Пригласите члена команды отрицания представить краткое опровержение аргумента.
9. Вызовите другого спикера отрицания, чтобы он представил собственный подготовленный аргумент в поддержку своей стороны.
10. Попросите другого спикера утверждения опровергнуть этот аргумент.
11. Продолжайте так до тех пор, пока все готовые аргументы не будут представлены, и, в идеале, пока каждый не выскажется.
12. Продолжите общее обсуждение проблемы, поочерёдно из каждой команды вызывая желающих высказаться.
13. Объявите об окончании дебатов. Скажите спикерам, что нет никакого результата – это не цель данного формата дебатов.
14. Попросите, чтобы каждый спикер обдумал, какую сторону темы он или она поддерживает. Попросите каждого спикера, чтобы он кратко

объяснил, *почему* он или она поддерживает эту сторону темы (например, «Из всех представленных аргументов, какой определил ваше мнение?»).

Специфические особенности речей:

- Каждый подготовленный аргумент должен быть коротким – примерно 1 минута (2 максимум!)
- Каждый контраргумент должен быть ещё короче – приблизительно 30 секунд.
- Спикеры должны стоять на своих местах, когда они говорят. Чтобы сделать речи более короткими, спикеров настоятельно просят не пользоваться записями. Цель этого упражнения состоит в том, чтобы предложить спикерам рассматривать дебаты как *аргумент*, таким образом, спикеры будут выражаться естественным и простым способом.

ПОНИМАНИЕ ТЕОРИИ

Цель: преподать теорию хорошего ведения дебатов в интересной и интерактивной форме.

Ход упражнения:

1. Разделите участников на группы от 3-х до 5-ти человек. Каждая группа будет работать отдельно и затем сравнивать результаты.
2. Объявите тему всем участникам и, в случае необходимости, сторону (например, утверждение).
3. Объявите один аспект для подготовки, например, проблему, определение, и т.д.
4. Дайте участникам немного времени, чтобы подготовить этот аспект кейса (например, одну минуту, чтобы найти проблему, три минуты, чтобы составить определение).
5. Каждая группа должна прийти к одному мнению. Затем группы смогут поделиться ответами со всеми участниками.
6. В случае необходимости повторите упражнение, изменяя каждый раз тему и аспект для подготовки.
7. Чтобы должным образом проверить понимание участников, выбирайте трудные или неясные темы. Такие темы необязательно способствуют хорошим дебатам, но они могут быть крайне эффективными на этапе обучения. (Например, мы использовали тему, «Эта Палата считает, что все большое – прекрасно» в первой главе, чтобы изучить способ поиска проблемы).

Общие знания и текущие события

Мы обсудили тесты на общие знания в Шаге №3 первой главы. Проверить общие знания просто, но это часто упускается тренерами и командами. Проще говоря, дебатёрам дается тест, обычно затрагивающий общие знания и текущие события, которые часто используются в дебатах – например, на знание имен («Как зовут Генерального секретаря Организации Объединенных Наций?»), ключевых статистических данных («Сколько примерно людей живет в развивающихся странах?»), текущих событий.

Тест служит способом измерения общих знаний дебатёров (например, помогает при отборе команды) и дает дебатёрам стимул следить и анализировать новости и текущие события.

УГАДАЙ ИМЯ

Цель: проверить и улучшить общие знания дебатёров в веселой и интерактивной форме.

Ход упражнения:

1. Распределите участников на группы так, чтобы каждая группа имела равное количество участников (больше двух). Обычно игра проходит лучше, когда в группе от 4-х до 6-ти человек. Дальнейшие инструкции относятся к каждой отдельной группе – в данном случае это группа из 6-ти человек.
2. Пусть каждый член группы напишет десять имен на маленьких кусочках бумаги и сложит каждый кусочек пополам. Имена не должны быть вымышленными – они должны в действительности принадлежать достаточно известным людям! Вы можете поставить определенные условия, кем могут быть эти люди в зависимости от того, насколько серьезной вы хотите сделать игру. Например, если вы играете ради веселья, допустимы телевизионные герои и кинозвезды, а если вы играете ради высокой цели, ограничьте имена так, чтобы они были более подходящими для дебатов.
3. Опустите все листочки с именами в контейнер. В нашем случае в контейнере было бы шестьдесят сложенных листочков.
4. Разделите группу на пары. Каждая пара становится командой. Игра будет более удачной и интересной, если игроки будут распределены на команды *после* того, как они напишут имена.
5. Случайным образом определите очередность. В нашем примере получится, что команда №1 будет первой, команда №2 – второй, а команда №3 – третей.

6. Команда №1 выбирает игрока, которого будут спрашивать первым. Передайте контейнер с именами игроку.

7. Этот игрок берет одну бумажку из контейнера и пытается подсказать напарнику имя, написанное на ней. Однако он или она не могут говорить какую-либо часть имени. Фонетические описания (звучит как …) допустимы, пока сравнимые слова реальны! Например, игрок, спрашивая, может сказать:

   • «Министр иностранных дел России» или
   • «Жена президента РФ первой половины 2000-х гг.», но не может сказать
   • «Жена Владимира Путина» или
   • «Рифмуется с Радмилой Вутиной».

8. У игрока есть одна минута, чтобы подсказать его или её напарнику имя. Если участники команды правильно определяют имя, то игрок выбрасывает этот листочек и вытаскивает из контейнера другой. По истечении минуты, игрок возвращает неугаданное имя в контейнер и передает его выбранному игроку из команды №2.

9. Процесс продолжается. Игроки одной команды должны поочередно спрашивать и отвечать. Например, после того, как пройдет минута команды №3, контейнер перейдет в руки команды №1, которая отвечала в первый раз.

10. Игра заканчивается, когда больше не остается листочков в контейнере. Побеждает та команда, у которой больше правильно угаданных имен, чем у других команд.

Стилевые навыки

Существует много способов улучшить ваш стиль выступления – например, вы можете тренировать речь перед зеркалом или обращать особое внимание на судейские комментарии.

Во многих видах спорта участники тренируются, работая отдельно над разными элементами техники, например, пловцы часто используют доску для плавания, чтобы сосредоточиться только на работе ногами, а бейсболисты используют кабины для тренировок, чтобы отработать удар. Сложно разделить элементы стиля без выполнения специальных упражнений. Если вы будете стараться улучшить свой стиль только путём дебатирования, вы обнаружите, что вы пытаетесь одновременно улучшить вашу позу, жесты, визуальный контакт, голосовое разнообразие и интонирование, успевая при этом ещё думать о том, что бы сказать! Это общее упражнение, которое может быть легко изменено для работы над разными компонентами стиля в отдельности.

ЭЛЕМЕНТЫ СТИЛЯ

Цель: разделить разные элементы стиля и сделать так, чтобы спикер осознал их.

Ход упражнения:

1. Работайте с относительно небольшим количеством участников, например, с шестью или меньше.
2. Дайте каждому спикеру тему. Это может быть тема для дебатов или просто что-то, о чем можно поговорить (например, «что я делал на каникулах»). Если хотите, можете разрешить участникам выбрать их собственную тему.
3. От каждого спикера потребуется проговорить на тему одну минуту. Дайте выступающим немного времени (от 1 до 5 минут), чтобы подготовиться.
4. Попросите каждого участника представить свою речь в порядке очереди. После каждой речи попросите группу дать конструктивные комментарии по поводу услышанного.
5. *Однако* не позволяйте участникам просто стоять и говорить! Вместо этого, отделите один или несколько компонентов стиля. Например:

- Работайте над голосовым и словесным представлениями, попросив участников произнести свою речь сидя, держа руки в замке или как им будет удобно. Уберите то, что отвлекает внимание – хождение кругом и жестикуляцию, заставьте спикеров думать только об их голосе и словах.
- Поработайте над жестикуляцией, заставив спикеров внимательно следить за жестами, которые они используют. Вы можете сказать, чтобы каждый выступающий представил одну и ту же речь дважды – первый раз с нарочно интенсивной жестикуляцией, а второй раз – с естественной. Это должно поспособствовать тому, что спикеры начнут отдавать себе отчет, какие жесты они используют. Поработайте над голосовым представлением, попросив спикера произнести одну речь дважды: первый раз в маленькой комнате со зрителями, сидящими близко, а второй – в большой комнате или зале со зрителями, сидящими далеко. В маленькой комнате спикерам будет необходимо работать над разговорным стилем, а в большой комнате им нужно будет следить за громкостью голоса и стараться произвести более сильное впечатление. Цель упражнения, на самом деле, не в том, чтобы выступающие вырабатывали отдельный стиль для маленьких и больших комнат, а в том, чтобы показать спикерам необходимость согласования их стиля с контекстом дебатов.
- Работайте над чувственным представлением, дав каждому спикеру эмоциональную проблему (например, о жизни и смерти, такую как

смертная казнь). Конечно, эмоциональное представление не означает, что выступающий должен плакать или кричать, в конечном счете, задача – представить проблему искренне, в то же время, используя высокие моральные основания в качестве убедительной ценности.

- Поработайте над привычкой спикера «расхаживать», поставив на полу метку и попросите выступающего произносить речь, стоя только на этой метке. Нет нужды делать это на дебатах, но это позволит выступающему осознать, как много он или она «расхаживает» без дела.

- Поработайте над полной презентацией выступающего, записывая на видео его или её речь, а после просмотрите его. Многие спикеры никогда не смотрели, как они говорят, поэтому это может быть очень эффективным приёмом. Особенно это заставляет обращать внимание на стилевые недостатки (такие как бормотание, раздражающая манерность или «бессмысленное хождение») в том виде, в каком выступающий не видел их – со стороны зрителя!

Подготовка и навыки презентации

Эти упражнения предназначены для улучшения навыков подготовки в команде. Обычно, они полезны при тренировке команды к темам с ограниченным количеством времени на подготовку.

ПРАКТИКА ПОДГОТОВКИ С ОГРАНИЧЕННЫМ КОЛИЧЕСТВОМ ВРЕМЕНИ

Цель: развитие навыков подготовки с ограниченным количеством времени.

Ход упражнения:

1. Дайте команде тему и сторону (например, «Тема дебатов: «Эта Палата считает, что ООН потерпела неудачу», и вы – утверждение»).

2. Дайте команде подготовиться к теме. Это должно занять 35 минут: 10 минут на мозговой штурм и 25 минут на развитие кейса (Это распределение времени раскрывается в первой главе, нет необходимости в том, чтобы члены команды писали индивидуальные речи, если они тренируются таким образом).

3. По истечении 35 минут попросите участников команды объяснить их кейс вам, наблюдателю. Убедитесь, что каждый участник команды понимает кейс одинаково – если это не так, это технический недостаток в процессе подготовки, который команде нужно улучшить.

4. Обсудите с членами команды, хорошо ли прошла подготовка. Например, сильный ли кейс? Хорошо ли участники команды вместе работали? Что необходимо улучшить?

Иногда, простой подход – лучший! Если команда желает научиться, как готовиться к дебатам с ограниченным временем на подготовку, ей просто нужно делать это как можно чаще. Также команде может помочь тренер или человек, наблюдающий за процессом подготовки с тем, чтобы в конце дать конструктивную обратную связь.

ОЧЕНЬ БЫСТРАЯ ПОДГОТОВКА К ДЕБАТАМ

Цель: помочь дебатёрам определить проблему дебатов быстро и точно.

Ход упражнения:

1. Разделите участников на две команды по 3 человека, можно и по 2 (вам тогда нужно будет просто опустить речь третьего спикера).
2. Объявите тему и стороны.
3. Дайте командам 15 минут на подготовку, потом начните дебаты.

Многие команды достаточно плохо справляются с этим заданием, по крайней мере, в начале. Однако дебаты с очень быстрой подготовкой могут иметь значительную пользу для техники дебатёра, например, дебатёрам нужно быстро определить основную проблему, быстро развить простой кейс и у них не будет времени написать речь полностью на карточках для записи. Все это очень важные навыки для любой формы дебатов, особенно для дебатов с ограниченным временем на подготовку.

БЕСПОРЯДОК

Цель: улучшить возможности дебатёра думать на ходу и концентрироваться на основных моментах.

Ход упражнения:

1. Как и до этого, сформируйте две команды, объявите тему и стороны.
2. Команды должны начать готовиться. Вы можете дать им как час на подготовку, так и 15 минут.
3. Непосредственно перед дебатами удивите участников «беспорядком». Например, измените, порядок выступающих в каждой команде или поменяйте стороны команд (то есть, команда утверждения становится командой отрицания и наоборот).

Это упражнение, как и дебаты с ограниченным временем на подготовку, подчеркивает основы – заставляет участников работать быстро и более эффективно под давлением. Это также способствует тому, чтобы участники думали о другой стороне темы в течение подготовки – у хорошей команды не возникнет проблем с оспариванием другой стороны темы, потому что она заранее продумала главные проблемы дебатов и знает, что же должны сказать *обе* команды по данным проблемам.

ДЕБАТЫ ВСМЯТКУ

Цель: улучшить способности дебатёра быстро готовиться во время дебатов (было подробно рассмотрено в первой главе).

Ход упражнения:

1. Разделите участников на команды и объявите стороны.
2. Отведите команду утверждения в сторону и объявите ей тему.
3. Дайте команде утверждения 15 минут, чтобы подготовить их сторону темы.
4. Объявите тему непосредственно перед выходом первого спикера команды утверждения.
5. Следовательно, команде отрицания нужно подготовить кейс и опровержение во время выступления первого спикера утверждения. Как мы и говорили в первой главе, это именно то, что команда отрицания должна будет сделать, если ей придётся отказаться от своего кейса в реальных дебатах.

Этот вид игры дает очевидные преимущества команде утверждения, но, в действительности, это неважно – команда отрицания получает опыт в спонтанной подготовке во время дебатов, в то время как команда утверждения практикует дебаты с очень ограниченным временем на подготовку.

ДЕБАТЫ С УДИВИТЕЛЬНЫМ КЕЙСОМ

Цели:

- Заставить дебатёров думать о предположениях, лежащих в основе их кейса.
- Способствовать тому, чтобы дебатёры были гибкими и прямо отвечали на вызов оппозиции.

Ход упражнения:

1. Разделите участников на команды, объявите стороны и тему.
2. Отправьте команды готовиться (например, в течение часа).
3. Прервите подготовку одной из команд.
4. Скажите команде, о чем спорить, и попросите их занять крайне радикальную позицию. Например, если тема: «Эта Палата считает, что феминизм потерпел неудачу», пусть команда утверждения поспорит, что мужчины и женщины не должны быть равными, и что феминизм

потерпел неудачу, потому что он отнял у женщин законное место в доме. Если тема: «Эта Палата считает, что война в Афганистане оправдана», пусть команда отрицания спорит, что война в Афганистане не оправдана, потому что атаки 11 сентября (которые были определены, как оправдание для этой войны) были в свою очередь оправданы.

5. Переходите к дебатам по теме.

Это упражнение должно заставить команду, чья подготовка не была прервана, приводить гораздо более веские основания в поддержку своих предположений. Например, большинство команд спорили бы, что феминизм преуспел, потому что он улучшил женские возможности – это упражнение заставляет команду четко объяснить, почему это хорошо.

КАК НА ДОПРОСЕ

Цель: побудить дебатёров обсуждать аргументы оппозиции во время подготовки и эффективно отвечать на эти аргументы во время дебатов.

Ход упражнения:

1. Разделите участников на команды, объявите тему и стороны. В действительности вам нужно всего по два спикера от каждой команды для данного упражнения.

2. Пусть дебатёры готовят тему либо в течение часа, либо 15-ти минут. Разъясните смысл упражнения до того, как дебатёры начнут подготовку.

3. Исходным условием дебатов является то, что вы, как судья, будете решать, является ли правильной эта тема или нет. Например, если дебаты о войне в Ираке, представьте, что вы, как судья, имеете исключительное право решать, будет война или нет; если дебаты о том, потерпел ли феминизм неудачу, представьте, что вы, как судья, имеете право «управлять» успехом феминизма. (Конечно вам необязательно выносить какое-либо решение в конце!)

4. Порядок выступления таков: 1 спикер утверждения, 2 спикер утверждения, 1 спикер отрицания, 2 спикер отрицания.

5. Во время каждой речи прерывайте спикера, столько раз, сколько необходимо, чтобы проверить аргумент. Например, если спикер предлагает неубедительное утверждение, спросите его: «Почему это важно?». Если спикер не раскрывает важный вопрос, поднимите этот вопрос и попросите спикера ответить. Нет необходимости в опровержении как таковом, но вы можете расспросить спикеров, как они отвечают на аргументы, поднятые оппонентами.

Это упражнение должно способствовать тому, чтобы дебатёры предвидели атаки на их аргументы во время подготовки – в сущности, это побуждает спикера опровергать самого себя. Это также способствует тому, чтобы спикеры сильнее отстаивали свои аргументы во время дебатов.

Резолюции для дебатов

Несмотря на все сложности, связанные с техникой дебатов, иногда поиск действительно хорошей темы может завести вас в тупик! Хорошая тема для дебатов, по крайней мере, в этом формате, – это та, в которой основная проблема понятна и реальна, и обе команды могут найти сильные и простые аргументы в поддержку своей позиции.

Ниже предложен список из 515 тем для дебатов. Они разделены на категории и иногда на подкатегории. Они касаются разнообразных проблем и ориентированы на различные уровни дебатов. Большинство из них являются общими, хотя не все эти темы подходят для обсуждения в любой стране.

Едва ли этот список можно назвать совершенным или окончательным. Надеюсь, вы найдете эти темы уместными и полезными, если вы тренер, или внимательно изучите их, если вы дебатёр.

Темы сформулированы так, что начинаются со слов «ЭП» (ЭП – эта палата) или «ЭПСЧ» (ЭПСЧ – эта палата считает, что), подчеркивая то, что даже в школьных дебатах обсуждение ведется в гипотетической палате парламента.

Цензура и свобода самовыражения

ЭПСЧ при демократии не должно быть цензуры.

ЭП запретит веб-сайты, которые прославляют жесткую диету.

ЭПСЧ порнографию необходимо запретить.

ЭПСЧ свобода самовыражения не должна распространяться на сжигание флага.

ЭПСЧ язык вражды должен быть объявлен вне закона.

ЭПСЧ оскорбления по расовому признаку должны быть объявлены преступлением.

ЭПСЧ отрицание Холокоста должно быть объявлено преступлением.

ЭПСЧ коммунизм должен быть объявлен вне закона.

ЭПСЧ закон о клевете – мера для богатых.

ЭПСЧ мы должны регулировать толерантность на законодательном уровне.

Преступление, наказание и система права

ЭПСЧ мы слишком мягко относимся к преступлениям.

ЭПСЧ мы должны понимать меньше, а осуждать больше.

ЭПСЧ мы слишком много заботимся о преступниках и недостаточно – о жертвах.

ЭПСЧ мы должны ввести уголовную ответственность за выплату выкупа.

ЭПСЧ уголовные процессы необходимо показывать по телевидению.

ЭПСЧ пьяных водителей необходимо пожизненно лишать водительских прав.

ЭПСЧ осужденные преступники никогда не должны быть лишены права голоса.

ЭПСЧ приговор за любую попытку совершения насильственного преступления должен быть такой же, как и если бы это преступление было совершено.

ЭПСЧ необходимо запретить преступникам публиковать мотивы своих преступлений.

ЭПСЧ мы должны вернуть исправительные учреждения для несовершеннолетних.

ЭПСЧ запрет короткоствольного оружия даст преступникам преимущество.

ЭПСЧ мы должны запретить суды присяжных.

ЭПСЧ нелегальные иммигранты должны быть приравнены к преступникам.

ЭПСЧ все нелегальные иммигранты должны быть амнистированы.

ЭПСЧ сексуальные истории жертв насилия должны быть допустимы в суде.

ЭПСЧ уголовный процесс никогда не должен транслироваться по телевидению.

ЭПСЧ смертная казнь никогда не может быть оправдана.

ЭПСЧ исполнение приговора о высшей мере наказания должно быть показано по телевидению.

ЭПСЧ выполнение преступного приказа не освобождает от ответственности за преступление.

ЭПСЧ международные преступления должны всегда рассматриваться в международном суде.

ЭПСЧ США должны ратифицировать Римский статут для Международного уголовного суда.

ЭПСЧ диктаторы в отставке не должны нести наказания за свои преступления.

ЭПСЧ Международный уголовный суд потерпит безоговорочное поражение.

ЭПСЧ Международный уголовный суд должен рассматривать преступления против демократических режимов.

ЭПСЧ необходимо продолжить судебное преследование преступников времен Второй мировой войны.

ЭПСЧ несовершеннолетние преступники должны быть строго наказаны.

ЭПСЧ строгое наказание является лучшим способом для уменьшения преступлений, совершенных несовершеннолетними.

ЭПСЧ мы слишком мягко относимся к несовершеннолетним преступникам.

ЭПСЧ несовершеннолетних преступников следует судить, как и взрослых.

ЭПСЧ судьи должны выбираться.

ЭПСЧ судебная власть не должна быть инструментом для социальных изменений.

ЭПСЧ для богатых действует другой закон.

Культура

ЭПСЧ язык, который нуждается в защите, не стоит того, чтобы его защищали.

ЭПСЧ культурные артефакты должны быть возвращены в места их происхождения.

ЭПСЧ правительство должно субсидировать традиционное искусство этнических меньшинств.

ЭПСЧ искусство должно само себя финансировать.

ЭПСЧ правительство должно финансировать искусство.

ЭПСЧ мы должны сожалеть о влиянии Голливуда.

ЭПСЧ Голливуд должен перестать учить нас истории.

ЭПСЧ блокбастер разрушил искусство кино.

Демократия

ЭПСЧ демократия – самый лучший режим для каждой страны.

ЭПСЧ демократия настолько хороша, что всех надо заставить её принять.

ЭПСЧ демократия никогда не должна идти на уступки во имя прогресса.

ЭПСЧ демократия потерпела неудачу в развивающихся странах.

ЭПСЧ развивающимся странам необходима сильная диктатура.

ЭПСЧ диктатура может быть оправдана.

ЭПСЧ сильная диктатура лучше, чем слабая демократия.

Наркотики, курение, алкоголь

ЭПСЧ алкоголь намного более серьезная проблема, чем курение.

ЭПСЧ марихуана должна быть приравнена к алкоголю и сигаретам.

ЭПСЧ необходимо прекратить борьбу с наркотиками.

ЭПСЧ война с наркотиками – это война с бедными.

ЭП будет бороться с наркотиками дома, а не за рубежом.

ЭПСЧ мы должны легализовать все наркотики.

ЭПСЧ необходимо легализовать легкие наркотики.

ЭПСЧ правительство должно предоставить героиновым зависимым возможности для безопасных инъекций.

ЭПСЧ необходимо запретить алкоголь.

ЭПСЧ необходимо запретить рекламу алкоголя.

ЭПСЧ необходимо запретить курение в общественных местах.

ЭПСЧ правительство должно запретить курение.

ЭПСЧ табачные компании должны выплачивать компенсацию отдельным курильщикам.

ЭПСЧ необходимо запретить всю рекламу табака.

ЭПСЧ табачные компании не должны быть спортивными спонсорами.

Экономика

ЭПСЧ затраты на капитализм превышают выгоды.

ЭПСЧ мы должны запретить произвольные бонусы для исполнительных директоров корпораций.

ЭПСЧ мы должны винить регуляторов, а не банки в финансовом кризисе.

ЭПСЧ в финансовом кризисе виноваты посетители Арбата, нежели жители Рублёвки.

ЭПСЧ увольнение старших менеджеров без выходного пособия должно быть предпосылкой для получения государственной помощи.

ЭП откажется от финансовой помощи обанкротившимся банкам.

ЭПСЧ евро неизбежно потерпит неудачу.

ЭПСЧ время официальной торговли на бирже должно быть неограниченным.

ЭПСЧ единственно честная торговля – это свободная торговля.

ЭПСЧ мы зашли слишком далеко со свободной торговлей.

ЭПСЧ нам все ещё нужны торговые барьеры.

ЭПСЧ мы должны субсидировать традиционные отрасли.

ЭПСЧ мы должны поддержать свободную торговлю.

ЭПСЧ мы должны сожалеть о существовании торговых блоков.

ЭПСЧ Всемирная торговая организация – друг развивающихся стран.

ЭПСЧ свободная торговля вредит развивающимся странам.

ЭПСЧ мы должны разрешить абсолютно свободное передвижение рабочей силы между национальными границами.

ЭПСЧ нам необходима единая мировая валюта.

ЭПСЧ банки должны быть национализированы.

ЭПСЧ правительство должно выкупить назад главные общественные объекты и коммуникации общего пользования.

ЭПСЧ необходимо поддержать повсеместную приватизацию.

Образование

ЭПСЧ все образование должно быть бесплатным.

ЭПСЧ экзамены должны быть заменены другими формами оценки знаний.

ЭПСЧ деньги, потраченные на обучение студентов за границей, потрачены не зря.

ЭПСЧ правительство должно тратить больше денег на образование.

ЭПСЧ корпоративизм университетов повредит образованию.

ЭПСЧ обучение на дому должно быть запрещено.

ЭПСЧ все школы должны следовать политике совместного обучения.

ЭПСЧ домашнее задание должно быть запрещено в начальной школе.

ЭПСЧ спортивные соревнования между школами приносят больше вреда, чем пользы.

ЭПСЧ посещение школы должно быть добровольным.

ЭПСЧ школьные дни являются лучшими днями в жизни.

ЭПСЧ учебные дни должны быть длиннее, и их должно быть меньше.

ЭПСЧ школьная форма должна быть обязательной.

ЭПСЧ школьная форма должна быть отменена.

ЭПСЧ школы должны готовить учеников к будущей работе.

ЭПСЧ школы не должны задавать домашнее задание во время каникул.

ЭПСЧ право на личную жизнь студентов старшей школы важнее, чем право их родителей знать.

ЭПСЧ в старшей школе должны быть установлены автоматы по продаже презервативов.

ЭПСЧ средняя школа должна быть добровольной.

ЭПСЧ выпускные балы в средней школе должны быть запрещены.

ЭПСЧ существует кризис в мужском образовании.

ЭПСЧ мы должны запретить государственное финансирование частных школ.

ЭПСЧ мы должны вернуть телесные наказания в школах.

ЭПСЧ мы должны изучать иностранный язык в школе.

ЭПСЧ школы должны сфокусироваться больше на чтении, письменной речи и арифметике.

ЭПСЧ школам должны запретить отбирать учеников по уровню их академических способностей.

ЭПСЧ школам должно быть запрещено отбирать учеников по религиозному признаку.

Труд и занятость

ЭПСЧ мы должны поддержать право на забастовку.

ЭПСЧ забастовщиков необходимо увольнять.

ЭПСЧ забастовка – справедливое оружие.

ЭПСЧ поставщики социально важных услуг имеют право на забастовку.

ЭПСЧ профсоюзное движение угрожает демократии.

ЭПСЧ профсоюзы уже не актуальны.

ЭПСЧ профсоюзы имеют слишком большую силу.

ЭПСЧ необходимо принуждать рабочих к объединению.

ЭПСЧ профсоюзы препятствуют прогрессу.

ЭПСЧ необходимо отменить минимальную заработную плату.

ЭПСЧ необходимо поддержать максимальную заработную плату.

ЭПСЧ минимальный рабочий возраст должен быть увеличен.

ЭПСЧ необходимо ввести обязательный пенсионный возраст.

ЭПСЧ нам следует работать на благо безработных.

ЭП обяжет людей работать в обмен на социальные пособия.

Окружающая среда

ЭПСЧ дамбы необходимо уничтожить.

ЭПСЧ международные экономические соглашения приносят больше вреда, чем пользы.

ЭПСЧ любительская рыбалка и охота должны быть запрещены.

ЭПСЧ мы не настолько богаты, чтобы стать зелёными.

ЭПСЧ экономический рост – решение проблем окружающей среды.

ЭПСЧ необходимо пожертвовать экономическим ростом для защиты окружающей среды.

ЭПСЧ современное сельское хозяйство наносит вред местным сообществам.

ЭП сделает развитие экологически чистой промышленности условием для получения неэкстренной помощи.

ЭПСЧ все ещё необходимо поддержать Киотский протокол.

ЭПСЧ игнорирование США Киотского протокола оправдано.

ЭПСЧ необходимо поддержать международную торговлю разрешениями на выброс вредных веществ.

ЭПСЧ глобальное потепление должно быть объявлено проблемой №1.

ЭПСЧ мы должны запретить использование горючих полезных ископаемых.

ЭПСЧ мы должны платить развивающимся странам, чтобы они перестали вырубать тропические леса.

ЭПСЧ эко-туризм потерпел неудачу.

ЭПСЧ необходимо запретить коммерческий туризм в национальных парках.

Феминизм и проблемы пола

ЭПСЧ феминизм потерпел неудачу.

ЭПСЧ феминизм оказывает плохое влияние на семью.

ЭПСЧ феминизм мертв.

ЭПСЧ Запад должен рассматривать сексизм, поддерживаемый государством, как апартеид.

ЭПСЧ мы должны сожалеть о феминизме.

ЭПСЧ необходимо ввести квоты для женщин в парламенте.

ЭПСЧ женщины должны бороться на передовой.

ЭПСЧ большие компании должны ввести гендерные квоты на руководящие позиции.

ЭПСЧ государство должно платить домохозяйкам за их труд.

ЭПСЧ институт брака устарел.

ЭПСЧ государство должно одинаково относиться к женатым и неженатым парам.

ЭПСЧ невеста должна быть в чёрном.

ЭПСЧ необходимо сделать развод более легкой процедурой.

ЭПСЧ каждая компания должна предоставлять оплачиваемый отпуск по уходу за ребенком.

ЭПСЧ государство должно платить женщинам, чтобы они рожали детей.

ЭПСЧ родители должны иметь последнее слово в вопросе медицинского лечения своих детей.

Права сексуальных меньшинств

ЭПСЧ необходимо запретить выступления гомосексуальных знаменитостей.

ЭПСЧ необходимо разрешить однополые браки.

ЭПСЧ однополым парам необходимо разрешить усыновлять детей.

Глобализация

ЭПСЧ все границы должны быть открыты.

ЭПСЧ глобализация уничтожает местные культуры.

ЭПСЧ глобализация оставляет бедных за бортом.

ЭПСЧ жизнь на необитаемом острове лучше, чем в глобальной деревне.

ЭПСЧ чем выше заборы, тем лучше соседи.

ЭПСЧ транснациональные корпорации – новые империалисты.

ЭПСЧ транснациональные корпорации приносят больше вреда, чем пользы.

ЭП выступает против Макдоналдса.

ЭПСЧ национальные государства устарели.

Права человека

ЭПСЧ нет такого понятия, как всеобщие права человека.

ЭПСЧ мы должны платить за ошибки предыдущих поколений.

ЭПСЧ пытки оправданы.

ЭП откажется рассматривать любые сведения, полученные под пытками.

ЭПСЧ помощь развивающимся странам должна происходить в рамках прав человека.

ЭПСЧ детский труд оправдан в развивающихся странах.

ЭПСЧ права человека – это роскошь, которую развивающиеся страны не могут себе позволить.

ЭПСЧ «экономические, социальные и культурные права» не должны быть признаны правами человека.

ЭПСЧ сытый желудок намного важнее прав человека.

ЭПСЧ единственное право человека – это право на хорошее правительство.

ЭПСЧ политику контроля над рождаемостью (один ребёнок на семью) можно оправдать.

ЭПСЧ необходимо бойкотировать компании, использующие детский труд.

Индивидуальное и общественное

ЭПСЧ капитализм порождает лучшее общество, чем социализм.

ЭПСЧ мы должны сожалеть об упадке коммунизма.

ЭПСЧ национальные проблемы лучше решаются частным сектором, чем правительством.

ЭПСЧ необходимо дать новую попытку марксизму.

ЭПСЧ публичные услуги лучше оказываются частными компаниями.

ЭПСЧ у нас должна быть всемирная система здравоохранения.

ЭПСЧ в более честном обществе, должно быть более высокое налогообложение.

ЭПСЧ правительство, которое правит меньше, правит лучше.

ЭПСЧ равенство – основа общества.

ЭПСЧ справедливость важнее эффективности.

ЭПСЧ низкие налоги предпочтительные расширенного спектра государственных услуг.

ЭПСЧ равные возможности на самом деле неравные.

ЭПСЧ налогообложение – воровство.

ЭПСЧ каждый должен иметь право на государство всеобщего благоденствия.

ЭПСЧ бедные должны быть всегда.

ЭПСЧ прямое налогообложение должно быть отменено.

ЭПСЧ мы должны поддержать действия правительства.

ЭПСЧ благосостояние – единственное легитимное основание для действий правительства.

ЭПСЧ гражданское неповиновение оправдано при демократии.

ЭПСЧ частным организациям должно быть запрещено исключать членов по расовому признаку.

ЭП запретит организации «Наши» исключать своих членов на основании их ориентации и религиозных мировоззрений.

ЭП запретит гомосексуальные «переобучающие» лагеря и публикации.

ЭПСЧ угроза национальной безопасности оправдывает ограничение гражданских свобод.

ЭПСЧ мы не должны ограничивать гражданские свободы в интересах безопасности.

ЭПСЧ преступления, в которых не было жертв, не должны считаться преступлениями.

ЭПСЧ проституция должна быть легализована.

ЭПСЧ правительству необходимо прекратить защищать граждан от самих себя.

ЭПСЧ полигамия должна быть легализована.

ЭПСЧ все азартные игры должны быть запрещены.

ЭП запретит курение в общественных местах.

ЭПСЧ мы должны провести реформу воинской службы.

ЭПСЧ правительствам не должно быть разрешено использовать заключенных как рабочих внутри сообщества.

ЭПСЧ индивидуализм мёртв.

ЭПСЧ служба в армии должна быть обязательной.

ЭПСЧ мы должны нарушать плохой закон.

ЭПСЧ экстремизм в защиту свободы оправдан.

ЭПСЧ мы должны нарушать закон в интересах справедливости.

ЭПСЧ мы должны нарушать закон, чтобы защитить права животных.

Международные отношение и конфликты

ЭП поддерживает инициативу ООН – «Обязанность Защищать».

ЭПСЧ правительство не имеет обязательств защищать граждан других государств.

ЭПСЧ нравственная внешняя политика – это отсутствие внешней политики.

ЭПСЧ тот прав, у кого больше прав.

ЭПСЧ мы должны немедленно запретить использование противопехотных мин.

ЭПСЧ мы должны думать о мире, готовясь к войне.

ЭПСЧ мы должны поддержать систему ПРО.

ЭПСЧ мы должны продавать землю в мирных целях.

ЭПСЧ шпионаж является аморальным.

ЭПСЧ спонсирование протестов в тоталитарных государствах – легальный инструмент внешней политики.

ЭПСЧ мир стоит на пути столкновения цивилизаций.

ЭПСЧ экономические санкции предпочтительнее войны.

ЭПСЧ экономические санкции приносят больше вреда, чем пользы.

ЭПСЧ потребность в НАТО исчезла.

ЭПСЧ Россия должна присоединиться к НАТО.

ЭПСЧ бомбардировка Югославии войсками НАТО была оправдана.

ЭПСЧ мир был лучше, пока существовала Берлинская стена.

ЭПСЧ две сверхдержавы лучше, чем одна.

ЭПСЧ ООН должна исполнять роль мирового телохранителя.

ЭПСЧ ООН потерпела неудачу.

ЭПСЧ ООН должна иметь постоянную армию.

ЭПСЧ политические убийства являются законным средством внешней политики.

ЭПСЧ убийство диктаторов оправдано.

ЭПСЧ вторая война с Ираком была оправдана.

ЭПСЧ Ирак должен быть разделен.

ЭПСЧ президент Карзай является частью проблемы.

ЭПСЧ НАТО должно пойти по пути советских войск в Афганистане.

ЭП вооружит местные военизированные формирования для борьбы с движением Талибан в Афганистане.

ЭПСЧ Америка должна быть мировым полицейским.

ЭПСЧ США не нужны в Юго-Восточной Азии.

ЭПСЧ мы должны поддерживать военные базы США в Азии.

ЭПСЧ мы должны осуществлять военные вмешательства в войны других народов.

ЭПСЧ мы должны нападать в интересах демократии.

ЭПСЧ мы никогда не должны бомбить города во имя прав человека.

ЭПСЧ мы должны держать миротворцев в стороне от гражданских войн.

Интернет и коммуникационные технологии

ЭПСЧ Ленин бы одобрил Интернет.

ЭПСЧ дети проводят слишком много времени в Интернете.

ЭПСЧ Интернет приведёт к смерти интеллектуальной собственности.

ЭПСЧ мы должны приветствовать бизнес в Интернете.

ЭПСЧ мы «пойманы в сеть».

ЭПСЧ поисковые системы должны блокировать китайские сайты до тех пор, пока правительство страны не разрешит гражданам неограниченный доступ в интернет.

ЭПСЧ Гугл слишком силен.

ЭПСЧ мы должны бояться Гугла.

ЭП поддержит политику Гугла по отношению к Китаю.

ЭПСЧ у нас не должно быть права на частную жизнь в Интернете.

ЭПСЧ Майкрософт слишком велик.

ЭПСЧ Майкрософт должен распасться.

СМИ

ЭПСЧ СМИ стали слишком влиятельными.

ЭПСЧ СМИ более влиятельны, чем правительство.

ЭПСЧ СМИ более влиятельны, чем церковь.

ЭПСЧ мы должны смириться с таблоидами.

ЭПСЧ мы должны доверять СМИ.

ЭПСЧ свобода прессы ограничивается теми, кто ею владеет.

ЭПСЧ новости по телевидению слишком жестоки.

ЭПСЧ право на свободу прессы важнее, чем право на справедливое судебное разбирательство.

ЭПСЧ реалити-шоу меняют общественные стереотипы.

ЭПСЧ правительство должно регулировать СМИ.

ЭПСЧ государство не должно играть никакой роли в телерадиовещании.

ЭПСЧ СМИ играют слишком большую роль в современной политике.

ЭПСЧ СМИ оказывают слишком большое влияние на подрастающее поколение.

ЭПСЧ звезды Голливуда – плохой образец для подражания для подрастающего поколения.

ЭПСЧ реклама приносит больше вреда, чем пользы.

ЭПСЧ реклама – это проклятие.

ЭПСЧ в нашем мире слишком много рекламы.

ЭПСЧ общественные деятели имеют право на частную жизнь.

ЭПСЧ частная жизнь политиков должна быть делом общественности.

ЭПСЧ частная жизнь общественных деятелей не должна быть общественным достоянием.

ЭПСЧ право общественности знать перевешивает право кандидата на частную жизнь.

Ядерное оружие и атомная энергия

ЭПСЧ страны, не имеющие ядерное оружие, должны следовать этой политике.

ЭПСЧ мы должны сожалеть о ядерном веке.

ЭПСЧ все страны должны иметь право на самозащиту при помощи ядерного оружия.

ЭПСЧ мы должны отказаться от договора о нераспространении ядерного оружия.

ЭПСЧ мы должны запретить всё ядерное оружие.

ЭПСЧ мы должны поддержать ядерное оружие как средство сдерживания.

ЭПСЧ уголь и нефть представляют бо́льшую опасность, чем атомная энергия.

ЭПСЧ мы должны поддерживать использование атомной энергии.

ЭПСЧ мы должны запретить мирное использование атомной энергии.

Политика и политический процесс

ЭПСЧ маленькие и независимые партии затрудняют парламентский процесс.

ЭПСЧ двухпартийная система потерпела неудачу.

ЭПСЧ в правительстве слишком много конфиденциальной информации.

ЭПСЧ политики должны следовать популярному общественному мнению, а не собственным суждениям.

ЭПСЧ хороший политический лидер должен быть скорее решительным, чем ответственным.

ЭПСЧ в парламенте должна быть только одна палата.

ЭПСЧ предвыборные кампании должны полностью финансироваться государством.

ЭПСЧ СМИ должны ограничить политическую рекламу во время избирательных кампаний.

ЭПСЧ голосование должно быть обязательным.

ЭПСЧ депутатская неприкосновенность должна быть отменена.

ЭПСЧ пропорциональная избирательная система лучше, чем система простого большинства.

ЭПСЧ кандидаты в президенты должны избираться путём единых, однодневных праймериз.

ЭПСЧ наши лидеры не соответствуют завтрашним запросам.

ЭПСЧ наши лидеры не оправдали наших надежд.

ЭПСЧ политическая храбрость мертва.

ЭПСЧ наши политики заслуживают большего уважения.

ЭПСЧ мы должны сожалеть о росте числа профессиональных политиков.

ЭПСЧ наши политические лидеры слишком сильно переживают о следующих выборах.

ЭПСЧ мы должны сожалеть о влиянии избирательных опросов.

ЭПСЧ политикам должно быть разрешено занимать свой пост только ограниченное количество времени.

ЭПСЧ политики, которые лгут, должны навсегда лишиться своей работы.

ЭП разрешит специальным группам интересов преследовать в судебном порядке партии, которые нарушили свои предвыборные обещания.

ЭПСЧ политикам должны платить больше.

ЭПСЧ политическая корректность зашла слишком далеко.

ЭПСЧ политическая корректность необходима для достижения социальной справедливости.

Бедность и развитие

ЭПСЧ развивающиеся страны не должны следовать западной модели.

ЭПСЧ устойчивое развитие – это миф.

ЭПСЧ развивающиеся страны должны национализировать свои энергетические ресурсы.

ЭПСЧ Всемирный Банк – часть проблемы.

ЭПСЧ торговля лучше помощи.

ЭПСЧ иностранная помощь – барьер для развития.

ЭПСЧ мы должны простить долг странам третьего мира.

ЭПСЧ мы должны отменить патенты на фармацевтические лекарства для развивающихся стран.

ЭПСЧ мы должны сожалеть о том, что демографический взрыв закончился.

ЭПСЧ мы должны поддерживать возросший контроль над рождаемостью.

ЭПСЧ мы должны поддерживать контроль над рождаемостью при помощи законов.

ЭПСЧ контроль над рождаемостью должен стать необходимым условием для получения иностранной помощи.

ЭПСЧ всеобщее начальное образование в развивающихся экономиках – пустая трата денег.

Расы, иммиграция и коренные народы

ЭПСЧ мы должны увеличить поток мигрантов.

ЭПСЧ мультикультурализм – это мираж.

ЭПСЧ политика «плавильного котла» потерпела неудачу.

ЭПСЧ мы должны поддерживать требования коренных народов на самоопределение.

ЭПСЧ охота без лицензии должна быть разрешена для коренных народов.

ЭПСЧ этнические меньшинства должны иметь зарезервированные места в парламенте.

Религия

ЭПСЧ религии не место в школе.

ЭПСЧ все школы должны изучать теорию эволюции.

ЭП запретит изучение креационизма в любой школьной программе.

ЭПСЧ церковь должна уделять больше внимания опросам общественного мнения.

ЭПСЧ Патриарх Кирилл должен жениться.

ЭПСЧ наука сделала веру в Бога лишней.

ЭПСЧ государство не должно вмешиваться в вероисповедание.

ЭПСЧ государство не должно финансировать религиозные школы.

ЭП запретит религиозные символы в государственных школах.

ЭПСЧ церковь не должна вмешиваться в политику.

ЭПСЧ все властные позиции в церкви должны быть одобрены государством.

ЭПСЧ религиозным верующим должно быть позволено подавать заявления, связанные с религией, в религиозные суды.

Наука

ЭПСЧ наука и технологии развиваются слишком быстро для общества.

ЭПСЧ наука – враг для человечества.

ЭПСЧ мы позволили технологиям слишком многое.

ЭПСЧ медицинские технологии превзошли мораль.

ЭПСЧ государства не должны накладывать ограничения на области научного исследования.

ЭПСЧ интеллектуальная собственность не должна признаваться собственностью вообще.

ЭПСЧ патенты на генные технологии должны быть запрещены.

ЭПСЧ патенты на медицинские открытия оправданы.

ЭПСЧ результаты научных исследований должны быть доступны каждому.

ЭПСЧ компании и исследователи не должны признавать клинические испытания, проведенные на бедных людях в развивающихся странах.

ЭП разрешит современные технологии отбора человеческого эмбриона на основании генетических характеристик.

ЭПСЧ генетическое сканирование должно быть запрещено.

ЭПСЧ страховые компании должны уметь проводить генетические тестирования.

ЭПСЧ мы должны поддерживать обязательные проверки на наличие СПИДа.

ЭПСЧ работодателям должно быть разрешено проводить тесты на наркотики для своих служащих.

ЭПСЧ мы должны разрешить суррогатное материнство в целях прибыли.

ЭПСЧ мы должны разрешить суррогатное материнство.

ЭПСЧ пластическая хирургия должна быть запрещена.

ЭП запретит использование моделей, чей вес ниже нормального.

ЭП разрешит продажу органов с целью прибыли.

ЭП даст приоритет тем людям, нуждающимся в донорских органах, которые вели здоровый образ жизни.

ЭПСЧ мы должны запретить репродуктивные технологии.

ЭПСЧ отец всегда должен присутствовать при зачатии.

ЭПСЧ мы должны клонировать людей.

ЭПСЧ мы должны представлять клонов общественности.

ЭПСЧ мы должны подвергнуть генной инженерии животных, живущих на фермах.

ЭПСЧ мы должны поддерживать генную инженерию.

ЭПСЧ выгоды от генной инженерии перевешивают риски.

ЭПСЧ мы должны запретить генномодифицированные продукты.

ЭПСЧ мы должны использовать генномодифицированный урожай, чтобы накормить мир.

ЭПСЧ святость жизни должна оцениваться выше, чем качество жизни.

ЭПСЧ мы вкладываем слишком много веры в профессию врача.

ЭПСЧ мы должны разрешить исследование в области эмбриональных стволовых клеток.

ЭПСЧ мы должны иметь полную базу данных ДНК.

ЭПСЧ мы должны узаконить добровольную эвтаназию.

ЭПСЧ нет такого права, как право на смерть.

ЭПСЧ мы должны запретить генетическую дискриминацию.

ЭПСЧ мы должны запретить все эксперименты над животными.

ЭПСЧ аборты оправданы.

ЭП запретит аборты, кроме тех случаев, когда здоровье матери находится под угрозой.

ЭПСЧ у каждой женщины должно быть абсолютное право сделать аборт.

ЭПСЧ Марс должен подождать.

ЭПСЧ исследование космоса должно быть частной инициативой.

ЭПСЧ стоимость исследования космоса оправдана.

ЭПСЧ международная космическая станция никогда не должна была быть построена.

ЭПСЧ мы должны вернуться на Луну.

ЭПСЧ мы должны поддерживать исследование космоса.

ЭПСЧ мы должны приветствовать космический туризм.

Конкретные нации и регионы

ЭПСЧ Соединённые Штаты Африки – хорошая идея.

ЭПСЧ вся помощь Африке должна происходить через Африканский Союз.

ЭПСЧ в Австралии имела место позорная деятельность в сфере прав человека.

ЭПСЧ у Австралии должен быть суд по правам человека.

ЭПСЧ Азия должна вступить на тропу либерализма.

ЭПСЧ страны АСЕАН должны официально принять Восточный Тимор.

ЭПСЧ у АСЕАН должен быть свой собственный парламент.

ЭПСЧ Австралия должна играть роль полицейского на юге Тихого Океана.

ЭПСЧ Австралия должна перестать быть племянницей Дяди Сэма.

ЭПСЧ кровь Восточного Тимора на руках Австралии.

ЭПСЧ мир проиграл Восточный Тимор.

ЭПСЧ Индонезия должна вернуться к демократии.

ЭПСЧ Западное Папуа должно получить независимость.

ЭПСЧ Китай должен уйти из Тибета.

ЭПСЧ мы должны признать независимость Тайваня.

ЭПСЧ демократия в Индии потерпела неудачу.

ЭПСЧ мы должны осудить положение с правами человека в Сингапуре.

ЭПСЧ мы должны бояться Китая.

ЭПСЧ мы должны бояться Пакистана.

ЭПСЧ Запад должен прекратить военное сотрудничество с Пакистаном.

ЭПСЧ Япония должна стать постоянным членом Совбеза ООН.

ЭПСЧ у Европейского Союза должна быть своя собственная армия.

ЭПСЧ Европейский Союз – это торжество бюрократии над демократией.

ЭПСЧ у Европы должна быть единая внешняя политика.

ЭПСЧ израильские нападения на Сектор Газа оправданы.

ЭПСЧ США должны соотносить военную помощь Израилю с гуманитарной помощью Палестине.

ЭПСЧ миротворческий процесс на Ближнем Востоке никогда не завершится успехом.

ЭПСЧ Запад должен перестать извиняться перед Израилем.

ЭПСЧ Запад должен оставить Ближний Восток в покое.

ЭПСЧ США должны начать бомбить Иран немедленно.

ЭПСЧ демократия – лучший способ развития для России.

ЭПСЧ Россия является единственным государством-правопреемником СССР.

ЭПСЧ СНГ является препятствием для реализации национальных интересов стран-участниц.

ЭПСЧ Таможенный союз – эффективное интеграционное образование на постсоветском пространстве.

ЭПСЧ Черноморский флот РФ должен быть выведен с территории Украины.

ЭПСЧ Россия не должна принимать неквалифицированных мигрантов из стран СНГ.

ЭПСЧ Евразийский Экономический Союз – эффективная форма интеграции.

ЭПСЧ русский язык должен стать вторым государственным языком в странах СНГ.

ЭПСЧ Россия не должна иметь сферы привилегированных интересов на постсоветском пространстве.

ЭП выведет российские военные базы с территории стран СНГ.

ЭП упразднит военные блоки на постсоветском пространстве.

ЭП введет визовый режим со странами СНГ.

ЭП поддержит введение региональной валюты на постсоветском пространстве.

ЭП разрешит России применять военную силу для защиты своих граждан за рубежом.

ЭП напишет единый учебник истории для всех стран СНГ.

ЭП откажется от атомной энергетики на постсоветском пространстве.

ЭПСЧ Канада должна стать 51-м американским штатом.

ЭПСЧ Канада не должна участвовать в американских войнах.

ЭПСЧ Североамериканское соглашение о свободной торговле (НАФТА) должно быть отменено.

ЭПСЧ американская мечта стала ночным кошмаром

ЭПСЧ Статуя Свободы вовсе не «статуя свободы».

ЭПСЧ США должны осудить свой документ по правам человека.

ЭПСЧ Обама потерпел неудачу.

ЭПСЧ США находятся в упадке.

ЭПСЧ Дядя Сэм – плохой родственник.

ЭПСЧ США должны покинуть военные базы в Азии.

ЭПСЧ США должны немедленно прекратить эмбарго в отношении Кубы.

ЭПСЧ солнце тонет на Западе.

Спорт

ЭПСЧ мы слишком зациклены на спорте.

ЭПСЧ мы уделяем слишком много внимания спорту.

ЭПСЧ спортивные герои не заслуживают нашего восхищения.

ЭПСЧ спорт и политика не должны смешиваться.

ЭПСЧ спортивные команды должны нести ответственность за противозаконные действия своих игроков.

ЭПСЧ хоккеисты, которые дерутся на льду, заслуживают более сурового наказания.

ЭПСЧ СМИ должны освещать мужской и женский спорт в равной степени.

ЭПСЧ спорт стал слишком соревновательным.

ЭПСЧ лимит на зарплату должен быть запрещён в профессиональном спорте.

ЭПСЧ один город должен быть приспособлен для постоянного принятия Олимпийских Игр.

ЭПСЧ только демократическим странам должно быть разрешено принимать Олимпийские Игры.

ЭПСЧ Олимпийская мечта ушла в прошлое.

ЭПСЧ мы должны отказаться от Олимпийских Игр.

ЭПСЧ профессионализм разрушил Олимпийские Игры.

ЭПСЧ коммерциализация разрушила спорт.

ЭПСЧ в спорте слишком много денег.

ЭПСЧ спонсорство разрушает спорт.

ЭПСЧ бокс должен быть запрещён.

ЭПСЧ охота с гончими должна быть запрещена.

ЭПСЧ мы должны разрешить допинг в спорте.

Терроризм

ЭПСЧ мир изменился в лучшую сторону после событий 11 сентября.

ЭПСЧ международная политика США несёт ответственность за события 11 сентября.

ЭПСЧ мы должны ограничить количество сообщений о террористических атаках.

ЭПСЧ мир ничему не научился после 11 сентября.

ЭПСЧ социальная несправедливость оправдывает политическую жестокость.

ЭПСЧ терроризм никогда не может быть оправдан.

ЭПСЧ сейчас время для терроризма.

ЭПСЧ защитники окружающей среды должны использовать терроризм для достижения своих целей.

ЭПСЧ долгосрочные переговоры – наилучший ответ терроризму.

ЭПСЧ переговоры с террористами оправданы.

ЭПСЧ мы должны разговаривать с террористами.

ЭПСЧ объявленная «война против террора» – величайшая победа Аль-Каиды.

ЭПСЧ наилучший способ борьбы с террором – это борьба с бедностью.

Молодежь

ЭПСЧ дети должны меньше играть и больше учиться.

ЭПСЧ детям нашего времени живётся слишком легко.

ЭПСЧ родители должны иметь право шлёпать своих детей.

ЭПСЧ возраст, дающий право на участие в голосовании, должен быть снижен.

ЭПСЧ родители должны иметь право голосовать по доверенности за своих детей.

ЭПСЧ кумиры молодежи создают плохие образцы для подражания.

ЭПСЧ детские конкурсы красоты должны быть запрещены.

ЭПСЧ мы – потерянное поколение.

ЭПСЧ физическое наказание родителями своих детей должно быть запрещено.

Разное

ЭПСЧ жизнь в деревне лучше, чем жизнь в городе.

ЭПСЧ неважно проиграл ты или нет, важно то, как ты играл.

ЭПСЧ правительство должно делать больше для поддержки традиционных семей.

ЭП ограничит доступ транспортных средств в город.

ЭПСЧ зоопарки нужно закрыть.